한국 신종교,
치유를 말하다

원불교와종교문화총서 **14**

한국신종교,

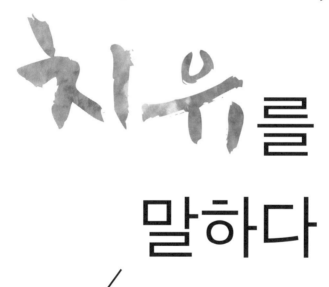

치유를

말하다

원광대학교 원불교사상연구원 편

모시는사람들

서문

　이 책은 2016년 2월 25일에 '근현대 한국 신종교운동에 나타난 치유와 통합'이라는 주제로 원불교 100년, 원광대학교 개교 70주년기념 학술대회에서 발표된 내용을 개고(改稿)한 것이다. 이 학술대회는 원광대학교 원불교사상연구원이 한국연구재단의 2015년도 학술대회 지원사업의 일환으로 시행한 것이다.

　주지하듯이, 19세기 중엽부터 20세기 초에 걸친 근대 한국에서는 격렬한 사회변동이 진행되고 있었다. 밖으로는 서세동점(西勢東漸)으로 요약되듯이 서구 근대문명이 물밀 듯 밀려와 한국 고유의 문화적 정체성을 뿌리째 뒤흔들고 있었으며, 안으로는 5백 년 이상 지속되어 온 조선왕조 지배체제의 모순이 극한에 이르러 삼정문란(三政紊亂)으로 대표되는 체제 해체 현상이 갈수록 심화되고 있었다. 뿐만 아니라, 서세동점의 충격과 삼정문란으로 인해 생명과 생업, 생활 기반의 붕괴 위협에 직면한 민중들은 『정감록(鄭鑑錄)』 등과 같은 비결신앙에 가탁한 민란(民亂)을 지속적으로 일으킴으로써 '아래로부터의 변혁(變革)'의 꿈을 키워 가고 있었다.

　이 같은 시대적 기운의 정점에서 1860년 음력 4월 5일에 수운 최제우(水雲 崔濟愚, 1824-1864)는 '다시 개벽' 곧 새로운 후천(後天) 문명 건설을 지향하는 동학(東學)을 창도하였다. 동학은 일반적으로 한국인에 의한 최초의 종교 탄생이라는 역사적 의미가 있다고 평가되지만, 동학 창도의 의의는 사실 그 이상의 것이다. 동학의 등장은 곧 종래의 "낡고 어두운 시대인 선천으로부터 새롭고 밝은 시대인 후천으로"의 변화를 고대하고 있던 조선 민중들의 열화와 같은 갈망을 집약하고 있다는 점에서, 그리고 "민중적인 유교, 민중적 불교, 민중적 도교와 민중적 차원에서 새로 조명된 노장(老莊)사상과 선(禪) 사상, 민중적 기독교 사상 등의 핵심적인 생명 원리를 창조적으로 통일한 보편적 생명사상"(김지하, 『남녘땅 뱃노래』, 1985, 110쪽)이라는 점에서 인류가 지향해 가야 할 새로운 철학, 새로운 학문, 새로운 종교로서 전혀 손색이 없는 파천황(破天荒)의 사상이자 철학이며 종교이다.

한편, 동학의 등장에 영감을 얻어 다수의 종교적 선각자들이 잇따라 등장하였다. 증산 강일순(甑山 姜一淳, 1871-1909), 홍암 나철(弘巖 羅喆, 1863-1916), 소태산 박중빈(少太山 朴重彬, 1891-1943) 등이 바로 그들이다. 이들 선각자들은 수운 최제우의 동학으로부터 직간접적으로 영향을 받으면서도 동학의 문제의식을 '창조적으로' 재해석하고자 부심하는 가운데 각각 증산교(1901년), 대종교(1909년), 원불교(1916년) 등을 창교하였다. 이처럼 1860년의 동학 등장에서부터 1916년 원불교 성립까지의 시기는 한국사에 있어 가히 종교의 개화기(開花期)라고 해도 과언이 아닐 정도로 다양한 교리사상의 제시와 함께 그에 입각한 실천운동을 통해 민중들이 갈망하는 후천문명 건설에 전력을 투구한 바 있다.

원광대학교 원불교사상연구원에서는 동학에서 원불교에 이르기까지 근대 한국 신종교운동이 수행했던 다양한 역할들을 '치유와 통합'이라는 관점에서 새롭게 조명하고자 하는 학술대회를 기획하고 한국연구재단에 그 지원을 요청한 바 있었다. 다행스럽게도 한국연구재단에서는 본 연구원의 학술대회 기획 의도에 전면적인 공감과 지지를 보내면서 파격적인 지원을 해주었다. 따라서 이 책에 담겨진 성과들은 한국연구재단의 지원이 아니었으면 불가능한 것이었다. 이 지면을 통해서 한국연구재단의 호의에 심심한 사의를 표하는 바이다.

이 책은 크게 세 부분으로 구성되어 있다. 제1부 기조강연과 특별강연, 제2부 종교 일반의 관점에서의 치유와 통합 이론과 그 쟁점 검토, 제3부 동학을 비롯한 근대 한국 신종교 각각에서 드러나는 치유와 통합의 논리와 실천 사례를 다룬 것이다. 이하에서는 세 분야에서 다루어진 핵심 내용을 간략하게 소개한다.

제1부 기조강연에서 대구가톨릭대 박승길 명예교수는 '한민족의 치유와 구원 공간 회복을 위한 신들의 복귀'라는 제목 아래, 근대 한국 신종교운동의 핵심적 특징을 "한민족의 치유와 구원을 위한 신들의 복귀"라고 정의하고, 이어서 한국 신종교의 발전을 위한 미래전략을 제시하고 있다. 특별강연에서는 '후쿠시마(福島) 원전사고 이후의 일본에서 살기'라는 주제로 후쿠시마현 출신으로 '원전난민(原電難民)'이기도 한 칸노 치카게(管野千景) 씨 모녀가 자신들이 겪은 원전사고의 실상을 비롯하여, 2015년 현재 15만 명에 이르는 원전 피난민들이 겪고 있는 고통, 일본 내 탈핵운동의 현황 등을 '생생하게' 전달한다.

제2부 종교 일반의 관점에서의 치유와 통합에 관한 이론과 쟁점 검토 분야에서는 당초 '신종교운동에 나타난 치유와 통합'(차옥숭), '현대 종교문화와 생태 공공성'(유기쁨), '치유와 통합을 위한 실천적 모색-원불교 은덕문화원의 사례'(김근희), '종교를 넘어선 종교와 영성'(성해영), '오늘날의 병듦과 종교적 치유의 몸짓'(박상언) 등 5편의 주옥같은 발표가 있었다. 그런데 책으로 편집하는 과정에서 유기쁨 님의 글 제목은 "병든 지구를 영성으로 '치유'할 수 있을까"로 수정되었고, 차옥숭 선생과 김근희 선생의 글은 개인 사정으로 이 책에 실리지 못했다. 두 분의 옥고는 별도의 기회를 통해 독자들께 제공하고자 한다.

제3부는 근대 한국 신종교를 대표하는 5개 교단, 곧 동학, 증산교(대순진리회), 대종교, 원불교, 통일교의 교리사상과 실천운동 속에서 드러나는 치유와 통합의 기능에 대해 다섯 분의 연구자가 심층 분석을 시도하였는 바, '동학의 사상과 운동으로 본 치유와 통합'(김용휘), '신종교운동에 나타난 치유와 통합-대순진리회를 중심으로'(김영주), '대종교의 사회적 치유와 화합에 대한 연구'(김동환), '현대 병든 사회의 치유와 통합을 위한 원불교적 접근'(염승준), '통일교 경전에 나타난 마음 챙김의 요소와 치유'(이재영) 등 5편의 옥고가 바로 그것이다. 이 가운데 김영주 님의 글은 '대순진리회의 치유와 통합'으로, 김동환 님의 글은 '일제강점기 대종교의 사회적 치유를 말하다'로 그 제목을 바꾸어 이 책에 실리게 되었다.

　이상과 같은 내용을 담아 독자들께 상재(上梓)할 수 있게 된 것은 원불교사상연구원의 기획 의도에 적극적으로 응답하고자 각고의 노력을 다해 주신 발표자 및 토론자들의 헌신 덕분이다. 여기에 그분들의 성함을 기록하는 것으로 감사의 뜻을 표하고자 한다. 기조강연 박승길 교수님. 특별강연 칸노 치가게(菅野千景) 및 칸노 하나 모녀님. 발표자 차옥숭, 유기쁨, 김근희, 성해영, 박상언, 김용휘, 김영주, 김동환, 이재영, 염승준 님. 토론자 박광수, 박도선, 조서휘, 허남진, 송현동, 조성환, 김승남, 신운용, 문선영, 원영상 님의 협력에 진심으로 감사드린다. 아울러 언제나 한결같은 정성으로 좋은 책을 만들어주시는 도서출판 모시는사람들 박길수 대표님을 비롯한 식구 모든 분들께도 감사드린다.

2017년 7월
원불교사상연구원 원장
박맹수 모심

제3부 한국 신종교의 치유와 통합

1부

종교와 치유, 그리고 사회

한민족의 치유와 구원 공간 회복을 위한 신들의 복귀

박 승 길 / 대구가톨릭대학교 명예교수

1. 머리말

동학을 효시로 전개된 근현대의 우리나라 신종교운동은, 서양 세력과 신흥 일본이라는 위협적 타자의 등장에 대한 불안, 백성을 보호할 힘도 능력도 없으면서 수탈을 일삼는 무능한 조정(朝廷)에 대한 실망, 일상 문제 해결의 능력을 잃은 성리학적 세계관에 대한 불신 등이 겹치는 가운데 크게 바뀌는 세상에 대한 이 땅의 민초들의 불안이 그 추동력이 되면서 바뀌는 세상을 읽어 주고 풀어 주는 원리에 대한 관심에서 출발하였다. 그때까지 조선이 대국으로 섬겨 온 중국의 수도 북경이 함락되는 사태를 통해 중화적 세계관의 위기를 조선 땅 수운을 통해 계시된 상제(上帝)의 제인질병과 교인위아(濟人疾病 敎人爲我: 곧, 나의 영부를 받아 사람을 질병에서 건지고 나의 주문을 받아 사람을 가르쳐서 나를 위하게 하라)를 통한 포덕천하라는 소명의 실천에서 출발한 동학이나 역수(易數)를 천지개벽과 신명개벽으로 풀어낸 일부(一夫)의 정역(正易)은 신종교운동을 조선 땅에 뿌리내리게 하는 가장 중요한 신종교운동의 묘판이었다. 이 묘판이 새로운 종교의 큰 열매를 맺을 수 있도록 해 준 밑거름은 민초들의 피땀을 뿌리게 한 동학혁명이었을 것이다. 그 혁명 과정에서 억울하게 피 뿌리도록 강압한 억압자에 대한 분노와 복수심은 수없이 많이 스러져 간 민초들의 한(恨)을 풀어 줄 절대자에 대한 신앙을 형성하였고, 전통적 신앙 속에 자리했던 상제님은 성육신화하여 강증산으로, 때로는 서양의 그리스도로, 저 멀리 제주 땅에서는 노자(老子)로, 최근에는 하나님, 어머니 등으로까지 나타나면서 한국 신종교운동은 다양한 스펙트럼을 지닌 종교운동으로 꽃피고 있다.

　필자의 글은 이런 신종교운동의 구체적 전개와 진화, 발전 상황을 이야기하기에 앞서 한국 신종교운동은 그 특징상, 우리 민족의 치유와 구원 공간으로서 이 땅의 회복을 위한 신들의 복귀라는 규정으로부터 출발한다. 단순한 언설 같지만, 여기에 한국 신종교운동의 의의와 한계가 다 함축된다고 보기 때문이다. 필자는 여기에 주목하여 국내 신종교운동에서 찾아볼 수 있는 치유와 상생적 통합의 의의와 한계를 종교진화론적 입장에서 좀 더 깊이 살펴보려고 한다. 여기서 진화론이라는 용어는 생물학적 진화와 같은 용어가 아닌, 종교적 행위가 인간 삶에서 문제를 인식하고 해답을 주는 현실의 지평을 확장해 가면서 그를 통해 그 특정 종교의 사회적 존재 양식이 변하는 과정을 주목하며 쓰고자 한다. 동시에 이런 관점에서 한국 신종교운동의 의의와 한계, 그리고 그 전망을 함께 생각해 보고자 한다.

2. 치유와 통합을 위한 종교의 역할

　모든 생명체는 언제나 지금의 상황에 대한 대응 능력 부재가 부여하는 심리적 공황 상태로서의 공포를 느끼며 산다. 공포는 생명력을 위협하지만 동시에 그것을 극복한 체험이야말로 생명의 원동력이기도 하다. 이런 공포와 달리, 인간계는 생각하는 능력을 통해 당장 현재의 상황이 부여하는 공포가 아닌, 미래에 알 수 없는 상황에 대해서 느끼는 막연한 두려움으로서의 불안 상황도 실제처럼 경험하고, 그에 대처하려는 능력을 키우고, 또 그것을 학습하여 왔다. 그래서 인생을 나름대로 의미 있게 살고자 하는 사람들은 자신들의 삶이 어떤 상황이나 경우에도 스스로 내적인 평형을 유지하도록 노력하고 어떤 목표나 가치를 지향하면서 자신을 고무하고 격려하려는 존재였다. 이렇듯이 모든 생명체들은 항상 변화하는 상황에 적응하며 생존 자체에 집중하는 생활과 행동 방식을 익혀 가지만, 인간 세상은 오히려 '어떤 상황에도 불구하고'라는 태도가 빚어내는 행동 양식의 가치를 생각하며 보존하고 학습한다. 그러한 가치의 보존과 학습의 산물이 인간에게만 있는 문화일 것이고 그 축적된 산물이 문명일 것이다.

이런 점에서 문화적 존재인 인간은 사회적 삶을 살아가면서부터 이 변화무쌍한 삶의 현실에서도, '어떤 경우에도 이렇게 살아야 하고 살아갈 것이다.' 하는 일관된 현실 파악에 따른 태도나 행동 양식을 유지시켜 주는 그 무엇인가를 필요로 하였고, 그것이 종교라는 이름으로 학습되고 보존되었다. 이렇듯, 종교는 우리가 일상생활에서 일관된 생활 세계를 구성하기 위해서는 반드시 필요로 하는, 우리의 태도나 행동 양식의 심층구조로 자리 잡고 있으면서 굳이 생각하지 않아도 자연스레 반응하도록 하는 현실 파악의 해석 틀임과 동시에, 현실 문제 해결의 방법론과 구체적 수단을 제공하는 것이기도 하다. 그래서 인간이 변화무쌍한 상황이 만들어 내는 풍랑과 파고가 언제 밀어닥칠지 모르는 현실의 바다에서 인생이라는 조각배에 몸을 싣고도 공포나 불안을 느끼지 않을 수 있고, 또 때로는 풍랑에 조각배가 뒤집히고 부서져도 다시 조각을 맞추고 배의 중심을 찾아 일상의 항행을 가능하도록 복원해 주는 것도 종교가 우리에게 제공하는 기능의 하나일 것이다.

그 점에서 모든 종교는 그 자체로 '치유와 통합'의 역할을 수행할 것을 개인이나 사회가 기대하고 있다. 물론 때로는 "내가 세상에 화평을 주려고 온

줄로 아느냐, 내가 너희에게 이르노니 도리어 분쟁하게 하려 함이라(누가복음 12;51)"는 예수의 말처럼, 지금까지의 전통에 안주하는 일상과의 단절을 통한 구원의 새로운 장을 제시함으로써 혁명적 변혁을 추구하기도 하다. 그러나 그런 변혁 추구 역시 문제되는 현실의 근본적 치유와 새로운 통합의 장으로서 구원 공간을 제공하려는 의도일 것이다.

3. 신들의 복귀: 치유와 공간 속으로

그런데 이러한 다양한 스펙트럼을 지닌 종교적 행위는 가장 근본적으로 문제되는 현실이 전제될 때만 나타나기 마련이다. 단순화시켜 말한다면, 아무리 경건한 종교가라 할지라도 문제되는 현실이 없다면 종교가로서의 행위는 다만 직업적 행동에 지나지 않게 될 것이다. 인간이 살아가면서 가장 먼저 또 언제나 맞닥뜨리는 현실의 문제를 한마디로 요약한다면, 빈(貧)·병(病)·쟁(爭)이다. 이 셋 중에서도 원초성에 따라 위계적 분류가 있을 수 있겠지만, 이 셋은 쉽게 현존재에 직접적 위해 요소가 될 수 있기 때문이다. 대체로 이런 문제가 나타나면 그 원인을 무엇으로 생각하든 당장 현존재 상황을 직접적인 위기로 몰고 가기 때문에 그것을 해결하는 방법도 더 직접적이고 즉각적인 수단을 찾기 마련이다. 그래서 모든 종교적 행위의 근간에는 이런 수단으로서의 주술(呪術)이 존재하기 마련이다. 주술은 그 어떤 수단보다도 문제 해결에 경제적인 방법이기도 하다. 경제적 동기에서 주술은 항상 우리의 일상 문제 해결에 쉽게 동원되고 있다. 그런데 빈(貧)·병(病)·쟁(爭)으로 문제된 현실이 개인적인 만큼 주술도 개별성을 띠면서 발전한다. 그러나 이 빈(貧)·병(病)·쟁(爭)의 문제가 단순히 개인적 문제가 아닌 더 근본적인 특정 공동체의 공통 문제로 인식될 때, 그 문제 해결의 방법은 개별적 주술에서 공동의 의례로 발전할 수 있다. 죄의식은 바로 그런 근본적인 특정 공동체의 공통 문제 인식에서 발전된 것이며 동시에 그것을 해소하는 주술적 방법이 공동의 의례가 될 것이다. 그래서 모든 종교 집단에서 행하는 의례는 일차적으로 근본적인 공통 문제로 인한 고난과 고통을 치유하는 경제적 동기가 내포된 방법일 것이다. 동학이나 정역 같은 초기 신종교운동에서 주문을 외우고 특별한 몸짓을 함께하는 의례는 그런 의미라고 할 수 있다.

그러나 한편으로 같은 문제를 안고 있는 것으로 인식되어 서로 아픔과 도움을 나누는 이웃 공동체가 아닌, 그 공동체를 위협하는 타자가 나타나 일상의 현존재 상황을 위기에 빠뜨리는 경험도 하게 된다. 이 경우, 이웃들은 함께 그 타자에 대한 분노와 보복을 다짐한다. 하지만 그 보복이 스스로 성공적일 수 없다고 느낄 정도의 상황이라면 그런 상황은 바로 새로운 신의 탄생이나 복귀를 필요로 하는 상황이 될 것이다. 이와 함께 억압적 타자에 대한 분노와 복수가 신격적 위상의 인물에게 투영되어 맡겨지는 행위는, 지금까지의 주술적 행위가 담긴 공동체의 의례를 신에 대한 예배로 전환시킬 수 있다. 강증산의 신적 위상과 천지공사는 곧, 동학농민혁명 과정에서 겹겹이 쌓인 민초들의 분노와 복수심을 신적 존재의 현현으로 근본적으로 말소하기 위한 일회적 행위였던 셈이다. 신종교운동을 필요로 했던 상황에 등장하는 위협적 타자는 언제나 타민족이었던 만큼, 이웃 공동체를 형성할 수 있는 민족공동체와는 전혀 다른 집단으로 이질화되고, 이것이 국내 신종교운동을 한민족의 치유와 구원 공간으로서 이 땅의 평화 보존과 민초들의 평안 회복에 집중하는 이른바 민족종교화의 길을 걷게 한 것이다. 물론 이것이 잘못된 길을 가는 것은 전혀 아니다. 오히려 당연한 일이다. 일제 식민지라는 타민족의 위협과 약탈을 겪어야 하는 억울하기 그지없는 현실 상황은, 더더욱 국내 신종교의 존재 양식을 민족종교로서 민족공동체의 위기를 극복할 수 있는 한민족 중심주의의 부활 기제로 만들면서 궁극적으로 한민족이 세계의 구원자로 등장하기를 기대하게 한다. 이를 위해서 우리 민족을 낳은 모태로서 단군(대종교), 환인(증산도)이나 마고(麻姑: 단월드)로까지 거슬러 올라가 그들의 복귀를 기도한다. 때로는 그런 구원의 현실이 요원한 만큼, 원불교같이 물질문명에서 타민족에게 뒤진 우리는 정신문명에서 개벽을 통해 그 목표를 달성해야 한다고 주장하게 된다.

이 과정에서 한민족 중심주의는 우리 민족 고유의 생활방식이나 종교적 전통에 집중하도록 하였다. 유(儒)·불(佛)·선(仙) 삼교합일이나 조상숭배로서의 제사 의례, 부모에 대한 보은(報恩)이나 봉양 같은 예의의 강조 등이 바로 그런 사실일 것이다. 하지만 이런 내용은 결국은 가족공동체적 가치 이념을 크게 벗어나지 않는 것일 수밖에 없다. 신종교운동에서 다시 부활했거나 새롭게 등장한 신들은, 세계와 역사 속에서 살아 있으면서 자신의 뜻을 관철시키려는 존재와는 달리, 오히려 가장 오래된 조상으로서 가족이나 생활공동체의 중심에 자리 잡으면서 평화를 누리기를 바라는 존재로 부각된다. 그 점에서 국내 신종교운동의 대다수는 가족을 최소단위로 하여 이웃이라는 적대적이지 않고 항상 도울 수 있는 공동체의 내적 평화를 유지함으로써 현실의 문제되는 상황에서 받는 상처를 치유할 수 있음을 전제로, 평화로운 이웃 공동체의 통합에 집중한다고 말할 수 있을 것이다. 궁극적으로 그 평화 상태를 유지하는 비결은 부모와 형제와 자식, 이웃과 이웃, 개개인의 마음이 서로 공동 운명체라는 하나 됨을 확인·회복하고, 하나로 차별이 없을 때 결국은 마음의 평화와 공동체의 평화를 달성할 수 있다는 것이다. 그것은 유·불·선 삼교에서 일찍이 강조해 온 것으로 서로 한마음이 되기 위한 자기 절제와 훈련이 상생적 통합의 길임을 신종교운동은 공통적으로 가르치고 있는 것이다.

차별이 없기에 하나일 수밖에 없는 구원 공동체에 대한 국내 신종교운동의 한결같은 갈망은, 사실은 양반·서얼·평민 등의 신분 차별과 사농공상이라는 직업적 차별이 빚어낸 상대적 박탈감이 빈(貧)·병(病)·쟁(爭)이라는 일상적인 현실 문제보다 더 크게 부각된 한말의 현실을 반영하는 것으로 볼 수 있다. 신분 차별의 병폐가 당시 모든 사회적 갈등과 민족·생활공동체 해체의 원인이라고 해석하는 것은, 동학에서 시천주 주문을 통해 모두가 군자가 되는 세상을 제시하고, 정역에서 신명개벽을 통해 누구나 군자가 되는 이상 사회의 도래를 역수로 풀었던 데에서도 찾아볼 수 있는 내용이다.

그러나 한편으로 신분적 차별이 사라진 평등한 인격체에 대한 단순한 전망--여기서 단순함이란 표현은 개벽과 같은 운도(運度) 변화에 따른 수동성 때문에 사용함--은, 인간 일반의 존재 의미나 신성과의 관계, 생활·세계와 일상의 성속적(聖俗的) 구분이나 구체적 구원 상태의 전망과 기대 등과 같은 종교 일반의 담론 발전에는 한계를 보여주는 것은 아닐까?

사실, 신분 철폐에 따른 평등 사회의 기대에는 상대적 박탈감을 통해 느끼는 자기존재에 대한 의미 성찰 행동이 사회적으로 커지고 있음을 보여주기 때문에 그만큼 새로운 종교는 그런 자아에 새로운 성찰의 방법과 의미 체계를 부여할 필요가 있다. 그러나 초기 신종교운동이 지나치게 개벽이나 운도변화와 같은, 세상이 변할 수밖에 없는 상황에 의미 부여를 집중함으로써, 자아에 대한 새로운 종교적 성찰은 다만 자기 절제와 훈련 방식으로 대치된 것은 아닐까? 또한 한민족 중심주의를 내포한 구원론에는 민족 내적 도덕률과 타민족에 대한 대외적 도덕률의 이중구조를 가질 수밖에 없을 것이다. 이것은 곧 민족운동이란 차원에서 신종교운동을 평가할 때는 의미가 있을지 몰라도 인류라는 차원에서 볼 때 종교성에서 보편성을 주장하기 어렵게 만들 것이다. 그 점에서 국내 민족종교를 표방하는 신종교 교단들이 흔히 말하는 종교의 세계화나 종교 간 대화에는 참여하기 어려운 측면을 가질 수밖에 없을 것이다.

4. 맺음말

종교는 마땅히 인류 구원의 길을 제시하고자 한다. 우리나라의 근현대라는 역사적 전개 과정에서 등장한 신종교운동이 우리의 정신문화뿐 아니라 세계인과 더불어 구축할 문화적 지평을 확대하는 데 기여하기 위해서는, 우리 민족의 치유와 구원 공간으로서 이 땅의 평화와 안녕의 회복에 집중하여 신종교 교단들이 '민족종교협의회'라는 일종의 압력단체로 활동하면서 사회적 공인에 만족하는 일은 이제 그만두어도 될 것으로 감히 생각한다.

오늘날은 국내 신종교운동이, 일제 식민지라는 타자의 억압에서 해방된 공간으로서의 구원 공간을 염두에 두었던 민족종교운동이라는 지향점을 더 이상 강조할 필요가 사라져 가는 현실이다. 그 결과 국내 신종교운동은, 인간의 본성과 현존재와 그것을 둘러싼 현실 상황, 궁극적 구원 공간의 실현 필요성과 의의 등과 같은, 세계종교에서 주제로 삼는 신학적 거대 담론과는 거리가 먼, 오히려 이 땅의 민초들의 일상적 불안과 상처를 즉각적이며 가시적으로 치유하고 해소시켜 줄 방편적 영술(方便的 靈術)과 사소한 체험적 담론에 치중하고 있다. 종교가 경제적 동기로서의 주술을 원초적으로 가지고 있음을 인정한다 해도, 이런 개별적인 사소한 체험적 담론에 빠져들 경우, 신종교운동은 항상 주변적 종교운동이나 때로는 컬트적 속성을 띠면서 그 발전적 동력을 잃게 될 것이기 때문이다.

이와 관련하여 '법신불 일원상의 진리'에 바탕한 생활 불교를 천명한 원불교는 적어도 그런 민족종교의 지향과는 거리를 두고 있었고, 바로 그 때문에 일제하에서는 총독부의 탄압을 피할 수도 있었다. 원불교 2세기를 맞는 시점에서 이 문제는 깊이 있게 다시 생각해 볼 가치가 있다. 원불교가 일본의 창가학회--물론 창가학회를 두둔하는 것은 아니고 다만 그 가치 이념을 주목--처럼 오늘날 국내 신종교운동 가운데서도 국내 포교나 종교 간 대화, 세계화에서도 가장 두드러진 모습을 보여주면서 진화하고 있음은 부정할 수 없기 때문이다.

후쿠시마 원전사고 이후의
일본에서 살기

칸노 치카게(管野千景)* / 일본 탈핵운동가

* 칸노 치카게(菅野 千景) : 후쿠시마현 후쿠시마시에서 태
  어났다. 남편, 두 딸과 함께 2011년 8월까지 후쿠시마시에
  서 살았다. 2011년 3월 11일에 지진을 겪었다. 살던 집은 도
  쿄전력 후쿠시마 제1발전소에서 약 60km 떨어져 있었는
  데, 방사선량이 실내에서 0.7-1.2마이크로 시버트, 마당에서
  2.0-6.0마이크로 시버트, 빗물받이 밑에서는 10마이크로 시
  버트 이상 기록되었기 때문에, 방사능의 영향을 피해서 같
  은 해 여름방학 때 아이들과 '고! 고! 두근두근 캠프'의 보양
  에 참가했다. 보양에서 일단 후쿠시마로 돌아와 8월 30일에
  남편을 후쿠시마에 남겨 두고, 딸과 함께 교토로 피난을 떠
  났다. 2012년 8월, 남편이 교토에 직장을 마련하여 가족 모
  두가 함께 살 수 있게 되었다. 칸노 치카게의 딸인 칸노 한
  나(菅野 はんな)는 후쿠시마현 후쿠시마시에서 태어났다.
  지진 피해를 겪고, 원전사고의 영향을 피해서 2011년 7살에
  교토로 피난을 갔다.

안녕하세요. 칸노 치카게(菅野千景)라고 합니다. 저는 후쿠시마현 후쿠시마시에서 태어나고 자랐습니다. 후쿠시마에서 결혼하고 두 딸을 얻어, 남편과 넷이서 행복하고 평온하게 지냈습니다. 2011년 3월 11일 오후 2시 46분에 지진이 일어났습니다. 당시 큰딸은 초등학교 6학년, 작은딸이 1학년이었습니다. 그날 저는 두 딸이 다니는 초등학교에 있었습니다. 학년 말에 하는 선생님과의 면담 때문이었습니다. 마침 제 순서가 되어 선생님과 이야기하고 있을 때 진동이 시작되었습니다. 저는 어릴 적부터 여러 번 지진을 경험했지만, 여태껏 겪어 보지 못한 크기의 진동이었습니다. 즉시 선생님과 함께 교정으로 피신하였습니다. 수영장의 물이 크게 파도치며 교정까지 넘쳐 흘렀습니다. 혼자서는 서 있을 수가 없어서, 다른 어머니들과 서로 의지하며 어떻게든 서 있었습니다. 큰 진동이 오랫동안 이어졌습니다. 아이들이 좀처럼 학교 건물에서 나오지 않았습니다. 조금 진동이 가라앉았을 때 어머니들과 함께 학교 건물로 아이들을 데리러 갔습니다. 학교 안에는 꽃병과 책들이 떨어져 있고 천장도 벗겨져 떨어져 있었습니다. 아이들은 3층 강당에 있었습니다. 그랜드피아노 옆에서 선생님 곁에 모여 마치 부모 새의 날개로 감싸 안은 아기 새처럼 울고 있었습니다. 저는 딸을 찾았는데, 울지 않고 있었습니다.

"선생님과 같이 밖에 갈 수 있겠니?" 하고 묻자 딸아이가 "응" 하고 대답하기에, "엄마는 뒤에 갈 테니까 먼저 선생님이랑 나가렴" 하고는 밖으로 대피시키고, 저는 혼자 남아 제가 입고 있던 코트를 보자기 대신에 펼쳐서, 남아 있던 아이들의 코트를 전부 모아 품에 안고 교정으로 나갔습니다.

그날은 매우 추운 날이었습니다. 지진이 일어나자 지축이 흔들려 천둥이 치고 싸락눈이 내리며 눈보라가 쳤습니다. 아이들에게 코트를 입히고 교정의 안전한 장소에 모여서 각자가 집에 돌아갈 수 있는 때를 기다리고 있었습니다. 저는 근방에 사는 아이들을 제 차에 태워 집에 돌아왔습니다. 마을은 정전이 되어 신호가 모두 꺼져 있었지만, 모두가 신중히 차를 운전하며 서로 양보하여 사고 없이 돌아올 수 있었습니다.

집에 돌아오자, 지진이 나자마자 직장에서 학교로 달려와 준 남편이 먼저 도착해 있어서, "집안이 엉망이 되었으니 신발 신은 채로 들어와." 하고 말해주었습니다. 거실에 들어서자 식기 선반부터 식기와 유리그릇이 떨어져 바닥에 쑤셔 박혀 있고, 사진이 넘어져서, 이미 발 디딜 곳이 없을 정도로 엉망진창이었습니다.

제가 살고 있던 구역은 가스는 끊기지 않았지만, 전기는 3일간, 수도는 8일간 끊어졌습니다. 다음 날 아이들과 급수차에 줄을 섰습니다. 물을 받는 데 6시간을 기다려야 했습니다. 그 후에 아이들을 시어머니께 맡기고 집을 정리하러 갔습니다. 그때에도 후쿠시마에 있는 도쿄전력의 원자력 발전소가 큰 사고를 내고 있었다는 것은 알지 못했습니다.

제가 사는 현에 원전이 있다는 것은 알고 있었습니다. 사고와 고장, 플루토늄 열사용 문제 등은 자주 기사화되었지만, 저희 집은 원전에서 60km나 떨어져 있어서, 별로 관계없을 것이라 생각했습니다. 무관심했다고 할 수 있겠지요.

1. 후쿠시마 원전 폭발

도쿄전력의 원전은 결국 4기의 원전이 폭발하고 말았습니다. 원전사고가 일어난 직후에는 많은 학자와 전문가, 코멘테이터, 저널리스트들이 나와서 이러저러한 것들을 이야기하였습니다. 시버트, 퀴리, 베크렐 등 지금까지는 들어보지도 못한 말들이었습니다. 그리고 정부에서는 시간마다 기자회견을 열었는데, 매번 '바로 건강에 피해가 가는 것은 아니다', '문제없다', '사고 수습까지 1년 정도 걸린다.'와 같은 내용뿐이었습니다. 그리고 원폭이 떨어진 나가사키와 히로시마에서 핵문제를 잘 아는 사람(有識者)과 자원봉사 할머니들이 후쿠시마에 왔습니다. 그분들은 '걱정할 것 없어, 괜찮아', '원폭이 떨어졌어도 할머니들이 이렇게 건강하게 오래 살고 있잖아요.'라며 위로의 말을 건넸습니다. 아무런 근거도 없이 단지 우리를 안심시키려 하였습니다.

남편의 매제는 미국인입니다. 그는 "빨리 후쿠시마를 떠나라."고 말했습니다. 몇 번이고 이메일을 보내고 전화를 했습니다. 하지만 우리는 휘발유도 없고, 큰딸의 졸업식을 기다리고 있어서 이동할 수가 없었습니다. 저는 그때까지 어용학자라는 학자가 있다는 것, 그런 사람이 있다는 것을 잘 몰랐습니다. 사람들의 생활과 목숨을 지키지 않고 국가나 일부 권력자 편에서는 학자가 있다는 것 등을 전혀 알지 못한 것입니다.

그리고 저는 '전문가와 국가, 그리고 현에서 하는 말이니까 틀림없어.'라며, 막연하게 그들의 말을 믿고 싶다고 생각했습니다. 솔직히 말하자면, 혼란한 와중에 의심이 들며 완전히 믿지는 못하면서도, 그래도 잘 알지 못하니까 걱정되고 불안해서 그들의 말에 의지하고 싶었는지도 모릅니다.

그런 식으로 저는 정부와 행정에 농락당하면서도 누가 진실을 말해 주는 것인지, 알고 싶었습니다. 남편은 시간을 내서 방사능과 그에 수반된 건강 피해 등에 대한 강연회와 공부모임에 참가하였습니다. 그런 가운데 학자, 연구자이면서도 자신의 지위나 명예, 금전보다는, 현재 후쿠시마의 상태와 방사능에 대한 것, 방사능 오염 상황과 원전사고 상황을 알리려는 사람들이 있으며, 방사능에서 우선 아이들을 지키는 일이 중요하다는 것을 배웠습니다. 이들은 핵과 원자력이 뛰어난 에너지라고 믿어, 뜻을 품고 연구해 왔지만, 알면 알수록 이것이 인간과는 공존할 수 없으며, 인간이 감당할 수 없는 무서운 것임을 알아채고, 바로 원전을 멈춰야 한다고 생각했다고 합니다. 이들은 사고가 일어나기 전에 원전을 멈추지 못한 것을 매우 원통해 했습니다.

"피해를 입은 분들에게 정말 드릴 말씀이 없습니다."라며 말하기 전에 사죄하였습니다. 우리 부부는 이분들이 절대 거짓을 말하지 않으며, 우리의 입장에서 이야기한다는 것을 확신하였습니다. 사고 후에 연간 피폭량이 변경되었습니다. 안전기준을 1밀리 시버트에서 20밀리 시버트로 올리게 된 것입니다. 거기서 위원을 맡고 있던 도쿄대학의 교수가 4월에 "아이들을 그런 기준에 맞춰 생활하라고 하는 일은, 저는 할 수 없습니다."며 울며 회견을 하였습니다. 그 회견을 보고 비로소 우리 부부는 지금 우리가 처한 상황이 아이들을 키울 환경에 적합하지 않다는 것을 알게 되었습니다.

그리고 방사능 오염이 적은 곳으로 피난할 것을 생각하였습니다. 홋카이도에서 오키나와까지 일본의 끝에서 끝까지 찾아보았습니다. 쉬는 날에는 차를 몰고 임대주택을 보러 다녔습니다. 그러나 좀처럼 결정할 수 없었습니다. 그래서 피난 가기 전에 여름방학 동안 오염이 적은 장소로 보양(保養)을 가기로 하였습니다.

교토의 세이카 대학교(精華大学) 졸업생과 재학생이 시작한 '고! 고! 두근두근 캠프'라는 보양 캠프가 있습니다. 보양(保養)이란 방사선량이 높은 곳에 사는 사람들이 방사선량이 적은 곳에서 일정 기간을 보내는 것으로, 방사선으로 상처받은 몸이 회복되는 효과를 얻는 것입니다.

체르노빌 사고 후, 벨라루스에서는 국가정책으로 사고 후 30년간 계속 실시되고 있습니다.

교토는 저희 집에서 700km 정도 떨어진 곳에 있습니다. 후쿠시마에서는 한여름의 더운 시기에도 피폭을 피하려고 긴 팔에 긴 양말, 마스크를 한 모습으로 등하교 등의 외출을 했습니다. 학교에서는 창문도 열지 못하고 에어컨도 없어서 교육위원회에서 한 교실에 네 대의 선풍기를 나누어 주었습니다. 더운 교실 안에서 단지 뜨거운 바람을 돌릴 뿐이었습니다. 그리고 아이들은 밖에서 놀 수도 없었습니다. 유월이 되자 방사선 오염이 심한 학교부터 순서대로 학교 건물 외벽을 세정하고 교정의 표토를 제거하는, 이른바 '제염(除染)'이 시작되었습니다. 그러나 제염작업을 해도 아직 창문을 열 수 있는 시간이나 밖에서 노는 것은 제한되었습니다.

딸아이들이 보양 차 교토에 오고부터는 마스크도 벗고 여름에 걸맞는 복장으로 마음껏 밖에서 놀았습니다. 풀과 잎사귀, 나무를 만지고, 물장난을 하며 보양에 참가한 아이들은 모두 너무나 활기가 넘쳤습니다. 저는 아이들의 모습을 보고, '이게 당연한 아이들의 본래 모습이야.'라고 생각했습니다.

저 자신도 후쿠시마에 있을 때에는 원산지를 속이는 경우도 있어, 매일 식사를 만드는 데에도 오염되지 않은 식재료를 찾아야 했는데, 정말 안심하고 먹을 수 있을까 하는 불안을 안은 채로 식사 준비를 하였습니다. 아무리 날씨가 화창해도 세탁물은 집안에 널고, 환기를 시킬 수 없어서 집안도 약간 곰팡내가 나니 기분이 좋지 않았습니다. 그런 생활에 너무 숨이 막힌다는 느낌이었습니다.

교토에 와서 저는 원전사고 후 처음으로 심호흡을 할 수 있었습니다. 그와 동시에 후쿠시마의 환경이 당연한 것이 아니라는 것을 확신하였습니다. 식재료는 안전농산공급센터에서 보낸 무농약 유기야채 등이어서, 안심할 수 있는 맛있는 식재료로 만든 식사를 하였습니다.

반 달 정도를 교토에서 보내고 캠프 후반에는 남편도 후쿠시마에서 와서 합류하였습니다. 보양을 마치고 후쿠시마로 돌아가는 전차 안에서 우리는 '교토로 피난 가는 것은 좀 멀어서 어렵겠지.'라고 이야기하였습니다.

몇 번이나 여진이 이어지며 원전이 또 폭발하지는 않을까 걱정도 되고, 수습되지 않은 상황에서 후쿠시마에서 사는 것이 불안했습니다. 아이들의 몸과 마음이 건강하게 성장하기 어렵다고 느껴, 결국 교토로 피난을 가기로 결심하고 8월 말에 두 딸을 데리고 교토로 왔습니다.

남편은 직장을 그만둘 수 없어서 후쿠시마에 남았습니다. 이삿짐을 꾸릴 때도, 아이들을 데리고 후쿠시마를 떠날 때도, 우린 얼마나 울었는지 모릅니다. 피난하고 나서, 매달 남편이 우리를 만나러 교토로 와 주었습니다. 아빠가 만나러 오는 것을 아이들과 함께 너무나 기대하게 되었습니다. 매일 전화로 이야기해도 역시 얼굴을 맞대고 이야기하는 것과는 전혀 다릅니다. 한정된 시간과 집안의 경제 사정 때문에 남편은 항상 10시간 이상이 걸리는 야간 버스로 왕복을 했습니다.

그런데 2012년이 되었을 즈음, 남편이 보러 오는 것이 힘들다는 말을 꺼냈습니다. 아이들도 아빠를 보고 싶다며 항상 만나길 기대하는데, 보러 오는 것이 힘들다는 말을 꺼낸 것입니다. 그것은 만날 수 있다는 기쁨보다 헤어지는 외로움이 괴롭게 느껴졌기 때문이었습니다.

우리는 그럴 때마다 '피난한 게 잘못된 일은 아니었을까.'라든가, '후쿠시마에 있었으면 이런 고통은 맛보지 않았을 거 아닌가.'라며 몇 번이고, 몇 번이고 자문자답했습니다. 1년 후인 2012년 8월에 남편이 교토에서 직장을 구해 교토로 올 수 있었습니다. 드디어 가족이 함께 모여 살 수 있게 된 것입니다. 하지만 우리 집 수입이 절반 이하로 줄었고, 전혀 모르는 땅에서 일하는 것도 남편에게는 매우 힘든 일이었습니다. 올해로 사고가 난 지 6년을 맞이합니다. 후쿠시마 아이들의 건강 피해는 심각한 상황에 이르렀다고 생각됩니다. 갑상선암만 해도 150명을 넘기고 말았습니다. 그중에서 악성으로 진단받아 수술한 아이들이 100명 이상이 됩니다.

암이 갑상선에서 다른 곳으로 전이된 아이들도 있습니다. 갑상선암뿐만이 아닙니다. 아이도 어른도 심근경색과 백혈병을 일으키는 사람이 늘어났습니다. 우리 부부가 아는 사람들과 동급생도 몇 명이 세상을 떠났습니다.

남편도 작년에 양쪽 눈이 모두 백내장에 걸려 수술을 받았습니다. 후쿠시마에서 지내는 아이들은 밖에서 놀 수 없어서 운동량이 줄었기 때문에 비만 아동도 늘었고, 수업 중에 가만히 있지 못하고 금방 불안해하는 아이들도 늘었습니다.

국가와 현에서는 이러한 아이들의 건강 피해에 관해서, 원전사고와의 인과관계 등을 전혀 인정하지 않고 있는데, 이는 인과관계가 없는 것이 아닙니다. 조사해 보지도 않고 방사능의 영향을 인정하지 않기로, 2012년 가을 '후쿠시마 현민 건강관리조사위원회'에서 이야기해서 결정했기 때문입니다. 원전에서 20km 권내의 시쵸무라(市町村: 시군읍)와 이타테무라(飯館村)는 강제로 피난해야 하는 '피난구역'으로 지정되었습니다. 언제 돌아올 수 있을지 알려 주지도 않고 피난을 강요받았습니다.

저희 집은 피난구역 밖입니다. 물론 매달 받는 보상도 없고, 국가와 행정기관에서 '살아도 괜찮은데 멋대로 걱정하고 멋대로 밖으로 떠난 거죠.'란 소리를 듣는, 그런 취급을 받습니다. 작년 《워싱턴포스트》는 '유일한 피폭국가로서 세계에 핵무기 폐기를 호소해 온 일본이 좁은 국토에 55기의 원전을 늘어세운 핵 대국이 되어 있었다.'며 정상이 아님을 지적하였습니다.

"스스로가 경험한 원폭의 몇 천, 몇 만 발 분에 맞먹는 핵물질을 원자로에 보유하고 있는데, 위기관리가 되고 있지 않다. 정부가 정보를 계속 은폐해 온 결과다."라며 매우 격렬하고 적확하게 비판하고 있습니다. 정말 한심한 일입니다. 부끄럽습니다.

원전사고 때문에 가족과 친구, 지역 커뮤니티가 크게 파괴되어 버렸습니다. 가장 유감스러운 것은 아이들을 지키기 위해 부부가 서로 이야기를 해도 서로를 이해하지 못해 이혼하고 마는 부부가 있다는 것입니다. 아이들을 지키려는 생각인데도 반드시 아이들을 지킬 수 있는 것은 아니라는 것. 하지만 이것도 그 부부가 나쁜 것은 아니라고 생각합니다.

이 5년간 피난을 떠난 사람, 피난 가지 않기로 결정한 사람, 피난 가고 싶어도 못 가는 사람들은 '후쿠시마를 버렸다'든가 '후쿠시마를 버릴 수 없다'든가 '도망갔다' '도망가지 않는다'는 말들을 듣습니다. 어떤 말이든 진심은 아니라고 생각합니다. 저도 후쿠시마를 버렸다고는 생각하지 않습니다. 후쿠시마에서 도망친 것이 아닙니다. 방사능 오염에서 도망친 것입니다.

서로 상처를 주지 않아도 되는 사람들끼리 서로 상처를 입히고야 마는 것은, 아직까지도 도쿄전력과 국가가 자신들이 저지른 악을 제대로 인식하고, 피해를 당한 모든 사람들에게 형식적으로가 아니라, 마음에서 우러난 사죄를 하지 않았기 때문이라고 생각합니다.

원전은 국가가 추진하고 있습니다. 원전을 만들기 위해서 가난한 어촌에 돈을 뿌리고, 교묘한 말과 돈으로 사람의 마음을 어지럽힙니다. 당시에 돈을 받은 사람은 자신들의 마을이 도쿄처럼 번창할 것으로 생각했다고 합니다. 그러나 빈곤한 마을이 얼마나 번창했는지를 보면, 그다지 풍요롭게 되지는 않았습니다. 그뿐 아니라, 마음대로 원전입지후보지로 올려 버린 것만으로도, 검소하면서도 정말 행복하게 생활하던 사람들을 분단시켜 버렸습니다.

돈으로 살 수 없는 너무나 소중한 것이 파괴되어 버리는 것. 원전이란, 핵이란 그런 것임을, 전혀 무지했던 제가 부끄럽지만, 이때가 되어서야 알았습니다. 후쿠시마 원전이라는 명칭만이 널리 알려져 있지만, 그것은 도쿄에서 사용하는 전기로, 도쿄전력 소유입니다. 후쿠시마에서는 전혀 사용하지 않습니다. 이러한 원전사고의 2차 피해, 3차 피해를 우리집은 절대로 피하고 싶었습니다. 그래서 후쿠시마와 교토에 헤어져 있어도 서로에게 걱정을 끼치지 않으려는 것 등은 생각하지 않고, 기쁜 일은 물론이거니와 슬픈 일도 괴로운 일도 뭐든지 다 이야기하기로 결정하였습니다.

우리는 약한 인간입니다. 이런 커다란 난관을 혼자서 다 짊어질 수 없습니다. 남편이 없는 가정, 일상이 없는 일상, 떨어진 거리를 좁히기 위해서라도 가족끼리 무엇이든 이야기를 나누는 것은 마음에 여유가 없는 피난 생활을 보내기 위해서 중요한 일이었습니다. 그리고 무엇보다 우선인 것은 아무런 책임이 없는데도 어려운 생활을 강요받는 아이들의 기분을 안정시키는 것입니다.

작년 말을 기준으로, 피난민이 약 십오만 명입니다. 교토에는 많았을 때가 약 팔백 명, 현재는 약 오백 명 있습니다. 정치가 중에는 아직도 '원전사고로 죽은 사람은 한 명도 없다.'고 말하는 사람이 있습니다. 절대 그렇지 않습니다. 사고 후 피난 지시가 내려진 지역에는 혼자 사는 노인도 있었습니다. 장애가 있어 사고를 알지 못한 사람, 움직일 수 없어 도움을 기다리던 사람도 있었습니다. 그리고 피난 지시가 내려진 지역에는 큰 병원도 있었습니다. 라이프라인이 끊어진 가운데 도움을 받지 못하여, 그 병원의 입원환자만 해도 예순 분이나 그대로 돌아가셨습니다. 쓰나미와 지진으로 가옥이 무너져 몸을 움직일 수 없게 된 분들도 그대로 방치되었고, 기동대 · 경찰 · 소방대원 · 자위대 등도 철수시켜 버렸기 때문에 그냥 보고도 죽게 내버려 둔 것입니다. 수색이 재개된 것은 한 달이 지난 사월 중순이었습니다.

2. 박탈되어 버리는 존귀한 생명

이러한 사실은 절대로 큰 뉴스가 되지 못합니다. 모든 정보가 조작되어 버린 것입니다. 그렇기 때문에 소중하고 존귀한 생명이 그렇게 박탈되었다는 사실을, 지금까지도 반드시 알아야 하는 입장에 있는 사람들이 알지 못한 채, 올바르게 알려 하지도 않는다고 생각합니다. 병자이니까, 노인이니까, 장애가 있으니까 가벼이 여길 수 있는 생명이란 하나도 없습니다. 그리고 지금 이 시간도 사고가 일어난 원전에서 피폭되면서도 목숨을 걸고 가혹한 상황 속에서 작업하는 많은 노동자가 있다는 것을 잊어서는 안 됩니다. 게다가 지금도 자살자가 끊이지 않고 있습니다. 할아버지, 할머니, 아버지, 어머니, 아들과 딸 부부, 아이들, 이렇게 4대가 생활하던 가족도 적지 않습니다. 그러나 피난처의 가설 주택은 좁기 때문에 가족이 모두 헤어져서 살게 되어, 살아갈 의욕을 잃어버리고 치매에 걸리거나, 고독한 나머지 죽고 마는 사람들이 많습니다. 그럴 때 행정에서는 무엇을 해 주었는가 하면, 고민을 가진 사람을 상담할 사람을 몇 백만 엔을 들여 증원하는 것입니다. 하루라도 빨리 원래처럼 가족이 함께 살 수 있도록 알아보는 것이 아니란 것입니다.

동일본에서는 '부흥'이라는 두 글자에 들끓고 있습니다. 부흥 예산을 사용해서 유명한 가수나 스포츠 선수, 아티스트를 데리고 와서 이벤트를 합니다. 그러고는 활기가 돌아서 부흥의 기폭제가 되었다며 기뻐합니다.

　일회성 불꽃놀이 같은 행사로 부흥이 될 리 없습니다. 그것보다도 원전·핵·방사능 때문에 빼앗겨 버린 모든 것[을 되돌려야 합니다]. 자유·꿈·미래로 이어지는 모든 것, 가족·동물·풍부한 자연·식물·일·서로 사랑하는 일·모든 생명, 많은 것들이 파괴되었습니다. 그것은 한순간에 일어나서 길고 긴 시간을 들여 계속 파괴하고 있는 것[입니다]. 이제 다시는 돌아오지 않는 많은 소중한 것들을 더 이상 잃는 분이 없도록, 지키고 키워가는 것. 진정한 부흥은 모든 것을 원래대로 만드는 것이라고 생각합니다. 할 수 없는 일이라면 그만큼의 무게를 알아야 한다고 생각합니다.

　도쿄전력은 작년까지 2년 연속 5210억 엔의 순이익을 올리고 있습니다. 다시 한 번 말합니다. 도쿄전력은 사고를 일으켰음에도 불구하고 5210억 엔이나 벌어들이고 있다는 것입니다. 사원은 실직하는 일도 없고, 월급도 지급되며 보너스도 받으면서 뭐 하나 변한 것 없는 생활을 하는 것입니다. 이 사실을 어떻게 생각하십니까? 우리집은 보양과 피난, 남편과 헤어져 살던 1년간 들인 교통비와 이중생활을 해야 했기 때문에 필요하게 된 생활도구, 집은 재작년에 매각해 버렸지만, 피난해서 살지 않았던 동안에 계속 지불했던 세금과 대출금, 그리고 받을 필요도 없었던 정신적인 고통 등, 실제로 발생한 손실을 인정받기 위해 ADR(원자력손해배상분쟁해결센터)에 청구하였습니다. 청구는 단호히 거부당했습니다.

　다음으로 아직 아이들을 지키기 위해 피난 상황에 있다는 증거를 제출하도록 요구받았습니다. 후쿠시마의 집 안팎과 통학하고 있던 학교 등, 생활권의 오염 상황 등 방사선량을 측정해서 제출하였습니다. 하지만 피난할 필요가 없는 곳에서 피난한 것이므로 일체 지불할 수가 없다는 답신이 왔습니다.

다음으로 다시 한 번 같은 대답이 왔기에, 잘못된 인식에 대한 설명과 반론을 제출하자, 비로소 도쿄전략은 화해안을 내놨습니다. 그 금액은 청구액의 약 5%였습니다. 후쿠시마도 2012년부터 3회에 걸쳐 원전사고가 일어나 생긴 손해를 도쿄전력에 청구하였는데 약 40%정도를 지불받았습니다. 도쿄전력은 이만큼이나 사고를 일으켰는데도 자신들도 피해자라고 말합니다. 책임 등을 느끼지 못하는 것입니다.

도쿄전력의 원전은 현재 1기도 가동하지 않는데, 피해를 입은 분들에게 형식뿐인 얼마 되지 않는 배상을 하고서도, 그래도 이익이 나온다는 것은 도대체 어떻게 된 일입니까. 전력회사는 원전을 가동시키지 않으면, 전기가 부족해져서 전기요금도 오른다면서 우리의 불안을 부채질합니다. 우리집은 교토에 피난하고 있는 분들 175명과 함께 도쿄전력과 국가를 상대로 집단소송을 제기하였습니다. 이것은 이 사건을 막을 수 있었음에도 불구하고 비용이 든다며 대책을 몇 년이나 뒤로 미뤘다는 것에 대한 책임, 피난의 정당성과 정신적 고통에 대한 배상을 요구하는 것입니다.

국회사고조사위원회는 2012년 7월에 '이 사고는 인재다.'라고 정식 발표하였습니다. 도쿄전력의 원전사고는 지진과 쓰나미로 인해 전원이 상실되어 일어났다고 하지만, 그렇지 않다는 것입니다. 막는 것이 가능했다는 것입니다.

후쿠시마현 내에서의 피난, 그리고 전국 각지에 피난을 강요받고 있는 분들이 각지에서 재판을 걸고 있습니다. 지금 재판을 건 원고들, 재판을 담당하는 변호단도 모두 정보를 공유하며 서로 격려하고, 싸우기 위해서 연대해나갈 움직임을 취하였습니다. 우리집의 경우는 ADR에서 회수할 수 없는 손실은 재판으로 호소하여 배상하게 할 수밖에 없다고 변호사에게 들었는데, 개인이 싸우기에는 경제적으로 시간적으로 정신적으로 너무나 어렵다는 것을 실감하여 포기하려 했었기 때문에 같은 생각을 가진 피해자가 함께 싸울 수 있다는 것은 마음 든든합니다.

지금까지도 약으로 인한 피해(藥害), 공해 등 국가와 대기업을 상대로 한 재판은 몇 십 년이나 싸우고 있는 사례가 많습니다. 재판을 하려고 결정했을 때, '나라를 상대로 싸운다는 것 따위 소용없어.'라고 말하는 사람도 있었습니다. 무엇이 소용없다는 것인지요? 나쁜 일을 한 것에 대해 책임을 인정하게 하고, 사죄하게 하는 것은 당연한 일입니다. 매번 재판에서는 피고인 도쿄전력과 국가의 변호사 및 대리인이 지루한 듯 앉아서 조는 사람도 있습니다. 무책임의 표현입니다. 우리 원고와 변호단은 사고의 책임을 인정하게 하고 마음으로 사죄할 것을 요구하는 데에만 그치지 않고, 모든 원전을 없애서 다시는 사고가 일어나지 않는 것까지를 바라고 있습니다.

일본에는 '원자력안전위원회'가 있었는데, 사고 후 2012년 9월에 '원자력규제위원회'라고 이름을 바꾸었습니다. 이 사실부터가 원자력의 안전 신화가 붕괴되었다는 증거라고 생각합니다. 안전한 원전 같은 것은 세계 어디에도 없습니다. 2020년에 올림픽이 일본에서 열리게 되었습니다.

세계를 향해 자신있게 거짓말을 했습니다. 그 후 즉시 오염수를 바다에 계속 흘려보내고 있던 사실을 숨겼다고 도쿄전력이 발표하였습니다. 규제위원회도 이것에는 기가 막혀 했습니다. 지역에서는 오염수가 더 이상 새어나가지 않도록 대책을 세우고 관리를 철저히 할 것, 그리고 정보를 숨기는 체질을 재빨리 개선하라고 항의하며 강하게 요구하였습니다. 그렇지만 아베 수상은 오염수가 실제로 새고 있었다는 것에 대한 사죄도, 발언 철회도 하지 않았습니다. 이전의 노다 수상은 2011년 12월에 돌연 원전사고 수습 선언을 했습니다.

무엇을 근거로 발표했는지 모르지만, 아니나 다를까 전 세계에서 수습된 것이 아니지 않느냐는 질문과 의견이 쏟아졌습니다. 당연한 일이라고 생각합니다. 그리고 그때도 발언의 철회도, 사죄도 없었습니다. 하지만 오염의 구체적인 상황이나 건강 피해 실태를, 있는 그대로 실제 상황을 말한 사람에게 반발이나 비판은 가혹합니다. 입증되지 않았는데 인과관계가 없다, 문제없다, 걱정없다며 우기는 무책임한 말이 정당화되는 불편함은 지금도 계속되고 있습니다. 우리는 사고 직후부터 계속 속고, 거짓말을 듣고 있습니다. 우리는 설령 사실이 받아들이기 어려운 것이라고 해도 알아야만 하며, 알권리가 있습니다. 그리고 스스로 판단해서 선택할 권리가 있습니다.

작년 5월에 후쿠시마에 돌아간 길에 택시에 탔을 적의 일입니다. 기사님이 살고 있는 곳은 시내에서도 방사선량이 높은 지역이었습니다. 자신의 아이들과 손자는 비교적 방사선량이 낮은 지역으로 이사를 시켰다고 하였습니다. 저는 "그건 다행이었네요, 하지만 이런 말을 좀 더 스스럼없이 이렇게 말할 수 있는 분위기가 후쿠시마에 만들어지면 좋을 텐데요."라고 하자, "정말 말씀하신 대로에요, 이상하죠."라고 대답하였습니다.

후쿠시마에는 사고 이후부터 지금까지도 오염에 대한, 피난에 대한, 원전에 대한 걱정이나 불안 등에 대해 좀처럼 본심을 말할 수 없는 분위기가 있습니다. 모두가 저마다 안고 있는 어려움에 이미 힘이 부칩니다. 자신의 가족을 지키는 일로 힘들다는 것입니다. 목소리를 내지 못하고 있다는 것입니다.

저는 현 밖으로 피난을 갔지만, 피난하지 않은 사람들과의 사이에, 더 이상의 고랑과 경계를 만들지 않고 모든 것을 넘어설 수 있도록 서로를 이해하고 서로를 지지하는 것이 정말로 필요하다고 느낍니다. 좁은 일본에서 또 원전사고가 일어난다면, 틀림없이 안심하고 살 수 있는 토지와 먹거리도 없어지고 말 것입니다. 그런데 약 2년간 일본의 모든 원전이 멈춰 있어도 아무런 문제도 없었는데, 국가와 전력회사는 원전의 재가동을 추진하며, 우리의 반대 목소리도 듣지 않고 작년 8월에 규수전력에서 가고시마 원전을 재가동시켜 버렸습니다.

원전사고가 일어나도 왜 여전히 원전을 돌리려는 것인지? 국민의 반 이상이 원전 재가동에 반대하고 있습니다. 안전하게 처리하는 기준 같은 것은 없습니다. 원자력은 핵입니다. 간사이전력도 원전사고를 일으킨 도쿄전력과 같은 것을 취급하고 있다는 자각이 전혀 없었습니다. 만에 하나라도, 있어서는 안 되는 사고가 일어나 버렸을 때의 피난 계획도 서 있지 않습니다. 그리고 사용이 끝난 핵연료의 처리는 뭐 하나 정해진 것이 없습니다. 지금까지 사용한 일본 전체의 핵폐기물을 포함해서 더욱 폐기물을 늘리는 것에 대해 아무것도 생각하지 않았습니다.

공간의 방사선량을 줄이기 위해 후쿠시마의 제염작업은 5년간 계속 이어지고 있습니다. 이 작업으로 발생한 오염 물질은 검은 플렉시블 컨테이너 백(flexible container bag)이라는 것에 채워 넣어, 아름다운 산림과 길 옆, 주택지의 공터, 학교와 공원의 한 구역 등에 쌓아 두고 있습니다. 임시로 놓았다고 설명은 하지만, 언제 어디에서 처분할 것인지는 아무것도 정해진 바가 없습니다. 그 안에서는 방사선이 계속 나오고 있습니다. 제염을 한다고 해도 산산히 흩어져 버린 방사능을 모아서 제거하는 것은 무리입니다. 모든 수목도 벌채하지 않으면 안 됩니다.

지금 후쿠시마에서는 귀환정책이라고 하여 현 밖으로 피난한 사람들을 현 내로 돌아오게 하는 시책이 활발히 이루어지고 있습니다. 임대주택의 주택 지원은 내년 3월로 중단됩니다. 퇴거를 강요당한 사람들은 이사를 하지 않으면 안 됩니다. 당연히 이사 비용이 듭니다. 만일 후쿠시마에 돌아간다면 이사 비용을 일정액 후쿠시마현이 부담해 줍니다. 하지만 후쿠시마에는 아직 돌아갈 상황이 아니라고 느끼는 가족을 비롯해 아이들의 학교나 부모의 직장 관계상, 그대로 피난처에서 다른 주택으로 옮겨 사는 분도 많습니다. 그런 가정에는 일체 이사 비용이 나오지 않습니다.

그런데 피난구역으로 지정한 곳을 점점 해제하고 있습니다. 방사선량이 내려갔다는 것입니다. 그 기준은 연간 피폭량 20밀리 시버트로, 사고 후에 올린 수치입니다. 사고 전에는 연간 1밀리 시버트였습니다. 20배나 올려놓은 채로 되돌려 보내려는 것입니다. 피난구역에 살고 계신 분은 산간마을에 대대로 집을 가진 분도 적지 않습니다. 그렇지만 작년 말에 주택은 제염을 했지만, 산림은 제염을 하지 않기로 후쿠시마현이 결정했습니다. 이러한 모순 속에서 아무리 우리집으로 돌아가고 싶다고 해도 안심하고 돌아갈 수가 없습니다. 자연재해 같은 것이라면, 재해구조법에 바탕하여 귀환할 목표는 세울 수 있겠지요. 하지만 원자력 재해는 눈에는 보이지 않지만, 방사능의 영향이 없어질 때까지 핵 종류에 따라 몇 백, 몇 천 년이나 되는 연수가 걸립니다.

국가는 2020년까지는 가능한 한 피난자라 불리는 사람들을 없애고, 원전사고가 완전히 수습되었다고 세계에 알리고 싶어 합니다. 왜냐하면 올림픽이 있기 때문입니다. 이와 함께 일본의 원자력 기술 수준이 높다는 것을 어필하고 싶은 것입니다. 왜냐하면 원전을 외국에 팔아서 돈을 벌고 싶기 때문입니다. 아베 수상은 큰 기업이 우선 벌어서 그곳이 윤택해지면, 거기서 넘쳐 나온 것이 일반 가정에 흘러가서 일본의 경기가 좋아진다고 하는, 지극히 국민을 바보 취급하는 생각을 가지고 정치를 하는 것입니다. 원자력 기술을 자랑하고 싶다면 원전사고에 좀 더 진지하게 대처해서 높은 기술을 어필하면 좋을 것이라 생각합니다.

원전사고의 배상재판과 동시에 각지의 원전 재가동을 멈추는 운동과 재판도 하고 있습니다. 저는 일본의 55기 원전 중 원전이 가장 많이 모여 있는 곳이 피난처인 교토의 옆에 있는 후쿠이현으로 16기가, 다음으로 후쿠시마 현으로 10기가 있다는 것조차 사고 전에는 알지 못했습니다.

원전이 이렇게 많이 모여 있는 곳으로 피난을 왔으므로 절대로 재가동시 키고 싶지 않지만, 유감스럽게도 다카하마 원전이 재가동 되었습니다. 작년 4월에 같은 후쿠이현의 오이 원전의 가동 중단 가처분이 인정되었습니다. 재판장은 "원전이 멈추어 많은 금액의 무역 적자가 났다고 해도, 이것을 국 부 상실이라고는 할 수 없다. 풍부한 국토와 거기에 국민이 뿌리를 내리고 생활하는 것이 국부라고 할 수 있다."고 단언하였습니다.

오이 원전은 앞선 노다 수상이 "모든 책임은 내가 진다."며 하지도 못할 일을 국민에게 선언하여 재가동을 추진하려던 곳이었습니다. 모든 책임을 질 수 없습니다. 왜냐하면 우리들에게 어떤 책임도 지지 않았기 때문입니 다. 단 한 가족에게도 책임지지 않는데, 한 번 사고가 일어나면, 그 피해는 짐작조차 할 수 없습니다. 도대체 이 일에서 왜 배우려 하지 않는 것일까요.

3. 지금도 원전사고는 계속되고 있다

사고는 일어나 버렸습니다. 지금도 사고는 계속되고 있습니다. 원자로 안이 어떤 상태가 되어 있는지는 아무도 모릅니다. 매일 320톤의 오염수를 배출하면서 원자로를 계속 식히고, 방사성 물질을 다량 포함한 공기를 깨끗 한 하늘로 배출하고 있습니다. 현장은 지금도 긴박한 상황 속에서 다시 한 번 폭발하지 않도록 하고 있다는 것입니다. 이것을 그만두면 또 폭발할 듯 한 상황이라는 것입니다. 지금도 여진이 있습니다. 방사선 물질은 콘크리트와 금속도 부식시킵니다. 원자로와 원자로 건물도 언제까지 버틸지 모릅니다. 도쿄전력에서 1년 전에 보내온 자료에는 '폐로를 위해서는 먼저, 폐로 방법을 검토하고, 기술개발 준비에 20-30년이 걸립니다. 사용이 끝난 연료를 꺼내는 데 10년 이상이 걸립니다. 녹아서 굳어 버린 연료에 관해서는 예상도 할 수 없습니다.'라는 설명이 씌어 있었습니다. 분명히 말해서 아직도 예측을 할 수 없다는 것입니다.

제가 살아 있는 동안에 수습과 폐로가 이루어지지 않는다는 것입니다. 원전은 그런 것입니다. 핵은 그런 것입니다. 인간이 감당할 수 없는 것입니다. 이대로 눈앞의 이익에 갇혀 뒤처리를 생각하지 않고 위험을 무릅쓰면서까지 돈을 벌려는 모습을 아이들에게 보여주기보다는, 목숨을 소중히 하여 좋은 일을 선택할 강인함과 용기를 가지고, 부끄럽지 않은, 변명하지 않는 삶을 살고 싶습니다. 이 5년 간 우리 가족은 많은 일을 참고, 포기하고, 헤어지고, 잃었습니다. 지금부터의 인생은 겉모습뿐만이 아닌 희망과 미래를 위해서, 행복하다고 느끼고, 행복하다고 마음으로 말할 수 있는, 우리 서로와 미래의 아이들을 소중히 여기며 살고 싶습니다. (칸노 치카게)

* * *

우리 가족은 2011년 원전사고의 영향으로 교토로 이사를 왔습니다. 저는 그때 초등학교 2학년이어서, 원전사고가 무엇인지 전혀 몰랐습니다. 하지만 한 가지 알고 있었던 것은 방사능은 무서운 것인데, 눈에 보이지 않으며 해로운 것이라는 것입니다. 우리가 먹는 소, 닭, 돼지 등도 방사능으로 오염되고 말았습니다. 하지만 먹을 수 없다고 해서 죽일 필요는 없다고 저는 생각합니다. '희망의 목장'이라는 그림책을 읽었습니다. 그 책에는 소를 키우는 사람의 실화가 그려져 있습니다. 나라에서는 '방사능으로 오염된 소들을 살처분하는 것에 동의해 주십시오.'라고 하였지만 그 사람은 동의하지 않았습니다. 소들에게는 죄가 없습니다. 인간이 보기에 소들은 먹으려고 존재하는 것이라고 생각할 수도 있지만 소들은 살기 위해 존재하는 것입니다. 인간만의 생각으로 죽이지 말고, 소들도 생각해 보세요. 지금까지 살처분 당한 소들의 주인은 어쩔 수 없이 동의한 것이라고 생각합니다. 무척 가슴이 아팠을 것이라고 생각합니다.

방사능은 너무나 무서운 것입니다. 소뿐만 아니라 맛있는 쌀이 나는 논, 물고기가 헤엄치는 바다와 강, 깨끗한 공기 등, 모든 것이 의미를 잃었습니다. 방사능이 있어서 모두의 고향이 사라졌습니다. 그렇지만 조금씩 남겨진 소들을 돌보는 것을 도와주는 사람들도 나타났습니다. 일본 각지에서 도움을 주는 사람들, 먹이와 돈을 기부해 주는 사람들도 있었습니다. 그 목장은 언제부턴가 '희망의 목장'이라 불리게 되었다고 합니다. 인간이 사라진 토지에 몇 백 마리나 되는 소가 살고 있고, 듬뿍 먹이를 먹고 기운차게 돌아다니고 있다. 이 모습에 '희망을 느낀다.'는 사람도 있다고 합니다. 저도 그렇게 느낍니다. 팔리지 않는 소에게 먹이를 주며 돈을 들인다는 것, 의미가 없을지도 모르지만, 이것이 희망이 되고 있다. 그것만으로 저는 의미가 있다고 생각합니다. 이제부터 세상을 바꿔 가는 것은 우리입니다. 일부 사람들의 자기중심적 사고방식으로 세상이 지배되고 마는 것은 좋지 않습니다. 우리가 움직여서 이러한 일을 모든 이에게 전하는 것. 그것이 우리가 지금 할 수 있는 일이라고 생각합니다.

떠올리는 것도, 말하는 것도 괴롭지만, 원전사고가 있었던 것을 절대로 잊지 않기 위해서 필요하리라 생각합니다. 앞으로도 소중한 생명을 지켜갈 수 있도록 저도 살아가고 싶습니다. (칸노 한나)

2부

종교와 영성, 그리고 치유

오늘날의
병듦과
종교적 치유의 몸짓

박 상 언 / 한국종교문화연구소 연구원

몸은 세상에서 행해지는 모든 행위를 중재하고 동시에 자아 그리고 그것이
어느 정도 관여하는 사회적이고 자연적인 관계들의 우주를 구성한다.[1]

1. 머리말: 치유를 말한다는 것

오늘날에 '힐링'은 한국 사회에서 사람들에게 회자되는 단어이다. 아카데
미의 담론에서부터 방송 매체의 오락 프로그램에 이르기까지 상처 입은 자
들을 위한 치유의 프로그램이 작동 중에 있다. 예측할 수 없는 위험이 곳곳
에 도사리고 있고, 승자독식의 신자유주의 경제체제가 빚어내는 경제적·
심리적 압박감이 여러 질병을 사회에 유포하는 상황에서 '힐링'은 대중의 절
실함을 반영하는 핵심어가 되었다. 이러한 시대적 징후를 반영하듯이 많은
이들이 치유의 필요성을 부르짖고, 치유의 방법을 모색한다.

종교의 장에서는 신체적 아픔과 정신적 고통의 치유에서부터 영적인 각
성에 이르기까지 개인의 몸과 마음을 추슬러 시대의 격랑을 헤치고 나갈 영
적 존재 혹은 신적 존재로의 탈바꿈이 시도된다. 기성 종교는 심리학적 이
론과 요법을 동원하면서 내적(면) 치유나 영적 치유에 관심을 기울이고, '종
교'의 개념적 무게를 벗고 '영성'의 가벼움으로 출현한 명상과 수련단체들은
병듦과 나음의 치유적 효능을 내세우며 성장한다.

학계의 경우도 유사하다. 특히 인문학계에서 치유는 인문학의 유용성을 입증할 수 있는 돌파구로 인식된다. 예컨대 2012년에 한국연구재단이 개최한 제2회 세계인문학포럼의 주제는 '치유의 인문학'이었다. 아카데미의 힐링 선호에서 엿보이는 생존 전략 앞에서는 인문학이 처한 씁쓸한 현실을 느낄 수밖에 없다. 인문치료학이나 인문치료의 영역이 대학에서 구축되는 현상도 마찬가지다. 이러한 학문적 탐구가 어느 정도의 수준에 있는지를 평가할 능력이 필자에게는 없지만, 자신의 학문적 유용성을 입증하려는 인문학계의 분위기는 충분히 감지된다.

어느 인문학자는 "인문치료는 손상된 사람의 결을 치료할 목적으로 문학·언어학·사학·철학·종교학·미학 등을 기반으로 하고, 인문학과 발생론적으로 한 뿌리였던 예술·심리학·의료 등의 인문학 관련 학문들과의 긴밀한 연관을 꾀한다."고 정의한다. 그리고 그는 그러한 '치유의 인문학'이 21세기 인류가 겪는 고통의 문제를 치유할 수 있는 방안을 모색하는 것이라고 하면서,[2] 치유의 인문학이 고민해야 하는 네 가지 정도의 문제를 제시한다. 곧 생태계의 위기, 자본주의 체제의 문제, 역사적 트라우마, 노년과 죽음의 문제 등이다.[3] 그의 글에서 인문학이 이러한 문제에 어떻게 치유 능력을 발휘할 것인지는 명확히 제시되지 않지만, 자본주의 시장체제와 제한 없는 인간의 욕망에서 빚어지는 병리적인 현상을 인문학의 여러 성찰적 지식과 기술을 통해서 치유할 수 있다는 주장은 일견 타당하게 들리기도 한다. 다만, 그 구체적인 실효성을 제시하라는 당연한 요청 앞에서 인문학은 인문학 본연의 자리를 벗어나 과학적 인문학, 혹은 응용 인문학의 영역으로 변용될 가능성이 높다는 점은 좀 더 생각할 부분이다.

그런데 이처럼 '치유'가 사회의 화두로 대두되는 이유는 무엇일까? 종교학을 공부하는 자로서 치유의 어떤 부분을 발언할 수 있을까? 그 발언은 어떤 학문적 의미를 담아낼 수 있을까? 이 글은 이러한 고민을 안고 출발한다. 그 물음들을 여기서 오롯이 풀어내기는 어렵겠지만, 병듦과 나음의 종교적 몸짓이 엮어 내는 현재의 종교현상을 살펴보면서 그 답의 실마리를 찾고자 한다.

　논의의 출발지는 몸의 현상으로서 아픔과 치유의 몸짓에 관한 고찰이다. 병듦과 나음은 몸에서 그리고 몸을 통해서 벌어지는 현상이다. 생의학은 병듦과 나음의 객관적 기준을 제시하고자 하지만, 그 객관적 기준은 언제나 주관적 인식과 접하거나, 심지어 주관적인 인식과 혼합되는 상황에 직면한다. 그 주된 요인은 몸에 있다. 생의학이 몸을 생리학과 병리학의 인식 틀에 고정시키고 병듦과 나음을 설명하려고 하지만, 생물학적 몸의 병듦과 나음은 자기가 속한 문화적 혹은 사회적 관념에 따라 조성되고, 그러한 관념이 기입된 사회적 몸은 하나의 해석 대상이 된다. 예컨대 우울증의 신체적 현상으로 수면 부족 · 체중 감소 · 활력 감소 · 식욕 부진 · 두통 · 요통 · 현기증 · 공기에 대한 갈망 등이 있는데, 개신교 여성 신자보다는 가톨릭 여성 신자에게서, 미국 미네소타의 거주민보다는 서아프리카와 대만 거주민에게서 더욱 두드러진다. 이러한 현상은 감정의 표현과 조절의 의미와 효력에 관한 개별적이고 문화적인 인식 차이에서 비롯된다. 직접적인 감정 표출이 위험스러운 것으로 생각되고 자신의 사회적 신분을 위협하고 사회적 관계를 방해하는 것으로 인식되는 사회일수록 우울증은 신체적 증상을 많이 일으킨다.[4] 곧 하나의 질병은 개인적이면서 사회적인 조건과 긴밀하게 연결되어 있고, 따라서 병듦과 나음은 그러한 조건을 충분히 인식하는 해석학적 과정을 필요로 한다. 종교적 치유의 경우도 마찬가지다. 병듦과 나음의 신념 체계 속에서 종교적 치유는 작동한다. 치유하는 자와 치유를 받는 자 모두는 종교가 펼쳐 놓은 의례의 장에 관여함으로써 지배적인 종교적 상징들과 조우하고 경험한다. 설령 치유의 효과가 일어나지 않는다고 해도, 종교적 치유의 의례는 아픈 자 혹은 그의 가족들에게 병듦과 나음의 현상을 해석할 수 있는 틀을 제공할 수 있다.

둘째로 치유가 발언되는 사회적 맥락이다. 생명체에게 병듦과 나음은 자연스러운 현상이고, 마찬가지로 치유의 몸짓도 생명체의 본래적인 행위이다. 그러나 병듦, 나음, 치유를 둘러싼 관념과 실천은 시간과 장소에 따라 다르다. 예컨대, 산모의 산후조리에 한국과 미국의 관념과 실천 방식이 다르며, 또한 같은 한국이라고 해도 조선 시대와 현대가 다른 양상을 보이는 것과 마찬가지다. 그러므로 오늘날의 종교적 치유를 논의하기 전에 우리는 치유가 발언되는 현재의 사회적 조건에 관한 논의를 살펴볼 필요가 있다.

셋째로 오늘날 종교적 치유를 논의하기 위해서는 치유에 대해 종교적 인식이 생성되는 계기를 살펴봐야 한다. 의학이 치유의 표준으로 간주되는 사회적 환경에서 그것에 대한 수용과 거부의 틀 사이에 종교적 치유는 존재한다. 종교 대부분이 과학적 의학에 우호적인 태도를 보이지만, 크리스천 사이언스의 경우처럼 부정적인 입장을 취하는 경우도 있다. 그러한 태도의 차이는 분명히 해당 종교의 신념 체계와 밀접한 관계가 있다. 그런데 중요한 점은, 어느 경우이든 치유의 인식이 순전히 종교적 용어와 내용만으로 구성되는 것은 아니라는 사실이다. 종교와 의학은 서로 경합과 봉합의 장을 펼치면서 사회 안에 다양한 치유의 감각을 제공한다.

이러한 세 가지 점을 고려하면서 이 글은 오늘날에 병듦과 나음이라는 몸의 현상이 어떤 형태와 색깔로 종교의 장에서 드러나는지를 살펴보고, 그러한 종교적 치유의 실천의 의미를 밝혀 보고자 한다.

2. 아픔의 현상과 치유의 몸짓

종교의 장에서 병듦과 나음에 관한 사유의 출발점은 질병 자체가 아니라 병을 앓고 있는 인간이다. 구체적으로는 인간의 몸에서 나타나는 고통이며, 그러한 고통을 서술하거나 표현하는 방식에서 종교적 치유의 논의는 시작된다. 왜냐하면 종교는 병의 원인과 병태생리학적 현상을 논의하는 치료(therapy, curing)에서 자기 정체성을 드러내기보다는 병듦(illness/disease)과 아픔(suffering/pain)[5]의 현상에 대한 의미 부여에서 자신의 자리를 마련하기 때문이다. 생의학의 치료적 관점이 생물학적이고 기계론적인 요소로 병을 환원하려는 경향을 띤다면, 종교적 세계관이 영향을 주었던 전통사회에서 병듦과 나음은 형이상학적 혹은 종교적 신념의 틀에서 인식되었다. 따라서 문화와 시기의 조건에 따라서 병듦과 나음에 대한 인식과 태도는 다르게 나타난다. 만약 그러한 차이를 치유의 다양성으로 부를 수 있다면, 오늘날에도 여러 치유의 모델이 공존하고 있음은 분명하다. 흔히 '요법'의 범주로 묶이는 민간요법·자연요법·정골요법·동종요법 등에서부터 인도의학·한의학·통합의학 등의 의학 체계, 그리고 요가·명상·심신 수련·신앙치유·기 치료·축귀(사) 등의 종교적 치유 행위에 이르기까지 여러 치유의 관념과 행위가 있고, 이러한 상황은 과학적 의학의 독점권을 의심하게 할 정도이다. 그 주된 이유는 질병의 고통에서 벗어나고 건강한 삶을 사는 것은 인간의 기본적인 욕구이기 때문이다.

병듦의 아픔에서 벗어나려는 다양한 치유의 몸짓을 이해하기 위해서는 우선 아픔의 현상을 살펴봐야 한다. 일레인 스캐리는 신체적인 아픔은 어떤 대상도 지니지 않는다는 점에서 심리적·육체적·지각적인 상태들에서 예외적인 것이라고 주장한다.[6] 아픔은 몸 바깥에 어떤 대상도 지니지 않기에 바깥의 대상과 연결된 보고, 듣고, 느끼는 신체적이고 심리적인 상태와는 다르다는 것이다. 아픔은 지시 대상이 없기에 언어로 객관화되지 못하고 그 대신에 상상력과 결합되어 표현되는데, 그것은 울부짖음과 신음 소리로 언어를 파괴하면서 오직 상상력을 통해서 자신의 상태를 표현한다. 특히 신체적 아픔의 언어적 변형은 무기(weapon)의 상상력을 통해서 우선적으로 나타난다. 예컨대 아픔은 "마치 망치로 내 허리를 후려치는 것처럼 아프다."는 표현에서 드러나듯이 '마치~인 것처럼'의 언어 구조로 표현되는 것이다.

그런데 스캐리의 생각처럼 언어에 저항하면서 상상력에 기댈 수밖에 없기에 누군가의 아픔은 지극히 개인적인 경험이고 타자와 공유될 수 없다면,[7] 우리는 '사람의 아픔'뿐만이 아니라 '아픈 사람'도 이해할 수가 없다. 빈센트 크레이판차노는 아픔은 원초적인 울부짖음 속에서 언어에 저항하고 파멸한다는 스캐리의 생각에 반대한다. 크레이판차노는 요한 고트프리트 헤르더(John Gottfried Herder, 1744-1803)의 언어 이론에 기대면서 고통은 언어의 기원이라고 제시한다.[8] 인간의 몸과 영혼에 아픔과 고뇌를 일으키는 강력하고 폭력적인 경험은 비명, 신음, 불분명한 거친 음조 등의 소리 형태로 표현된다. 더욱 중요한 점은 자연 언어로서 그러한 울부짖음은 그 주체가 타자의 공감을 의식하든지 않든지 간에 다른 피조물들을 향한다는 사실이다.[9] 아픈 자의 울부짖음을 듣는 자는 그 아픔과 공명한다. 아픔이 타자의 공명을 불러일으킨다면, 아픔은 단지 사적인 경험이 아니라 공적(사회적) 관계의 소산이 분명하다.[10] 예컨대, 사랑하는 누군가의 아픔은 그를 사랑하는 자에게 고통을 주고 반응을 불러일으키기 때문이다. 이렇듯 아픔이 몸의 내부에 은폐되어 몸의 주체에게만 지각되는 것이 아니라 소리, 표정, 걸음걸이 등과 같은 몸짓으로 드러난다. 그리고 그러한 몸짓은 문화적 코드에 의해서 구성되어 누군가에게 해독될 수가 있다. 곧 아픔은 몸의 일부에서 빛

어지는 물리적 현상만이 아니라 문화적인 현상으로 존재하는 것이다.

이렇듯 인간은 자신의 아픔을 자신이 속한 사회적·문화적·종교적 의미체계 속에서 해석하고 구성한다. 그것이 육체적인 통증(pain)이든 정신적인 고통(suffering)이든 간에 고통에는 사회적·문화적·종교적 의미가 부여되며 그러한 의미 체계 속에서 인간은 자신의 아픔을 이해하고 그것에 대응하는 것이다. 여기서 중요한 점은 아픔을 의미화하는 방식이다.

체중이 자꾸 늘어 이뇨제를 맞고 지사제와 카이트릴을 맞았다. 저녁 회진 때 종양 크기가 많이 줄고 팔과 다리에 석회질이 많이 보인다고 했다. 반가운 소식이다. 주여! 감사합니다. 주께서 나를 세상에 보내셨을 때 나에게 완벽한 자연 치유력을 주셨다. 그럼에도 불구하고 나는 입에서 독소를 품으며 몸과 마음으로 온갖 화를 다 불러들였다. 그 결과 내 몸에 나쁜 세포가 생겼음을 시인한다. 나의 세포들아! 엎드려 통곡하며 빈다. 나를 용서해 다오. 나는 미움, 욕망, 돈, 이기심을 강물에 던져 버리려고 애쓴다.[11]

위의 사례에서 의학적 처치와 그것에 대한 신체 반응에서부터 종교적인 소망과 도덕적인 참회에 이르기까지 아픔의 다층적 의미를 읽어 낼 수가 있다. 에릭 카셀에 따르면, 아픔의 의미에는 인지적 의미, 감성적 의미, 육체적 의미, 그리고 초월적 또는 영적인 의미가 동시에 존재한다.[12] 곧 아픔의 의미화에는 그가 속한 사회의 의학 체계와 종교적(문화적) 의미 체계가 담겨 있는 것이다.

이러한 관점에서 보면, 종교의 치유에 대한 이해는 종교적인 치유의 관념과 행위에 관한 서술에 앞서서 병듦과 나음이 자리하는 사회적 혹은 종교적인 '틀'(frame)에 관한 해명에서 출발해야 한다. 몸의 아픔에 대한 사회적 읽기나 종교적 읽기가 가능하다는 것은 아픈 (자연적인) 몸이 사회적인 몸으로 형성됨을 의미한다. 의학이 자연적인, 곧 생물학적인 몸을 의학적인 몸으로 치환하듯이, 종교에서 자연적인 몸은 종교적인 신념과 에토스가 체현된 상징적인 몸으로 구성되는 것이다. 이에 대해 메리 더글라스는 다음과 같이 말한다.

사회적 몸은 육체적 몸의 지각 방식을 규정한다. 몸의 육체적 경험은 언제나 사회적 범주를 통해 이해되고 사회적 범주에 의해 조정될 뿐만 아니라 특별한 사회적 견해를 유지한다. 두 가지 몸의 경험은 상호 지속적인 의미를 교환하고 서로의 범주를 강화시킨다. 이러한 상호작용의 결과로서, 몸 자체는 고도로 제약되는 것이다.[13]

이처럼 자연 상징으로서의 사회적 몸은 집단들이나 개인들을 서로 구별하는 경계선을 보여줄 뿐만 아니라 특정 집단의 규범에 의해 형성된 경계선을 보여준다.[14] 그러므로 종교 내부의 여러 치유의 몸짓들은 각각의 신념 체계들의 회로를 따라 구성되며, 그 신념이 체현되는 몸짓으로 존재하는 것이다.

여기서 치유 의례가 상징적인 몸을 구성하는 장치[15]의 속성을 지닌다면, 마가렛 로크와 낸시 쉐퍼-휴즈의 시각[16]은 치유의 몸짓을 이해하는 데 도움을 준다. 이들에 따르면, 병듦과 나음이 현상하는 개별적인 몸은 거기에 문화적 의미 체계가 기입됨으로써 사회적 몸으로 전환되는데, 이러한 전환의 기제는 '몸의 정치'의 관점에서 이해될 수 있다. 몸의 정치는 개별적인 몸이 사회적 몸으로 구성되는 과정에서 행사되는 권력 기제를 의미한다. 그러므로 오늘날에 개별적인 몸은 치료 과정에서 생의학적 의학 관념이 기입되어

의학적인 몸으로 구성된다.[17] 구체적인 치료 현장에서는 물론, 개인의 일상 생활과 밀접히 관련된 예방 접종, 방역, 인구 조절 등과 같이 몸에 강제되는 권력의 강제성은 질병과 건강이 개인의 생존과 직결된다는 인식에 의해서 은폐되고, 당연한 실천 규범으로 승인된다.

이와 마찬가지로 종교적 치유 의례에서도 몸의 정치는 작동하고 있는데, 그러한 작동이 이루어지는 계기에는 몸의 불완전성과 병듦과 나음에 대한 의미 작용이 자리한다. 병듦은 삶을 위협하는 존재이고, 병의 나음은 또 다른 병듦으로 이어질 수 있다. 병듦과 나음의 반복성은 인간의 생물학적인 몸의 불완전성을 가리킨다. 그러한 불완전한 몸의 주체는 종교적 수행을 통해 완전함을 추구하든지(초월적인 몸에 대한 욕망), 아니면 병듦과 나음의 생물학적 현상을 수용하는(신의 섭리 혹은 업의 인과성에 따른 불완전한 몸의 승인) 태도를 취하면서 종교적 신념 체계를 자기 몸에 기입한다. 그러므로 종교적 치유 의례는 치료의 실제적인 효능에 앞서 비일상적인, 초월적인 실재나 힘을 전제하고, 그러한 실재나 힘의 경험에 기반을 둔 것이다.

여기서 중요한 점은 어떤 형태이든지 간에 치유하는, 혹은 치유력이 있다고 발언되는 초월적인 실재나 힘은 의례 참여자에게 성스러움의 대상으로 수용될 수 있지만, 그러한 수용이 병듦과 나음의 의미론을 형성하지 않은 채 치유의 실제적인 효과와 직결되어 이루어질 경우에 종교적 치유는 주술적인 연금술에 머물게 된다는 사실이다. 그러한 주술적 연금술로서의 종교적 치유는 자기애와 결착된 자기완성의 수단으로 기능하며, '사회적 고통'에 대한 감각을 마비시킬 가능성이 크다. 종교는 몸의 아픔에 대한 즉각적인 해결(치료)에서 자기의 자리를 마련하는 것이 아니라, 아픔의 깊이에서 형성되는 실존적인 물음을 계기로 아픈 자를 세계 혹은 우주적 질서 체계로 이끄는 데서 자신의 자리를 확인하기 때문이다.

이런 점에서 종교의 치유 의례는 참여자의 삶 전체와 연관된 우주론적 차원을 지닌다. 치유 의례의 우주론적 차원은 치유의 정당성(혹은 신정론)을 구성하는 문화적 가치들과 신념을 드러내고, 병듦과 나음·아픔과 기쁨·행운과 불행·섭리와 업 등에 관한 의미를 제공하기 때문이다.[18] 곧 치유 의례의 의미는 참여자에게 경험적인 실재로서 이해되는 우주론을 전달하고 창조하는 의례 행위와 치유과정에서 형성된다.[19]

치유 의례가 펼치는 우주론의 전달에서 중요한 것은 의례의 '수행적 효과'(performative efficacy)[20]이다. 그 의미는 종교적 치유의 몸짓이 우주론을 전달하기 위한 목적에 실천되는 것이 아니라 치유 의례를 수행하는 과정에서 형성되는 효과로서 우주론을 경험하게 된다는 것이다. 다시 말해서 참여자는 종교 집단이 서술하는 우주론을 경험하기 위해 치유 의례에 참여하는 것이 아니라는 것이다.[21] 특히 치유 의례는 병듦의 문제를 해결하려는 욕망에 기반하며 의례의 과정에서 몸의 감각과 느낌 등이 활성화되는 기제를 갖추고 있다는 점에서 의례 참여자는 의례 과정에서 우주론을 좀 더 쉽게 승인할 수 있다. 이렇듯 치유 의례의 수행적 효과의 측면에서 보면, 치유 의례의 참여자는 수동적인 위치에 놓이는 것이 아니라 치유 의례의 구성에서 적극적인 역할을 수행하고 있음이 나타난다. 치유 의례의 과정에서 참여자는 종교적 우주론의 틀 안에서 초월적인 실재나 힘을 느끼고 사유하면서 의례 이전에는 고려하지 않던 자기 삶의 정황을 반추하는 것이다. 그러므로 치유 의례에서 상정된 우주론은 의례 참여자에게 자동적으로 주입되는 것이 아니라, 몸의 경험에 기초한 의례 참여자와의 교섭 과정에서 형성된다.

3. 치유의 몸짓과 차가운 친밀성

"여행 꿀 팁 한 가지. 럭셔리한 특급호텔 힐링을 꿈꾼다면 볼 것 없다. 무조건 설과 추석 연휴를 노려야 한다. '고향 앞으로' 간 사이 도심이 텅텅 비니 호텔은 비수기. 당연히 할인이 쏟아진다. 황금 연휴 설, 그러니 특급호텔의 럭셔리한 황금 힐링 패키지다."[22] 이 기사에서 알 수 있듯이 오늘날 우리는 언론과 광고매체를 통해서 연일 쏟아지는 의식주의 기본적인 생활 영역에서부터 스포츠와 여가에 이르기까지 다양한 힐링 상품들을 접한다. 종교문화의 장에서도 예외는 아니다. 명상과 수련을 상품화해서 판매하는 종교적 기업들이 번창하고, 종단들의 제의적 수행도 경제적 요소는 배제되지 않는다. 그 이유는 문화를 하나의 상품으로 소비하는 소비 자본주의의 시대에 이윤 창출을 위한 촘촘한 네트워크의 사회적 구성에 종교도 깊숙이 개입하고 있기 때문이다.

종교 상품으로서의 힐링[23]이 한국 사회에서 소비되기 시작한 시점은 1980년대 무렵이다. 이 시기에 한국 사회에서는 제한적이지만 정치적 민주화와 경제성장의 풍요를 누리게 되면서 욕망과 소비의 문화가 추구되기 시작했다. 정치적 · 경제적 요인으로 오랫동안 강제되었던 집단적 금욕주의의 봉쇄가 풀리면서 개인의 욕망을 충족하려는 개인주의적이고 소비지향적인 문화가 구축되었고, 종교의 장에서 이러한 욕구는 현세적 구원재의 획득으로 나타났다. 이 무렵에 사회에서 눈에 띄게 활동하기 시작했던 뉴에이지의 종교들, 심신 수련 단체, 증산교 등은 한국 종교문화의 지형을 이전보다 훨씬 다양하고 복잡하게 그려냈는데, 그 공동 기반은 몸의 경험이고 그 중심에는 치유가 자리했다.

치유는 항상 종교의 중요한 부분을 차지해 왔지만, 1980년대 무렵부터 한국 사회에 형성된 종교적 치유의 문화에는 두 가지 특징이 있다. 첫째는 종교문화의 장에서 병듦과 아픔의 종교적 의미 해석과 함께, 그 현상의 원인을 '의학적' 혹은 '심리학적'인 지식을 동원해 설명하는 현상이 뚜렷이 나타난다. 예컨대 기독교와 불교 등의 제도 종교에서는 몸과 마음의 상호작용에 주목하면서 기도, 명상, 선 등의 치유적 특성을 제시하거나 심리학의 요법에 바탕을 둔 마음의 질병과 상처를 치유하는 종교적 기능을 강조한다. 이러한 측면은 명상 및 수련단체의 경우에는 더욱 두드러진다. 왜냐하면 이들 단체에서는 병듦과 나음은 중요한 설명의 대상이 되는데, 설득력이 있는 설명을 제시하는 것이 이들 단체의 회원을 모집하는 데 결정적인 영향을 미치기 때문이다. 예컨대 국선도 홈페이지의 건강 자료 소개란의 한 내용에는 감기는 찬 기운이 몸에 들어와 걸리게 된다면서 "몸을 따뜻하게 해 주고 면역력을 증강시켜 주는 국선도 기체조"를 홍보하며,[24] 한국단학회연정원에서는 질병의 원인을 제시하면서 단전호흡이 치유에 미치는 긍정적인 효과를 소개하고 있다.[25]

이러한 현상은 한편으로는 후기 자본주의의 소비문화와 신자유주의의 과도한 경쟁 체제에서 심신의 건강과 연계된 몸/자기 관리의 필요성이 대두되면서 그것에 조응하는 치유 프로그램이 종교의 장에서 공급되는 상황과, 다른 한편으로는 1980년대 무렵부터 마음과 몸, 정신과 물질의 상관성과 유기체적 우주관 등을 주장하는 신과학의 입장과 자연요법을 포함한 다양한 대안 요법들이 출판 매체와 문화 강좌를 통해서 확산되는 사회적 · 문화적 환경 조성과 관련이 있다. 다시 말해서 병듦과 나음에 관해 자유롭게 발언할 수 있는 사회적 공간이 마련되면서 치유를 내세운 종교들은 병듦과 나음에 관해 자기 나름의 설명을 제시할 수 있게 된 것이다.

둘째로 눈여겨볼 점은 종교적 치유의 장에서 크게 세 갈래의 흐름이 형성된다는 사실이다. 기성종교, 신종교, 명상 및 수련단체 등은 병듦과 나음의 인식과 태도에서 서로 차이를 보인다. 기독교와 불교 같은 기성종교는 종교적 초월의 세계를 상정하면서도 근대적인 이성의 산물을 중시한다. 근대의 문명사회에서 자기의 영역을 확보하기 위해서는 근대과학의 이론과 산물을 승인해야 하는 것이다. 이러한 종교에서는 영적 혹은 정신적인 요소가 몸의 질병과 건강에 영향을 미친다고 주장하면서도 질병의 실제적 치료는 우선적으로 과학적 의학의 몫으로 넘기려 하며 육체적 질병의 치유보다는 정신적 혹은 영적인 부분의 관리를 중요하게 여긴다. 이렇듯 기성종교에서 치유의 영역은 근대적 이성과 초월적인 존재와의 균형 유지가 관건이기에 기성종교에서 종교적 치유는 그러한 균형이 불안정하거나 깨지는 기도원과 사찰에서 신유나 구병시식 등의 치유 의례로 수행되곤 한다.

신종교의 경우에는 종교적 특성을 먼저 살펴야 한다. 신종교는 서민이나 민중의 현실적인 욕구에서 자신의 정체성을 형성하는 특징이 있는데, 이러한 신종교에서 구원 의식은 현실적인 문제, 곧 "질병이나 불안 등의 불행을 없애고 행복을 가져오게 하는 현실적이고 물질적인 충족"[26]의 성취를 담고 있다. 현세적 구원의 성취는 초월적 힘에 대한 믿음과 그러한 힘의 활용이 중요하다. 그러므로 신종교의 경우에 병듦은 그러한 초월적인 힘과의 접촉이나 도움을 통해서 해결하려 하며, 그 구성원에게는 초월적 존재(힘)에 대한 믿음이 병듦과 나음에 결정적이라는 의식이 형성된다.

물론, 종단의 조직과 신념 체계와 제도화의 정도에 따라서 병듦과 나음에 대한 인식 차이는 분명하다. 예컨대 각세도와 대순진리회의 교조들처럼 한의학적 지식을 바탕으로 의술을 펼친 경우도 있으며,[27] 현재의 대순진리회와 원불교처럼 고등교육기관과 병원 등을 설립하면서 사회구조에 편입되는 종단의 경우에는 과학적 의학의 영역을 인정하고 수용하는 태도를 취하기도 한다. 그러나 그러한 수용이 기성종교처럼 치유의 영역에서 의학과 종교의 역할 분담으로 명확히 전개되는 것은 아니다. 일부 신종교 종단에서는 초월적인 힘의 운용을 통해 병듦과 나음의 문제를 해결하려는 현상이 여전히 발견되기 때문이다.

기성종교와 신종교에 비해서 1980년대 무렵부터 활동하기 시작한 명상 및 수련단체의 경우에는 종교적 치유의 영역에서 독특한 종교현상을 빚어낸다. 민족 고유의 수련법을 강조하는 국선도, 단학선원(현 단월드), 한국단학회연정원 등에서부터 서구의 뉴에이지 물결 속에서 수입된 마인드컨트롤, 최면요법, 릴렉세이션 등에 이르기까지 다양한 명상 및 수련단체들은 현대적 수련문화를 우리 사회에 형성했다.

주목할 점은 이러한 단체들이 자신의 정체성을 '종교'의 범주보다는 '영성'의 범주에서 이해되기를 원한다는 점이다. 모든 단체가 영성의 범주에서 자기 정체성을 규정한 것은 아니지만, 영성은 명상 및 수련단체의 성격을 이해하는 데 중요한 개념이다. 명상 및 수련단체가 영성의 범주에서 묶이려했던 배경에는 1980년대 초반부터 전래되었던 뉴에이지 종교문화가 있다. 신과학이나 뉴에이지 종교와 관련된 서적들이 출판되고, 제도 종교의 바깥에서 영적 각성, 참된 자아, 초월 경험, 잠재력 개발 등을 추구하려는 구도의 문화가 형성되면서 영성은 이러한 문화를 이해하는 핵심 개념이 되었던 것이다.[28]

수련문화 혹은 영성 문화의 형성 요인에는 앞서 언급했듯이 '자기/몸의 관리'를 통해 불안을 극복하려는 현대인의 욕구가 자리하고 있다. 찰스 테일러는 현대사회가 삶의 의미 상실, 삶의 목표 상실, 자유·자결권의 상실이라는 세 가지 불안을 겪고 있고 그것을 극복하기 위해서 "과학이나 혹은 이상야릇한 영성의 권위라는 외투를 걸치고 있는 각양각색의 도사들을 찾아다니고 있다."[29]고 지적한다. 전통사회는 자기 정체성의 형성에 필요한 획일적이고 보편적인 가치관을 제공했지만, 현대사회에서 자기 정체성을 형성하기 위해서는 자기 자신의 끊임없는 성찰이 필요하기 때문이다.[30]

근대 이후의 사회에서 진정한 자기를 찾으려는 시도는 정신적 내면의 탐구를 넘어서 구체적이고 실제적인 몸의 경험을 통해서 이루어진다. 그 이유는 현대인은 불안하고 유동적인 사회구조 속에서 자기 정체성에 대한 확신을 건강하고 완전한 몸의 형성에서 찾으려 하기 때문이다. 이렇듯 몸은 후기 자본주의 사회에서 자신을 확신할 수 있는 토대이자 자산이며, 그러한 몸에서 자기의식을 확인한다는 측면에서 몸은 정신의 지배를 받는 물질적 공간이기보다는 정신을 형성하는 물질적 토대, 혹은 정신이 체현된 몸으로서 존재한다.

그러므로 신체적·정신적 건강에서부터 영적 각성과 초월의 경험에 이르는 여러 스펙트럼에 위치한, 명상 및 수련 단체의 '몸의 기술'은 현대인의 관심을 끌기에 충분했다. 특히 이러한 몸의 기술은 명상 및 수행 단체에 의해서 추상적이고 관념적인 설명보다는 다양한 의학 이론과 심리학 이론으로 설명됨으로써 일반인에게는 몸의 '과학적인 자기 규율', 곧 세속적 금욕주의의 자기 관리로 인식되고 수용되는 것이다.

정리하면, 종교적 치유의 공간에서 기독교의 경우에는 명상 및 수련 단체를 중심으로 형성되는 영성문화에 비판적인 입장을 취하면서, 의학과 심리학의 이론에 기대어 자기 종교의 치유적 기능을 강조하며, 불교의 경우도 의학과 심리학의 이론을 동원하면서 선 혹은 명상의 치유적 효과를 내세우고 있다. 원불교에서도 최근에는 의학과 한의학의 통합을 지향하면서 종교적 신념 체계에 근거한 마음 치유 중심의 일원의학(一圓醫學)을 주장한다.[31] 이런 종교적 치유의 장에서 명상 및 수련 단체들은 웰빙문화의 소비적 기호에 맞는 명상과 수행의 상품을 개발하고 판매함으로써 영성의 시장화나 상품화를 조성한다.

그렇다면, 현재 진행 중인 세 갈래의 종교적 치유의 영역에서 치유는 어떤 의미가 있는 것일까? 서구 의학계에서는 오래전부터 종교 생활이 건강과 질병 치유에 미치는 효과에 대한 실험과 논의[32]를 전개해 왔고, 우리나라에서도 종교와 의학의 관계에 대한 관심은 점차 높아지고 있다. 그런데 이러한 논의들이 '치유'와 그것의 '효과'에 초점이 맞춰지면, 그러한 논의는 '몸의 자기 관리'라는 후기 근대의 성찰적 기획에 머물게 될 가능성이 높다. 다시 말해서 의학이 종교에서 치유의 기능을 추출하려고 하든, 역으로 종교가 스스로 치유의 기법을 품고 있음을 실증하든, 그러한 시도들이 치유의 기능과 효과에 초점을 두고 이루어지면, 그러한 치유의 풍경에서 몸의 관리(치유)에 열중하는 자기의 모습은 있지만 그러한 치유가 필요한 사회적 질병들을 생산하는 사회구조를 성찰하는 자기의 모습은 보이지 않는다. 곧 "치유가 개인의 고통과 불행한 삶의 조건에 대한 정치적 사유를 가로막고 개인들에게 손쉬운 위로만을 전하는 문화 상품으로 소비되는"[33] 흐름 속에 종교적 치유가 함몰될 가능성이 높은 것이다.

이와 관련해서 병듦과 나음의 문제를 전문화된 의료기관에 위탁하기를 거부했던 이반 일리히의 사유에 주목할 필요가 있다. 그는 일상의 의료화를 구축하는 치유적 통치 체제를 비판한다. 전통사회에서는 고통을 의미 체계 속에서 통합시켜 그것을 인내할 수 있도록 했지만, 기술 체계에 근거한 의학은 고통을 무화시키기 위해서 개인에게 경제적인 비용을 요구하면서 그것을 주관적 혹은 상호 주관적인 맥락에서 단절시키고 있다는 것이다.[34] 종교가 의학 체계의 구성에 관여하든지 혹은 현재의 의학 체계의 지지자로서 위치하든지 간에 질병·아픔·상실의 문제를 개인적 치유의 수준에서 제거되어야 할 대상으로 간주하려 한다면, 그러한 고통의 사회적 측면(사회적 고통)과 문화적 측면(고통의 의미)의 성찰에 도달하기 어렵다. 한 사회학자의 지적처럼, 언론 매체를 통해서 우리는 신자유주의적 자본주의 체제에서 발생하는 정서적 질환과 자살률의 급속한 증가에 관한 기사를 접하지만, 기사의 초점은 사회 구조적인 문제의 심층적인 분석과 대안 모색에 있는 것이 아니라 그러한 체제의 산물인 실업과 고용 불안정이 정신 건강에 미치는 영향력을 강조함으로써 "사회 경제적 비판을 정신 치유에 관한 논의로 대체하는 사회 관리 방식으로서 '치유적 통치' 체제가 한국 사회에 자리 잡아 가고 있음을" 확인하게 된다.[35]

　종교적 치유의 몸짓이 이러한 치유의 통치 체제에서 이루어진다면, 우리는 '차가운 친밀감'의 사회적 관계를 형성하는 낯선 풍경에 접하게 될 것이다. 공감 능력이 떨어져 타인의 고통에 무감각하게 되고, 비판적 사유의 능력이 무뎌져 사회적 약자와 연대하기 힘든, 자기의 몸·마음·영의 고양에 심취하는 자기도취적인 군상들과 조우하게 될 것이기 때문이다. 이러한 인간들 사이에는 단기적이고 특정한 목표 달성을 위해서만 맺어졌다 달성 이후에는 더 이상 지속되지 않는 '차가운 친밀감'만 형성된다. 철저히 자기를 기준으로 한 합리적인 경제 행위의 산물인 것이다. 이러한 군상들이 펼치는 자기도취적인 현상을 장 보드리야르는 다음과 같이 말한다.

　　자신의 신체에 열중하고, '내부로부터' 자기도취적으로 신체에 집착하라고 하는… 제안은 신체를 깊이 인식하기 위한 것이 아니며, 오히려 물신숭배와 구경거리의 논리에 따라 신체를 다른 사물보다 더 윤기 있고 더 완벽하며 또 더 기능적인 사물로서 외부로부터 만들어내기 위한 것이다. 이 자기도취적 관계는 관리된 나르시시즘에 근거를 두고 있으며, 신체를 처녀지와 식민지를 개척하듯이 또는 광맥을 발굴하듯이 '부드럽게' 개발하여 행복, 건강, 모드의 세계에서의 대유행의 야성미 등의 눈에 보이는 기호를 신체에게 부각시키는 것이다.[36]

4. 맺음말

우리 어깨를 짓누르는 고통이
습기에서 비롯된 것이라고 당신은 말하지만,
벽면의 흔적도 그 때문이다.
그렇다면 우리에게 말해다오.
이 습기가 어디에서 온 것인지?[37]

- 베르톨트 브레히트, 「의사에게 던지는 노동자의 말」 중에서

종교적 치유의 몸짓을 벌이는 행위자는 종교의 치유 기능에 주목하고 그 효능을 얻으려는 순전히 생물학적인 욕구에서 몸짓을 취하지만, 종교적 제의의 틀에서 그러한 몸짓은 문화적 행위로 전환된다. 그러한 몸짓은 치유의 효험에 의해서건, 치유의 몸짓을 일으키는 초월적 힘이나 존재와의 조우에 의해서건, 종교적 우주론이 스며든 새로운 몸-자기를 구성하는 장(場)을 펼치기 때문이다. 우리는 그러한 종교적 치유의 장에서 몸짓을 수행하는 자가 몸으로 전하는 병듦과 아픔의 이야기에 주목할 필요가 있다. 그의 병듦과 아픔이 어디에서 유래하는지, 그리고 얼마나 오랫동안 그 병듦과 아픔을 견뎌야 했는지. 이처럼 아픔이 발현하는 자리에서 종교적 치유가 놓이면, 종교는 치유의 기능과 효과에 대한 관심을 넘어 치유가 필요한 신체적 · 정

신적·영적 아픔을 생산하는 사회구조에 주목할 수밖에 없다. 그리고 "억압자들의 전통은 우리가 그 속에 살고 있는 '비상상태'(Ausnahmezustand, 예외상태)가 상례임을 가르쳐 준다."[38]는 발터 벤야민의 말을 경청하면, 종교는 병듦과 나음의 현상이 누구에게나 동일한 아픔과 고통의 무게를 안겨 준다고 생각하지 않을 것이다.

　종교적 치유의 장에서 우리는 병듦과 아픔을 치유하려는 종교의 보편적 가치와 열의를 발견할 수 있다. 동시에 그러한 치유가 하나의 상품 혹은 종교의 의학화 혹은 심리학화의 길로 치달을 수 있는 위험성을 직시하게 되는데, 그것은 종교가 병듦과 아픔이 생산되는 사회구조에 시선을 두지 않고, 아픈 사람보다는 사람의 아픔에 초점을 두는 현상이 나타나고 있기 때문이다. 우리 곁에서 가동되는 치유의 통치 체제가 병듦과 아픔의 문제를 개인의 심리적이고 병리적인 영역에 제한하려는 사회적 분위기에서 종교는 그러한 치유의 통치 체제의 한 기구로서 전락되지 않도록 경계할 필요가 있다. 종교적 치유가 개별적인 인간의 몸을 성스러운 의미의 중심에 놓는 방식에 더욱 관심을 기울이면서, 사람의 '아픔'만이 아니라 아픈 '사람'을 이해하려고 노력하면서 말이다.

병든 지구를 영성으로 '치유'할 수 있을까?*

: 종교와 생태의 결합에 관한 일고찰

유 기 쁨 / 한국종교문화연구소 연구원

* 본고는 『오토피아』 31권 2호(경희대학교 인류사회재건연구원, 2016. 11)에 〈현대 종교문화와 생태 공공성 : 부유하는 '사적(私的)' 영성을 넘어서〉라는 제목으로 게재된 논문임을 밝힙니다.

1. 머리말

깨끗한 공기와 물은 인간의 생존을 위해 반드시 필요한 조건이다. 그런데 오늘날 대다수 한국인들은 1년에 수차례씩 한반도를 뒤덮는 더러운 미세먼지를 흡입하고 있으며, 도시에 사는 많은 사람들은 '깨끗한 물'을 얻기 위해 정수기를 사용하거나 가게에서 판매하는 물을 사서 마신다. 각종 매체를 통해 흔히 접하는 뿌연 대기 상태나 낙동강의 '녹조라떼' 등 대기오염과 수질오염에 관한 기사들은 현재 우리가 마시는 공기와 물에 대한 불안과 불신을 증폭시킨다. 또한 많은 이들은 계절과 기온의 변화를 통해 한반도의 기후가 변하고 있다는 것을 어렴풋이 느낀다. 어떤 사람들은 혼탁한 도시를 벗어나 아름다운 자연에서 지친 심신을 쉬려고 차를 타고 '시골'로 향하지만, 관광지가 된 지역은 머지않아 상업화되고 오염되어 버린다. 그래서인지, 이제 적지 않은 이들은 잠시라도 '깨끗한 자연'을 만끽하기 위해 멀리 해외 휴양지를 찾아 떠난다.

그런데 생태적 위기의식과 불안이 심화되면서 이와 비슷한 현상이 종교문화에서도 나타난다. 악화된 생태환경에서 벗어나 심신의 휴식이나 재충전을 위해 개인의 돈과 시간을 해외 휴양지로의 여행에 투입하듯이, 현대 도시 생활에서 희미해져 가는 자연과 나와의 연결점을 다시 찾고, 자연의 기운을 받아 시들어가는 생명력을 되살리기 위해, 혹은 이른바 '생태 영성'[1]의 고양을 위해 개인의 시간과 돈을 투입하는 현상이 점차 늘어나는 추세이다. 이는 한편으로는 '민족 고유의 선도문화'의 계승을 주장하는 수많은 선도수련단체에서 두드러지는데, 이러한 단체들은 전통적인 선문화가 자연과의 조화와 합일을 꾀하는 전통적 생태문화라고 주장하면서, 선도수련을 통해 대자연의 기운과 생명력을 얻을 수 있다고 말한다. 다른 한편으로, 인터넷의 발달을 통해 급속도로 유입된 서구에서 생겨난 뉴에이지 명상단체들에서도 다양한 방식으로 의식의 확장을 통한 영적 고양 및 우주와의 합일을 추구한다. 수많은 명상수련 단체나 뉴에이지 명상 단체들이 스스로를 생태, 생명, 자연, 우주, 에코 등의 단어들을 사용해서 광고하고 있다.

유의할 것은 그와 같은 '생태'와 '종교' 혹은 '영성'의 결합은 최근에 나타난 현상이 아니라는 점이다. 생태적 위기의 원인을 진단하고 그 나름의 해법을 제시하는 여러 생태 담론 가운데, 서구의 심층생태론(Deep Ecology)[2]은 일찍이 종교(나아가 영성)에 대한 관심을 환기시키면서 강한 파급력으로 전개되어 왔으며, 그 가운데 일부 지류는 개인의 생태 영성 계발을 목적으로 하는 각종 프로그램의 발달과 밀접히 결합되어 왔다. 나는 심층생태론을 통해 촉발된 생태와 영성의 결합 양상이 최근에는 주로 개인의 생태적 감수성을 고양하고 자연에서 생명력/지혜/깨달음 등을 얻는 데 집중하는 이른바 '생태 영성의 사사화(私事化)'라고 일컬을 만한 현상으로 전개된다는 데 주목한다. 특히 휴양지를 다녀오듯이 개별적으로 구매하는 '생태 영성' 프로그램들의 확산은 오늘날 '생태'와 '종교'의 '사적' 결합에서 파생된 특징적 양상이라고 본다. 그러면 생태적 위기의 시대를 살아가며 그 극복을 희구하는 동시대인으로서 우리는 이와 같은 생태 영성의 사사화 현상을 어떻게 바라보아야 할까?

물음에 대한 대답은 간단하지 않다. 나는 이 글에서 시론적으로 생태문제가 일찍부터 가시화되고 그 극복을 위한 생태담론들이 일찍 활성화된 서구의 상황에서 생태와 종교/영성이 결합된 맥락을 되짚어 보면서, 생태 영성의 사사화 현상이 지닌 의미를 생각해 보고자 한다. 이를 위해 생태학이란 용어를 처음 만들었고 생태학적 시각의 필요성을 제안한 에른스트 헤켈(Ernst Haeckel, 1834-1919)의 논의에서 영성이 어떠한 자리를 차지했는지, 그 특징은 무엇인지 가늠해 볼 것이다. 다음으로 심층생태론의 창시자인 아느네스(Arne Naess)의 '생태지혜' 속에서 영성이 부각되는 맥락과 내용을 살피고, 또한 네스의 심층생태론이 북미에 전파되면서 종교문화와 결합될 때 나타나는 특징을 살펴볼 것이다. 그리고 생태 파괴적인 근대 문명에 대한 혐오 혹은 극복의 정서가 '생태 영성'이 부각되는 주요 원인임을 제시하려 한다. 다음으로 심층생태론과 종교문화의 불완전한 결합으로서 '생태 영성'이 사적 영역으로 축소되는 현상의 함의를 짚어 보고, 생태 영성의 사사화를 극복하기 위해 '생태 공공성'에 천착할 필요성을 제시할 것이다.

2. 생태적 위기 상황과 종교에 대한 기대

1) 전사(前史): 헤켈의 생태학과 전일적 영성

오늘날 전 지구적으로 나타나는 각종 생태문제에 위기의식이 급증하고 있으며, 이에 대한 대안을 희구하는 사람들 사이에서 이른바 '과학적 지식'을 바탕으로 한 생태적인 '영성'의 회복이 공공연하게 이야기되고 있다. 자연에 대한 생태적 감수성이란 용어 대신 생태 영성이라는 용어를 사용할 만큼, 오늘날 많은 생태주의자 사이에서 환경문제는 영적인 문제, 종교적 대안이 필요한 문제로 인식된다.

생태담론에서 이와 같은 과학과 종교의 결합 양상은 비교적 최근의 일이라 여겨져 왔지만, 생태학이라는 용어를 처음 학계에 정착시킨 자연과학자 에른스트 헤켈(Ernst Haeckel)의 논의에서도 이미 전일적 지식을 추구하는 가운데 종교적 성향이 뚜렷이 드러났다는 데 주목할 필요가 있다. 독일의 동물학자이며 철학자, 의사, 화가, 저명한 과학저술가인 헤켈(Haeckel, 1866, 286)은 자신의 책 『생물체의 일반 형태론 *Generelle Morphologie*』에서 생태학이라는 용어를 처음 사용하였는데, 이때 그 용어는 유기체와 무기적 환경, 그리고 함께 생활하는 다른 유기체들 사이의 관계를 연구하는 학문이란 의미에서 제시되었다.

그런데 생태학(ecology)이란 용어의 의미 범위는 헤켈에게서 이미 생물학, 나아가 자연과학의 차원을 넘어서고 있었다는 데 유념할 필요가 있다. 오늘날 생태학이란 용어는 이른바 객관적 자연과학으로서의 의미 범주를 넘어서 일종의 규범적 이데올로기의 의미로 종종 사용되는데,[3] 생태학의 이데올로기적 성격에 대한 수많은 도덕적·정치적 물음의 단초는 생태학이란 용어를 정초한 헤켈에게서부터 찾아볼 수 있다.

헤켈의 생태학에서 영성이 어떠한 자리를 차지하는지 가늠하기 위해 중요한 개념은 일원론(Monism)이다. 헤켈은 영(spirit)과 물질을 같은 동전의 두 면으로 연결 짓는 일원론을 주장했는데, 헤켈에 따르면, 우주는 오직 하나의 상태에서만 존재하기 때문에 영과 물질은 하나이며, 따라서 하나의 원리로 설명이 가능하다는 것이다.[4] 그는 자연 영역과 정신 영역을 구분하는 풍조에 반대했으며, 우주의 일체성을 설파했을 뿐 아니라 자연을 숭배하고 자연의 법칙에 따라 사는 것이야말로 이성적인 일이라고 주장했다. 또한, 헤켈은 당시 유럽의 지배적인 종교였던 그리스도교가 인간을 어머니 자연에서 분리함으로써 여러 모로 해악을 끼쳤다는 점을 지적하면서 그리스도교의 인간중심적 사상을 비판하고, 기존의 종교나 신화 대신 이른바 '과학적' 지식을 토대로 자연의 진선미에 바탕을 둔 소위 무신론적인 일원론적 종교를 수립하고자 했다.[5]

특히 헤켈과 그의 추종자들은 20세기 초에 〈일원론자 동맹(Monisten Bund)〉을 설립하였는데, 1915년 무렵에는 독일의 45개 도시에서 6천여 명이 회원으로 참여했다. 과학적 범신론을 주장하는 〈일원론자 동맹〉은 모종의 정치적 입장을 진술한 최초의 생태조직으로 적극적으로 평가될 수 있다. 〈일원론자 동맹〉은 당시 상당한 정치적 영향력을 발휘했으며, 데이비드 허버트 로렌스(David Herbert Lawrence)를 통해 영국의 귀농운동에도 영향을 미치는 등 널리 확산되었지만, 영국과 독일의 보수적 그리스도교 집단에서 많은 공격을 받기도 했다.

헤켈이 제시한 사상은 당대의 과학적 지식을 적극적으로 활용해서 우주를 통합적으로 설명하려는 시도였다. 그는 우주가 통합된 조화로운 유기체라고 여겼을 뿐 아니라, 자연이 진리의 근원이며 인간을 진리로 안내해 준다고 여겼다. 따라서 인간 사회는 자연의 과학적 관찰을 통해 제시된 영역을 따라 재구성되어야 한다는 것이다. 그리고 헤켈은 자연의 법칙 속에서 동정심, 이타심, 협동 등의 가치를 적극적으로 발견하였다. 동시대인들에게 '독일의 다윈'으로 불렸던 헤켈과 그가 창시한 〈일원론자 동맹〉 회원들은 역사의 진보를 낙관했고, 인간의 의지가 '선한' 의지, 즉 자연의 법칙에 합치하는 한 스스로를 변화시킬 수 있는 힘이 있다고 믿었다.

그가 남긴 중요한 유산은 이른바 과학적 지식을 바탕으로 한 범신론적인 자연숭배, 그리고 인간과 자연이 하나이며 하나를 해치면 다른 하나도 다치게 된다는 일원론적 믿음에 있다. 그는 조화와 자비심이 세계의 본질이며, 인간은 자연의 경이로움을 보살피면서 그 틀과 조화를 이루어야 한다는 도덕적이고 규범적인 주장을 과학적 증거를 통해 제시하고자 했다.

헤켈이 제시한 이와 같은 '기존 종교 너머의 영성'은 이른바 전일적 생태 영성이라고 일컬을 만하다. 그런데 헤켈의 이른바 전일적 생태 영성은 전체주의적으로 발전할 위험성을 품고 있다는 비판을 받았다. 가령 마란구다키스(Marangudakis, 1998, 107-124)를 비롯한 일부 학자들은 생태학이란 용어를 정초한 헤켈과 〈일원론자 동맹〉이 일원론적 지식을 추구하는 가운데 점차 과학과 이성을 과학과 신비주의의 결합으로 대체하였다는 점을 비판적으로 지적한다. 예컨대 그는 1900년에 헤켈이 "국가의 내적 발달과 관련해서 다위니즘 원칙에서 우리는 무엇을 배울 수 있는가?"라는 주제로 경연대회를 조직했는데 최고상은 북구 게르만족의 인종적 우월성을 옹호한 샬마이어(Shallmayer, Willhem)에게 주어졌다는 사실, 그리고 〈일원론자 동맹〉에서는 민주주의를 부정하고 정부는 전문가에게 맡겨야 한다고 믿었다는 점 등을 사례로 들면서, 과학과 '모든 것은 연결되어 있다.'는 신비주의적 감상을 결합하려는 시도가 전체주의적으로 빠질 위험을 경고하기도 한다.[6]

정리하면, 이미 헤켈의 시대부터 생태학이란 용어의 출현에는 과학적 지식과 신비주의를 통합한 세계에 대한 통합적 지식의 희구와 그에 따른 윤리적 실천의 요구가 뒤따랐으며, 헤켈은 일원론적 우주관을 바탕으로 이른바 전일적 영성을 제안하였다. 그러나 그의 전일적 영성은 조화로운 유기체로서의 자연을 위해 개인의 희생을 당연시하는 전체주의적으로 발전할 가능성을 품고 있기에 비판을 받았다.

이후 자연과학의 한 분야로서 생태학이 꾸준히 발전해 왔지만, 헤켈의 생태학이 통합적 우주론과 그에 따른 윤리적 실천의 함의를 포함했다는 점을 고려할 때, 헤켈의 진정한 계승자는 백여 년 뒤에 일종의 이데올로기적 성격을 띠는 생태주의 담론의 출현 이후에야 본격적으로 등장했다고 볼 수 있다.

2) 아느 네스의 심층생태론과 생태지혜

헤켈이 1866년에 생태학이란 용어를 처음 제안한 지 백여 년이 지난 후, 생태학은 자연과학의 범위를 넘어서 세계의 개선을 위한 일종의 운동으로서의 성격을 강하게 드러내게 되었다. 20세기 후반에 생태주의 담론과 운동이 꽃피게 된 배경으로는 근대 문명의 갖가지 모순이 이 무렵 다발적으로 대중의 시선에 노출된 것을 들 수 있다.[7] 이른바 인류의 무한한 진보와 성장을 약속하는 근대적 비전에 의구심이 머리를 들게 되었다. 이러한 상황에서 서구 사회에서는 과학기술 등 인류가 가진 도구들을 사용해서 환경오염을 비롯한 각종 문제를 타개하려는 노력이 이루어지고 있었다.

그런데 1970년대 초반에 노르웨이의 철학자 아느 네스(Arne Naess)는 공해와 자원 고갈을 극복하려는 기존의 환경운동이 이미 수립된 경제적, 사회적, 테크놀로지적 틀 구조 안에서 주로 선진국 사람들의 건강과 번영을 목표로 펼쳐진다고 비판하였다. 또한, 이와 같은 단편적 접근법으로 생태문제를 해결할 수 있다고 보는 기존의 환경운동을 '표피적 환경운동'이라고 비판적으로 명명하였다. 그리고 생태문제의 진정한 해결을 위해서 좀 더 심층적(deep)이고 장기적인 생태운동을 제안하였다(Naess, 1973, 95-100).

네스가 말한 '심층적'이라는 말의 의미는 무엇일까? 아느 네스는 1982년의 인터뷰에서, "심층생태론의 핵심은 더욱 심층적인 물음들을 묻는 것"(Devall and Sessions 1985, 74)이라고 언급한 바 있는데, 생태적 위기의 원인을 심층적으로 묻고, 심층적인 변화를 꾀하는 것이 네스의 심층생태론의 특징이라 할 수 있을 것이다. 네스는 생태적 위기의 원인을 좀 더 깊이 살펴보면 거기에는 현 문명을 지탱하는 인간중심적이고 성장중심적인 '세계관'이 자리하고 있다고 생각했다. 따라서 문제의 해결을 위해서는 자연과 인간의 관계를 비판적으로 검토하는 심층적 차원에서부터 이에 저항할 필요가 있다고 여겼으며, 세계관의 변화를 통해 장기적으로 생태파괴적 문명에서 생태친화적 문명으로의 전환을 꾀하는 운동을 심층적 생태운동으로 지칭하였다. 그러므로 네스가 제안한 심층생태론(Deep Ecology)은 단순한 인간과 자연의 관계를 논하는 학문으로서의 철학이 아니며, 환경 갈등에서의 구체적인 결정과 행동, 그리고 철학적 성격의 추상적 가이드라인 모두를 포함하는 포괄적 개념이다(Naess, 2003, 163).

이때 네스가 강조하는 것은 우리의 앎이 생태학(ecology)에서 생태철학(ecophilosophy)으로, 나아가 생태지혜(ecosophy)로 깊어져야 한다는 점이다. 여기서 생태학이란 그 용어를 처음 사용한 헤켈의 정의대로, 유기체 상호간의 그리고 유기적·비유기적 환경과의 상호작용하는 유기체들의 살아있는 조건에 관한 학제적·과학적 연구를 의미한다. 과학적 생태학은 유기체들 사이, 그리고 유기체와 환경 사이의 관계성에 우리의 주의를 환기시키는 중요한 정보이지만, 네스는 이와 함께 보편적 법칙을 이해하기 위한 개념적 지식으로서 생태철학의 필요성을 이야기한다. 그런데 네스가 가장 강조하는 것은 세 번째 단계, 곧 우리 각자가 발전시켜야 할 철학적 지혜인 생태지혜이다.

네스는 현대 문명에서 이른바 과학적 세계관이 거의 독점적으로 우세한 자리를 차지하지만, 각 개인이 자연 경험을 통해 직관적으로 획득한 일종의 통찰이자 시각인 생태지혜야말로 직접적인 행동으로 연결될 수 있으며, 변화를 일으킬 잠재력을 품고 있다고 여겼다(Naess, 2003, 35-38). 관념적 지식이 아닌, 자연 경험을 통한 직관적 통찰을 강조한 네스는 생태학에서 생태지혜로의 이동, 곧 "과학에서 지혜로의 이동"을 심층생태론의 특징 중 하나로 설명했다.

중요한 것은 개개인의 특성과 경험이 서로 다르기에, 생태지혜는 개개인에 따라 저마다 달라질 수밖에 없다는 점이다. 그러니 자신의 경험을 통해 자신만의 고유한 직관적 통찰인 생태지혜를 형성하는 것이 중요하다는 것이 네스의 주장이다. 가령 네스는 자신의 고유한 생태지혜를 자신이 즐겨 등반하던 산 이름의 첫 글자를 따서 '에코조피T'로 명명한 바 있다.

네스가 '에코조피T'에서 특히 강조한 것 중 하나는 '폭넓은 동일시'를 통한 대자아(Self) 실현이다. 네스는 에고(ego), 자아(self), 대자아(Self)를 구별했는데, 그는 인간이 저마다의 '자아'를 편협한 에고와 동일시하는 데 머무르지 않고, 오히려 다른 인간들과의 동일시를 거쳐서 인간이 아닌 개체들, 종들, 생태계, 그리고 생태권 자체와 동일시하게 될 때, 개인적 자기실현과 심리학적·정서적 성숙을 획득한다고 여겼다(Sessions, 2003, 246). 네스는 이러한 '폭넓은 동일시'의 과정을 통해 '생태학적 자아'가 발달한다고 여겼다. 그리고 폭넓은 동일시를 통한 대자아의 실현이 개인적으로 기쁨을 줄 뿐 아니라 정치적 실천을 위한 변화와도 연결된다고 보았다. 여기서 간과해서는 안 될 점은 생태지혜가 단지 개인의 정신적 만족에 그치지 않으며 정치적 실천과 불가분 연결된다는 점이다. 그리하여 네스는 심층적 변화를 일으키기 위해서 개개인의 실천까지 연결되는 개별적인 생태지혜의 형성을 강조했다.

또한, 네스는 윤리 의식이나 의무감으로 행동을 요청하기보다는 '인간의 자연스러운 심적 경향'을 움직이는 것이 중요하다고 생각한 듯하다(尾関周二 외, 2007, 95). 네스는 "나는 윤리나 도덕에는 크게 관심이 없다. 나는 우리가 어떻게 세계를 경험하느냐에 관심이 있다. […] 심층생태론이 심층적이라면, 그것은 단지 윤리가 아니라 우리의 근본적 믿음과 관련되어야 한다. 윤리는 우리가 어떻게 세계를 경험하는가에 따라 뒤따르게 된다. 만약 당신이 당신의 경험을 분명히 표현한다면, 그것은 철학 혹은 종교가 될 수 있을 것이다."(Naess, 1979, 13-16)라고 말한 바 있다.

심지어 네스는 "우주적 가능성에 관한 한, 우리는 '명백한 사실(hard facts)'에 모순 없이, 우주 전체를 아우르는 의식의 진화에 대한 이론들까지도 포용할 수 있다."고 말한다. 이러한 진술은 북미의 종교문화적 토양에서 뉴에이지적인 영성에 관심을 가진 사람들에게 매우 고무적인 것이었다. 그런데 네스가 그러한 진술을 하게 된 맥락은 "시각의 확장 없이는 생태학적으로 책임 있는 정치는 불가능하다."고 생각했기 때문이며, 우주 속의 생명과 의식의 진화에 대한 다양한 주장들이 많은 사람의 시각을 확장하는 데 기여할 수 있으며, 따라서 생태정치적으로 잠재력이 있다고 보았기 때문이다 (Naess, 2003, 193).

이와 같은 네스의 심층생태론은 문명 전체의 전환을 위해 개개인의 세계관 수준에서의 변화를 강조함으로써, 헤켈의 전일적 생태학 논의에 비해 개인에게로 초점을 옮겨 놓았다.

3) 심층생태론과 종교문화의 결합

네스의 에코조피T는 생태적 위기 극복을 위해 생태 영성을 가장 중요시한 논의는 결코 아니다. 그렇지만 그의 논의는 이후 생태 영성과 관련된 수많은 운동과 단체와 현상들의 발달을 낳은 일종의 씨앗이 되었다. 그 씨앗이 무성하게 가지를 뻗으며 자라나게 된 것은 심층생태론의 씨앗이 뿌려질 무렵 북미의 종교적 문화적 분위기가 이른바 비옥한 토양이 되었으며, 한 역사학자의 글이 생태와 종교/영성의 만남을 위한 일종의 촉매 역할을 하였기 때문이다.

네스의 사상이 소개될 무렵, 북미에서는 토착민들과 아시아인들의 종교적 믿음과 실천들의 유입이 점증했고, 동시에 서구의 주류 종교들을 거부하는 풍조가 확산되었다(Taylor, 2010, 11). 갖가지 한계를 노정한 서구, 근대의 종교들을 거부하고 비서구, 비근대 종교 전통들에서 대안을 모색하려는 분위기는 생태 영성에 대한 관심이 자라나는 비옥한 토양이 되었다.

그리고 시대를 약간 거슬러서 1960년대 후반, 미국 UCLA의 역사학자인 린 화이트(Lynn White)는 생태적 위기의 원인과 그리스도교의 인간중심주의를 관련짓는 글("The Historical Roots of Our Ecological Crisis,"Science, Vol.155, No.10, 1967)을 발표했다. 그 글에서 린 화이트는 사람들이 생태환경에 행하는 바는 그들이 주위의 사물들과 그들 자신을 어떻게 '생각'하느냐에 달려 있다고 주장했는데, 특히 인간이 자연과 운명에 대해 어떠한 믿음을 갖고 있느냐가 중요하다고 강조했다(White, 1996, 188). 그리고 "(생태계 위기의) 뿌리가 주로 종교적이기 때문에 그 해결책 역시 본질적으로는 종교적이어야 한다."(White, 1996, 193)고 제안하기도 했다.

비슷한 관점의 논의를 펼친 사람들이 있었지만, 폭넓게 읽히는 권위 있는 저널 『사이언스』에 실린 린 화이트의 글은 대단히 큰 반향을 불러일으켰다. 그의 논의 이래, 특히 북미에서는 생태적 위기의 원인으로 그리스도교의 인간중심적 세계관이 크게 작용했다는 주장이 확산되었다. 그리고 화이트의 논문 이후, 각종 생태환경 문제에 직면해서 과학이나 테크놀로지보다는 종교적 관념과 가치에 호소하는 경향이 강화되었다. 화이트의 논문은 이후 네스의 심층생태론이 북미에 소개되었을 때, 생태중심적인 세계관을 확산시킴으로써 당면한 생태적 위기를 근본적으로 극복할 수 있으리라는 공감적 분위기를 형성하는 일종의 촉매로 작용했다.

북미에 네스의 심층생태론을 소개하고 이를 독특하게 정교화한 이들은 빌 드볼(Bill Devall)과 조지 세션스(George Sessions)였다. 그들은 네스의 심층생태론이 알도 레오폴드(Aldo Leopold)와 레이첼 카슨(Rachel Carson)의 저술에서 예시되는 "자연에 대한 더 심층적인, 좀 더 영적인 접근법"(Devall and Sessions 1985, 65)을 나타낸다고 주장했으며, 심층생태론 담론에 '영성'에 대한 관심을 단단히 결합시켰다. 세션스(Sessions, 2003, 241-242)는 비록 네스가 '심층생태론'이라는 이름을 처음 사용했지만, 북미에도 '땅의 윤리'를 주창한 알도 레오폴드를 비롯하여 심층생태론적 시각에서 사상을 전개한 선구자들이 있다고 보았다. 나아가 심층생태론이 영감을 얻은 원천으로 서구의 과정 철학이나 하이데거의 철학 등 철학적 전통뿐 아니라, 도교·불교·수렵시대의 종족 종교, 미국 인디언들의 문화 등 종교문화적 전통들을 예시하였다(Luke, 1999, 82-83). 실제로 드볼과 세션스는 심층생태론의 논의와 운동을 전개할 때 종교 전통과 영성 문화들과의 만남을 적극적으로 추진했다. 그들은 네스가 말한 생태학에서 생태지혜로의 발달에서 무게중심을 더욱 종교적, 영적, 신비적인 지식의 획득으로 이동시켰다.

심층생태론자들이 이처럼 생태적 위기를 극복하기 위해서 종교적·영적·신비적 전통에 관심을 나타낸 것은 이러한 위기를 자초한 것이 근대 문명에, 특히 근대 문명을 정초한 기본적인 세계관에 있다는 문제의식과 분리되지 않는다. 많은 생태담론은 근대 문명의 심각한 폐해에 대한 문제의식에서 출발한다. 심층생태론자들이 종교에 관심을 나타낸 것 역시 근대 혐오 혹은 극복에의 의지와 무관하지 않다.

가령 심층생태론을 주창한 네스는 자연 경험과 이를 통한 자연스러운 감정을 바탕으로 저마다 고유하게 형성되는 직관적 통찰인 생태지혜의 필요성을 역설했지만, 객관적이고 과학적인 지식이 우위를 점하는 근대적 지식 체계에서 그것은 소외된 지식에 불과하다. 의미의 매개인 지식이 조직되는 방식은 전통사회와 근대사회에서 다르게 나타나기 때문이다. 다소 거칠게 일반화하자면, 소규모 부족사회나 고대 문명에서는 성스러운 지식(sacred knowledge)이 가장 궁극적인 것이었다. 그러나 근대사회에서는 사실의 지식이야말로 가장 궁극적인 지식으로 여겨진다. 인류학자 라파포트(Rappaport, 1979, 129-131)는 이를테면 고차적 의미(higher-order meaning)가 명백히 다르게 보이는 것들 사이의 심층적 유사성에 대한 인식에서 생겨난다면, 근대사회에서 사실의 지식이 증가하면서 의미는 역설적으로 축소되어 왔다고 지적했다. 그의 말대로 과거에 궁극적인 지식으로 여겨지던 것들은 근대사회에서는 더 이상 '지식'으로조차 여겨지지 않으며 다만 믿음으로 여겨질 뿐이다.

버크스(Berkes, 2008)는 근대과학이 출현하기 전에도 사람들이 생태계에 관해서 '지식'을 가지고 있었는데, 그러한 전통적 생태학적 '지식'은 흔히 신화나 종교 등의 형식으로 표현되는 이른바 '성스러운 생태학'이었다고 말한다. 그리고 묻는다. 이러한 오래된 생태학적 지식은 한물 간 것으로 새로운 근대과학적 지식에 의해 밀려나야 하는 것일까? 아느 네스는 아니라고 대답할 것 같다. 네스 식으로 말하면, 자연과 밀접하게 접하며 살았던 과거 사람들은 오늘날에 비해 더 많은 자연 경험이 있었기에 더 많은 '생태지혜'가 있었다. 그러나 오늘날에는 그러한 저마다의 생태지혜가 부족한 상태에서 이른바 '차가운' 과학적 지식만이 우위를 점하고 있는 것이다.

또한, 네스는 대자아 실현을 위한 폭넓은 동일시의 경험이 예전에는 종교 문화를 통해 어렵지 않게 일어날 수 있었음을 암시하기도 했다. 그는 철학적으로 에고, 자아, 대자아(심층적이고 포괄적인, 그리고 생태학적인 자아)라는 개념들이 과거에는 세계 종교들과 밀접히 결합되었던 점을 지적하면서, "우리의 산업사회에서 이러한 종교들의 축소된 영향 때문에 동일시의 철학들은 거의 접근 불가능하게 되었다."고 말한다(Naess, 2003, 175). 곧 요람에서 시작된 종교문화적 전통이 축소됨으로써, 다양한 종류의 즉흥적인 종교적 경험이 더 이상 자연스럽게 이루어질 수 없음을 아쉬워하는 듯하다.

네스가 개개인의 자연 경험을 통한 직관적 통찰인 생태지혜의 형성을 중요하게 여겼다는 점, 그리고 근대과학적 지식에서 소외된 '성스러운 생태학'이 과거에는 종교나 신화 등의 형식으로 표현되었으며, 오늘날의 사회에서는 얻기 어려운 폭넓은 동일시의 경험과 지혜가 과거에는 종교나 신화 등을 통해 자연스럽게 조성될 수 있었다는 점을 인정하면서, 드볼과 세션스를 비롯한 북미의 심층생태론자들을 중심으로 근대 극복이라는 잣대로 종교에 강한 기대를 거는 하나의 사조가 형성되었다. 다양한 종교/영성적 실험이 이루어지는 북미에서 심층생태론과 종교의 만남이 폭발적으로 일어나게 된 것이다.

종교는 많은 대안운동가들에게 근대적 사유의 경계 밖에 있는, 혹은 경계 선상에 있는 것들을 환기하거나 그것들에 대한 접근을 용이하게 할 수 있으리라는 기대를 받아 왔으며, 실제 그러한 측면이 있다. 그리하여 많은 심층생태론자들은 기독교 · 도교 · 불교, 토착 아메리카 의례들의 영적인 전통 등에서 심층생태론의 기본 원칙과 동일한 점을 발견하려고 시도하였고, 서유럽 · 북아메리카 · 아시아에서 오래전에 수립된 종교와 철학의 소수 흐름에서, 그리고 아메리카 인디언들을 비롯한 여러 토착민의 종교적 · 철학적 시각에서 나타나는 통찰을 공유하려고 했다.

심층생태론은 서구 사회에서 상당한 호소력을 발휘했다. 사실 생태적 위기를 비롯해서 현대 문명의 어두운 면을 경험한 많은 현대인들은 현대 문명의 기저에 놓인, 사실과 객관성을 바탕으로 형성된 근대적 우주론을 넘어서는 대안적 우주론을 갈망했다. 그들 가운데 일부는 종교로 시선을 돌리며, 일부는 과학적 지식을 포괄하는 새로운 우주론을 형성하려고 시도하는데, 심층생태론은 새로운 우주론을 갈망하는 사람들의 요구를 충족시켜 주는 듯 여겨졌다.

한 가지 주목해야 할 것은 생태적 위기 문제에 심층적으로 접근해서 심층적 해결을 제시한다는 심층생태론에 각양각색의 사람들, 집단들이 모여들면서, 창시자인 네스의 생각이 집약된 에코조피T와 심층생태론의 지지자들임을 자임하는 사람들이 동의하는 일반적 관점을 정립하기가 어려워졌다는 점이다. 그리하여 심층생태론의 이름으로 포괄될 수 있는 다양한 부류들이 공유할 만한 원칙을 제시하기 위해서, 조지 세션스와 네스는 다소 두루뭉술한 8개 강령을 채택하게 되었다. 그런데 이렇게 채택된 강령은 네스의 에코조피T에 비해 좀 더 중립적이고 일반적인 내용으로 구성되었다. 가령 네스가 강조했던 '반(反) 사회계급적 태도'는 특별히 생태학적 문제는 아니라는 이유에서 강령에 포함되지 않았다(Sessions, 2003, 247). 1984년에 심층생태론의 8개 강령[8]이 채택된 이래, 강령에 기본적으로 동의하는 다양한 부류의 사람들이 다양한 방식으로 스스로 심층생태론을 표방하게 되었다.

3. 생태 영성의 사사화(私事化)

1) 국내외 생태운동에서 생태 영성의 부상

오늘날 국내외에서는 생태 영성을 계발함으로써 장차 생활양식의 변화를 가져올 수 있다고 전제하고서 생태 영성을 고양하기 위해 종교적이고 영적인 강렬한 느낌과 동기를 만들어 내는 데 주력하는 흐름이 도처에서 나타났다(Merchant, 2001, 155-183).

우선, 서구 사회의 경우를 살펴보자. 오늘날 서구 사회에서는 전통 부족 사회의 의례 혹은 새롭게 만들어지는 각종 의례를 통해 친생태적인 태도를 고양하고 지구환경 개선에 기여할 수 있다는 일부 영성생태운동가들의 움직임이 만만치 않다. 이른바 '영성생태론'은 생태 위기 해결을 위해 근본적으로 개인의 세계관과 우주론의 변화가 필요하다고 주장하는 심층생태론에서 영감을 받아서, 인간이 모든 생명과 서로 연결되어 있다는 사실을 영적으로 실감하도록 '생태 영성'의 고양에 주력하는 생태주의 담론과 실천의 한 갈래이다. 영성생태론은 생태문제로 병든 지구를 치유하는 행동을 이끌어 내기 위해 의례와 상징 등 종교적인 여러 수단을 써서 일종의 영성 혁명을 일으키고자 한다. 현실적으로 세계에는 상당수의 개인이 어떤 모습으로든 종교를 갖고 있으며 영혼·영성·종교성 등의 문제에 관심이 있기에 생태문제의 원인과 해결에서 영성을 핵심적인 주제로 설정한 영성생태론의 논의는 많은 이들의 관심을 끌었다.

대표적인 영성생태론자인 존 시드(John Seed)는 일반적으로 사람들이 생태문제에 무관심한 이유는 무지나 무관심 때문이라고 여겨져 왔기에 생태운동 진영에서는 사람들의 이성이나 합리성에 초점을 맞춰서 생태문제를 알리려고 애써 왔지만, 변화를 일으키기 위해서는 종교적이고 영적인 의식의 변혁이 중요하다고 강조했다(Seed and Macy, 2012). 또한, 이른바 '땅의 영성'을 강조하는 영성생태론자들은 흔히 고대의 자연종교를 새롭게 부활시키는 데 관심이 있다. 이들의 활동은 일부 페미니스트들의 전략적 여신숭배 모임인 위카(Wicca)나 영적 에코페미니스트들의 여신의례, 고대의 비그리스도교 영성을 부활시키려는 페이거니즘(Paganism) 등과 종종 겹쳐지며, 이들은 활발히 소통하면서 서로 영향을 주고받는다.

이러한 영성생태론은 생태문제에 관심을 가진 종교계의 관심을 끌었을 뿐 아니라, 기존 종교에 포섭되지 않으면서 '영성'에 관심을 가진 일부 현대인들의 호응을 받으면서 새로운 종교현상을 일으켜 왔다. 종교학자 브론 테일러는 영성생태론자들이 종교계에 미치는 영향 그리고 그들 자신이 새롭게 일으키는 종교현상이 생태적으로 긍정적인 효과만 거두는 것은 아니라고 보고, 영성생태론의 흐름을 새롭게 부상하는 '어두운 녹색 종교(dark green religion)'라고 명명하면서 비판적으로 고찰한 바 있다(Taylor, 2010).

한국 생태운동의 맥락은 서구와는 다소 차이가 있다. 한국 사회에서 생태운동의 효시는 국가 주도의 급속한 개발이 가시화된 1960년대 중반 무렵 '구조적 불평등'에 대항하는 사회적 행위에서 찾아볼 수 있다. 경제 발전을 위해 대규모로 건립된 공장이나 발전소 등에서 분출되는 엄청난 양의 매연과 폐수로 피해를 본 지역민들이 피해자보상운동을 벌이기 시작했다. 이후로도 한국의 생태운동은 대규모 개발이나 비생태적인 정책에 반대하는 저항적 성격을 강하게 드러내 왔다. 자연을 효율적으로 이용함으로써 경제적인 이윤을 얻으려는 정부와 기업의 개발 정책과 독단적인 시행 방식에 대한 저항은 한국 생태운동의 주요 동력이 되었다.

그렇지만 최근에는 새로운 삶의 방식과 사회체제, 나아가 새로운 문명의 대안을 모색하는 생태운동의 흐름도 점차 두드러지게 나타난다. 한국에서는 대략 2000년대에 접어들 무렵부터 '생태 영성'이라는 말이 두드러지게 사용되기 시작했는데, 곧 생태적인 가치와 이념을 어떻게 확산시킬 것인지 고민하면서 일각에서는 생태운동에 '영성'이 결합되어야 한다는 논의가 생겨났다.[9]

한국 생태운동 진영에서의 생태 영성에 대한 관심은 '생태적 전환은 근본적으로 어떻게 가능한가?'라는 고민의 과정과 무관하지 않다. 몇 가지 예를 들어 보자. 가령 2001년 전국환경활동가 워크숍에서는 「영성과 마음공부에 바탕한 생태적 삶」이라는 제목으로 분과가 형성되었는데, 분과의 개설 취지문은 다음과 같이 생태 영성을 강조한다. "생명운동은 영성과 깨달음에 바탕하여 그 불일치를 극복하는 운동이어야 한다. 고요한 내 본래 성품 자리를 깨닫고, 우리 내면의 신성을 일깨우며 순간순간 흐려지는 내 마음의 작용을 청정하게 관조할 수 있을 때 전일적인 세상을 볼 수 있으며 모든 존재와 함께 살고 있는 참된 나를 비로소 만날 수 있다."(한국환경사회단체회의, 2001, 216)

또한, 생태운동의 한 갈래로 부상하기 시작한 생태공동체운동에서도 생태 영성이 중요한 주제로 주목받게 되었다. 예컨대 생태공동체운동센터(2005)는 생태운동의 중심에는 영성이 자리잡고 있어야 하며, 나아가 우주적 영성에까지 자아를 확장시킬 수 있어야 한다고 주장했다. 황대권(2005, 511)은 생태공동체는 정신이나 영성적 차원에서 대중적 영향력을 가지려고 노력해야 하며 이를 위해 영성 수련이 필요하다고 지적하였다. 또한 이근행(2005, 531-532)은 생태공동체를 영성적·생태적·사회적 삶을 통합적으로 실현하는 전략적 실천의 장으로 정의하면서, 그 가운데서 특히 생태 영성을 강조하였다. 그리고 영성의 회복과 계발은 "모든 자연과 삼라만상이 관계를 맺고 더불어 살아 있는 것으로 느끼는 것"이라고 주장하면서, 무교적 관점에서 한국적 영성을 계발하는 "만물에 깃들인 신성 느끼기"를 프로그램화할 것을 제안하기도 하였다.

그 외에도 생태운동의 도약을 위해서는 우주론적 자아 확장의 경험으로서 영성을 회복하는 운동이 필요하다는 주장이 나타났으며(정수복, 1998,

397-398), 생태 영성이 "인간과 자아, 인간과 인간, 인간과 자연이 서로 고립되고 대립하고 상극하는 정복과 피정복의 관계가 아니라 커다란 전체로서 하나이며, 개체적 차별성 속에서도 서로 연대하고 공생하며 순환하고 상생하는 관계라는 사실을 깨닫는 존재의 질적 변화를 경험"하게 해 줄 것이라는 기대도 나타났다(윤형근, 2002, 190-191).

그런데 2000년대 초중반에 한국 사회 생태운동 진영에서 궁극적 변화를 위해 '생태 영성'에 거는 기대가 두드러졌지만, 다른 한편으로 국내외의 복합적인 맥락 속에서 '시장'과 결합한 '사적'인, 그리고 웰빙 풍조와 발맞춘 '친환경', '생태 영성' 문화의 영역 역시 점차 넓어졌다. 2000년대에 접어들면서 한국 사회에서는 개인의 신체적 · 정신적 건강을 위해 별도로 자신의 자본과 시간을 투자하는 '웰빙'의 문화가 널리 퍼졌다. 가령 개인이 신체적 건강을 위해서 유기농 식재료 등의 먹거리와 헬스 등의 운동에 기꺼이 자신의 돈과 시간을 사용하는 풍조가 확산하였다. 또한, 개인이 정신적 건강을 위해서 요가나 기체조 등의 수련 붐이 일어났다. 주 5일제 근무의 확산에 힘입어 생태체험관광 등이 새롭게 개발된 것도 눈여겨볼 만하다. 주목할 것은 이러한 웰빙 문화의 확산은 각종 웰빙 '상품'의 개발과 불가분 결합하였고, 사람들의 시간과 자본을 끌어들이려는 이러한 웰빙 상품들은 상품의 가치를 홍보하기 위해 '생태', '에코', '녹색' 등의 접두어를 사용하고 있다는 점이다. 나아가 각종 명상수련 단체들이 자연과 조화를 이루는 전통적 생태문화의 계승을 주장하면서 활성화되고 있을 뿐 아니라, 인터넷의 일상화와 더불어 외래 '생태적' 종교문화가 급속도로 유입되는 것은 눈에 띄는 현상이다.

2) 초점의 이동: 관계에서 내면으로

> 우리가 근본적인 것을 생각하지 않는다면, 우리가 [생태 문제] 해결을 위해 고
> 안한 특정한 방법들은 오히려 더욱 심각한 새로운 반동(backlashes)을 낳게 될
> 것이다(White, 1996, 186).

1967년에 린 화이트가 한 위의 말은 오늘날의 상황에도 적용될 수 있다.
앞에서 살펴보았듯이, 생태적 위기 상황에 직면해서 더욱 심층적이고 근본
적인 원인과 해결책을 고민하던 가운데 심층생태론 진영에서 종교/영성이
부각되었다. 그러나 오늘날 일각에서는 생태적 위기 극복을 위해 고안된 특
정한 방법, 곧 다양한 수단을 통한 생태 영성의 계발 자체가 하나의 목적이
되고 있는 듯하다. 생태학이라는 용어가 처음 만들어질 때부터, 가장 핵심
적인 개념은 유기체들 사이의, 그리고 유기체와 환경 사이의 '관계'라 할 수
있다. 그런데 최근에는 생태 영성의 계발을 위해 관계보다는 개인의 내면으
로 파고드는 현상이 광범위하게 나타난다. 이는 앞서 언급한 웰빙 문화뿐
아니라 신자유주의 사회의 문화적 풍경과 자본주의 사회의 특성 등에 복합
적으로 얽혀 있는 문제이다.

생태환경의 파괴가 가속화되고 나아가 신자유주의의 무한 경쟁 사회로
치달으면서, 현대인은 경쟁 사회에서 쓸모를 증명하지 못하면 갈아치워지
는 기계의 부품처럼 소모된다. 우리가 부품이 된 사회라는 거대 기계는 무
수히 많은 것들을 '생산'하지만, 우리가 생산한 것들이 오히려 세계를 파괴
하는 데 일조하고 있다는 깨달음은 우리의 내면을 황량하게 만든다. 그러한
가운데 우리가 잃어버린 것들, 생명 · 생태 · 자연 · 심신건강 등을 내세우
며 우리가 잃어버린 가치, 곧 조화와 치유를 내세우는 것이 현대 종교문화

의 트렌드가 되었다.

새로운 종교문화 트렌드로서의 '생태적' 종교문화 가운데 가장 눈에 띄는 것은 생태적임을 자임하는 뉴에이지 문화의 유입이다. 뉴에이지는 "제도종교의 영역 밖에서 개인의 종교적/정신적/신체적 잠재력을 증진시키려는 의도로 고안되어 소비자들에게 제공되는 제 실천 방법과 사고방식의 총체"(우혜란, 2008, 107)로 정의될 수 있다. 그런데 북미에서는 심층생태론 운동이 시작된 초창기부터, 심층생태론과 뉴에이지 운동과의 유사성을 지적한 이들이 많았던 것 같다. 세션스는 많은 이들은 근본생태론과 뉴에이지 운동 사이를 구별하지 못하지만, 그 차이점은 결정적이며, 심지어 뉴에이지는 기본적으로 심층생태론과 정반대(Sessions, 2003, 241, 255)라고 주장하면서, 뉴에이지 운동 속에 들어 있는 기본 개념들은 인간중심적이라고 지적하였다. 그러나 그처럼 강력하게 차이점을 역설한다는 사실 자체가 많은 이들이 심층생태론과 뉴에이지 운동의 '대중문화'가 비슷하다고 느끼고 있다는 사실을 드러낸다. 실제로 드볼과 세션스(Devall and Sessions, 1985, 5-6)는 이미 생태운동이 뉴에이지 운동에 흡수될 가능성에 대해 언급하기도 했다. 종교학자인 브론 테일러는 뉴에이지 운동이 생태주의화되고 있다면서, 그 증거로 수많은 뉴에이지 센터들이 심층생태론을 포용하면서 생태적 위기를 경고하기 시작했다는 점을 든다(Taylor, 2001, 236). 전명수(2011, 112) 역시, 1987년 이래 뉴에이지의 전일주의의 일부 흐름이 "인간과 자연의 일체성을 강조하면서 생태와 환경운동에 초점"을 두는 방향으로 발전한 것을 지적한다. 이때 생태주의화 된 뉴에이지 운동은 "그동안 무시되었던 인간의 몸 · 환경 · 자연의 중요성을 재평가하는 자연친화적, 생태적 세계관과 삶의 양식을 추구하고 물질만능주의를 극복할 수 있는 정신적 영적 차원의 수양을 강조"한다는 것이다. 실제로 뉴에이지 운동은 생태 영성을 고양하기 위한 일부 생태운동 진영의 의례화에 상당히 기여해 왔다(Taylor, 2005, xviii).

그러나 심층생태론이 '영성 수련' 트렌드와 결합할 때 문제점은 없을까? 최근 확산되는 상당수 생태 영성 계발 프로젝트들은 "'문명적' 패러다임 교체라는 거대 담론을 배경으로 하면서도 그 해결의 출발점과 종착점을 '개인적' 실존이라는 미시 담론으로 설정"(홍윤기, 2005, 167)하는 데 그치는 것으로 보인다. 이러한 현상을 어떻게 보아야 할까?

명상이나 수련, 의례 등 다양한 프로그램을 통해 개개인에게서 생태 영성을 고양하고, 이를 통해 자연에 대한 관심을 불러일으킨다는 기획 자체에는 문제가 없다. 그러나 거기에는 린 화이트가 언급한 '반동'의 위험이 있다. 첫째는 개인이 생태적으로 조화로운 영성을 고양하는 데 지나치게 집중한 나머지 공공의 현안인 생태문제에 상대적으로 무관심하게 되는 경향이다. 이에 대해서는 다음 장에서 좀 더 다루도록 하겠다.

둘째는 이른바 생태 영성의 사사화와 상품화의 결합 양상이다. 오늘날에는 생태 영성을 계발하기 위해서 각종 생태 영성 프로그램을 판매/구매하는 현상이 폭넓게 나타나는데, 생태 영성이 일종의 친환경 상품화되는 것은 주의를 요한다.

김진호(2015, 52, 53)는 1990년대 이후 한국 사회에서 이른바 '사적 영역의 활성화 현상'이 나타나는데, 그 까닭은 우리 사회가 소비사회로 이행하면서, 사적이고 감성적인 영역이 "하나의 상품으로 소비되는 무대"가 형성되었기 때문이라고 말한다. 그리고 한국 사회가 외환위기와 금융대란을 거치면서, 사회적 감정의 중심 기조가 불안과 공포, 수치심, 증오 등으로 전환되었다고 진단한다. 이른바 '치유' 상품들이 팔릴 수 있는 시장이 형성된 셈이다. 그리고 종교계와 문화 산업에서는 이러한 '치유' 상품의 개발과 판매에 뛰어들었다.

생태 영성의 계발 역시 이러한 맥락과 동떨어져 있지 않다. 실제로 많은 경우 생태 영성의 계발을 강조하는 각종 프로그램은 화폐로 구매해야 하는 것들이다. 특히 최근에는 정보통신기술의 발달에 힘입어 상품화된 각종 명상 수련 프로그램이나 뉴에이지 영성을 인터넷을 통해 개별적으로 편리하게 구매할 수 있게 되었다. 대중이 가장 손쉽게 접할 수 있는 생태 영성의 플랫폼이 영성 상품인 셈이다. 심층생태론의 창시자인 아느 네스는 개인의 '자연' 경험을 통한 직관적 통찰에서 풍성한 의미의 층위가 형성된다고 제안했지만, 라파포트(Rappaport, 1979, 131)의 지적대로 화폐화(monetization)는 경험의 의미심장함(meaningfulness)을 고갈시킨다.

또한, 사사화되고 상품화된 생태 영성은 지구적 자본주의에 내재한 사회적·정치적·경제적 요소들의 역할을 간과하기 쉽다. 브론 테일러는 일부 '어두운 녹색 종교(Dark Green Religion)'에 관여된 사람들 가운데 일부는 가난한 자들을 비롯한 사회적으로 주변부에 위치한, 이른바 야생 자연을 공유할 기회가 거의 없었던 인간들의 고통에 무관심해 왔다고 지적한다(Taylor 2010, 217). 나아가 테일러는 널리 퍼진 심층생태론적 확신, 곧 생태중심적, 심층생태론적 영성으로의 의식 변화가 '급진적' 환경 활동의 선조건이라는 생각을 비판한다. 심층생태론적 기대와 달리, 지구적 맥락에서 생태적 저항을 재촉하고 정당화하는 가장 널리 퍼진 요인은 종교적·영적 인식의 변화가 아니며, 오히려 심화된 생태환경의 악화가 전통적 생활방식, 인간의 건강, 어린이의 삶의 전망을 직접적으로 위협한다는 인식이 생태적 저항과 운동을 일으킨다는 것이다(Taylor, 2000, 277-278).

그렇다면 생태계 파괴를 가속화하는 자본주의에 저항하는 삶의 모습은 어떠해야 할까? 아니 어떤 삶의 모습이 가능할까? 그리고 그 동력은 무엇일까?

4. 생태 공공성과 관계적 영성

사실 사적 영역과 공적 영역은 실생활에서 명확히 구분되지 않는다. 그러나 적어도 추세, 곧 일종의 경향성을 이야기할 수 있을 텐데, 최근의 추세는 개인의 생태적으로 조화로운 영성의 중요성을 강조하는 데서 한 걸음 더 나아가 개인이 각종 영성 프로그램을 통해 생태 영성을 개별적으로 구매하는 등, 각자도생(各自圖生)하는 데까지 이르고 있다.

생태적 위기에 직면해서 치유, 그리고 변화를 위해 개인의 내면에 관심을 갖는 것은 중요하다. 그렇지만 생태 영성을 위한 노력이 각자도생에서 그치는 것은 곤란하다. 생태 영성의 사사화는 흔히 생태 문제의 해결을 위한 노력도 사사화(개별적 친환경 상품 구매, 생태적 영성 수련, 절약)하는 결과를 낳는다. 그러나 생태적 위기는 개인의 내면에서가 아니라 지금 여기 사회가 만든, 그리고 지금 여기 세계에서 일어나는 문제라는 점을 유념해야 한다. 즉, 생태 영성을 이야기할 때 개인, 그리고 개인 내면의 변화는 중요하지만, 그것은 지금 여기 공공의 문제에 관심과 참여로 보완되어야 한다. 부유하는 사적 영성을 이 땅에 붙잡아 두기 위해, 그리고 생태계 파괴를 가속화하는 사조에 저항하기 위해, 나는 생태 영성의 논의들은 생태 공공성에 천착할 필요가 있다고 제안한다.

그런데 공공성(公共性)이란 과연 무엇일까? 공공성은 다양한 각도에서 정의될 수 있겠지만, 오늘날 등장하는 공공성 담론은 간단히 말해서 '모두의 문제'[公]에 대해 '공개적으로 함께'[共] 논의하자는 시민사회의 요청과 밀접히 연관되어 있다. 근래에 한국 사회에서 공공성 담론이 부상하는 까닭은 경제성장을 최우선 가치로 하는 압축 성장의 기조 아래 "공공 영역 역시 압축적으로 해체"(채장수, 2014, 170)되어 왔으며, 특히 1997년 외환위기 이후 신자유주의적 정책의 영향으로 시장의 확대와 국가 역할의 축소가 급속하게 진행되면서 "국가가 그 고유의 역할로서 공공성을 지키지 못할망정 훼손하거나 시장에 팔아넘긴다는, 즉 능력 없는 국가에 대한 비판과 회의가 사회적 공감대를 크게 형성"(홍성태, 2012, 873)했기 때문이다. 국가를 공공성의 담지자로서 신뢰하지 못하는 상황에서, 공공성은 실현해야 할 목적이자 가치인 동시에 "그러한 가치 지향에 이르기 위한 사회적 합의의 정치과정"(홍성태, 2012, 874)으로 해석되고 있다.

이러한 점들을 염두에 두더라도 굳이 '생태' 공공성에 천착해야 할 이유는 무엇일까? 생태 공공성 논의는 일반적인 공공성 담론과 상당 부분 겹쳐지지만, 생태적 위기라는 현실 속에서 일반 공공성 담론에 포괄되지 않는 고유한 문제의식을 바탕으로 하며, 이는 크게 다음 네 가지로 정리될 수 있다(유기쁨, 2014). 첫째로, 생태 공공성은 생태문제의 공(公)적 특성의 인식에서 출발한다. 우리 생태환경, 나아가 우리가 사는 지구는 인간(나아가 뭇 생명)의 공통의 조건이다. 공기, 물, 땅, 숲 등은 단지 화폐를 지불한다고 해서 사적으로 마음대로 처분해도 되는 대상이 아니다. 우리는 우리 생태환경 자체가 공공의 것임을 인식하고 인정하는 데서 출발해야 한다. 둘째로, 그러한 까닭에 생태환경에 영향을 미칠 수 있는 중요한 사안은 열린 장에서 사회 구성원들이 함께 논의하고 소통하면서, 지속 가능한 미래를 위해 공개적으로 최선의 길을 찾는 공(共)적 접근이 필요하다. 그런데 생태계 파괴를 일으키는 각종 개발의 이면에는 흔히 경제적 이윤을 얻으려는 목적이 깔려 있다는 점을 전제할 때, 모두가 연관된 문제를 함께 논의하고 공개적으로 결정하는 것만으로는 불충분하다. 생태 공공성에는 공통성과 공개성에 한 가지 차원이 더해져야 한다. 곧, 셋째로, 생태 공공성은 공공선(公共善), 곧 지속 가능한 미래에 대한 지향과 결합하여야 하는 것이다.

이러한 세 가지는 생태 공공성이 실현해야 할 목적이자 가치 지향인 동시에 그것에 이르기 위한 정치과정의 성격을 나타낸다. 그런데 현실의 상황을 고려할 때, 이러한 생태 공공성의 논의에서 우리가 반드시 염두에 두어야 할 네 번째 사항이 있다. 그것은 배제되는 사람들(그리고 인간 이외의 생명들)의 목소리이다. 버틀러(Butler, 2011, 75)는 오늘날 공적 정치 영역이 특정한 목적을 위해서, 일정한 타자의 모습과 목소리가 보이지 않고 들리지 않게 통제하는 방식으로 작동한다고 지적한 바 있다. 가령 생태환경에 악영향을 미치는 대규모 개발 사업을 추진할 때, 생태계 보전을 외치는 사람들이나 개발에 직접적으로 영향을 받게 될 지역민들의 목소리는 공적 정치 영역에서 들리지 않게 통제된다. 인간의 언어로 말하지 않는 인간 이외 생명체들의 목소리는 더 말할 나위도 없다. 생태 영성의 계발은 이러한 배제된 목소리들을 들으려는 노력, 그리고 이러한 배제를 만드는 구조의 성찰과 분리될 수 없다. 네스의 생태지혜가 제안하는 '폭넓은 동일시'를 통한 대자아 실현은 좁은 에고를 넘어서 주위의 인간들과 나아가 대자연과의 연결을 깨닫는 과정이기도 하기 때문이다.

생태 영성을 계발하려는 모든 노력은 생태적 위기에 직면한 우리가 '지향해야 할 가치'이자 이를 위한 '정치과정'으로서 이와 같은 생태 공공성의 네 가지 항목들에 천착할 필요가 있다. 기후변화를 비롯한 많은 생태 이슈들은 전 지구적인 위협으로 제시되고, 그리하여 거대하고 추상적인 문제로 느껴지지만, 생태적 위기 극복을 위한 노력은 사람들 각자가 경험하고 인식하는 지역의 구체적 장소에서부터 시작될 수밖에 없다. 야생 자연을 인간의 필요를 초월한 성스러운 어떤 것으로 느끼며 생태적으로 조화로운 영성, 대자연의 기운을 얻는 영성을 추구하는 일은 지금 우리가 사는 이 땅에서 벌어지는 각종 생태적 사안들, 곧 구체적인 장소들에서 일어나는 급속한 파괴와 그로 인해 고통받는 타자들에 대한 관심과 연결되어야 한다.

5. 맺음말

오늘날 한국 사회는 소위 위험사회로 지칭된다. 실제로 많은 사람은 생태적 문제에서부터 먹고 사는 일에 이르기까지 삶과 연관된 거의 모든 영역에서 위험을 감지하고 불안을 느끼고 있다. 동일본에서 강진이 발생하여 엄청난 쓰나미로 마을 전체가 휩쓸리고 이후 핵발전소가 연이어 폭발하는 광경은 언론 보도를 통해 수많은 사람에게 시각적으로 강렬한 인상을 남겼으며, 수많은 어린 생명을 속절없이 보내 버린 세월호 사건은 대다수 국민의 가슴에 깊은 상처를 심어 놓았다. 헬조선이라는 말이 공공연하게 사용되는 오늘날 우리 대다수는 어쩌면 출구가 없는 지옥으로 가는 급행열차에 타고 있다는 막연한 느낌으로 하루하루 살아가고 있을지도 모른다. 그러한 상황에서, 보다 근원적인 영성에 대한 욕구가 높아지는 것은 놀랄 만한 일이 아니다.

지구는 인간 조건의 근원이자 핵심이다. 그리고 그 지구는 하나뿐이다. 그런데 그 하나뿐인 지구의 생태환경이 점점 위태로워지고 있다. 홍성태(2008, 84)는 "무엇(공공성의 대상)을 누가(공공성의 주체) 지킬 것인가의 문제가 사실상 모든 공공성 이론의 핵심"이라고 했지만, 나는 생태 공공성 논의의 핵심은 사람들 '사이'에서 형성된다는 점이라고 본다. 다른 말로는 '관계성'이라고도 할 수 있을 것이다. 그것은 곧 헤켈이 처음으로 생태학을 유기체와 다른 유기체들 사이, 유기체와 환경 사이의 관계를 연구하는 학문으로 정의할 때 사용한 핵심적 개념이기도 하다. '생태'로 시작하는 모든 분야는 유기체와 다른 유기체들 사이, 유기체와 환경 사이의 관계성을 염두에 두지 않는다면 불완전하다.

헤켈의 시대로 회귀하자는 말이 아니다. 헤켈은 비록 생태학이라는 용어의 기본 개념을 수립했지만, 정작 과학적 지식과 신비주의를 통합한 전일적 지식에 대한 그의 희구는 당대에도 전체주의로 치우치는 한계가 있었고, 대자본과 과학기술, 불합리한 제도가 결합하여 생태적 재앙에 육박한 오늘날의 상황에는 더더욱 적용되기 어렵다. 이후 생태주의의 발달 과정에서도 생태환경에 대한 전일적인 앎을 추구하다가 개인의 내면세계에 빠져드는 경향을 흔히 발견하게 된다. 우리는 심층생태론의 전개 과정에서 직관과 지혜의 생태학에서 성스러움의 영적 생태학으로, 그리고 생태 영성의 사사화로 이어지는 일부의 흐름을 볼 수 있었다. 그러한 경향은 서구에 국한되지 않는다. 한국에서도 이미 개인과 생태환경과의 연결에 집중하는 생태 영성의 추구가 점차 많아지고 있는 현실이다.

이러한 상황에서 현대사회의 당면 문제인 생태문제의 해결을 위한 노력은 개인의 내면으로 숨는 경향을 넘어서야 하며, 개인과 생태환경과의 관계뿐 아니라, 개인과 개인의 관계가 이루어지는 사회적 관계를 염두에 두고 모색될 필요가 있다. 생태환경이 날로 악화되는 현실 속에서 생태 영성은 개인으로서 인간과 대자연 사이에서 일어나는 영적인 변화뿐 아니라, 생태문제를 둘러싸고 사람들 사이에서 일어나는 일들과도 연결되어야 한다. 이를 위해 요구되는 것이 공공적 시각에서 생태문제를 바라보고 접근하려는 생태 공공성의 문제의식이다. 지금 여기에 이 불안하게 흔들리는 대지에 어느 한 곳이든 발붙이지 않는다면, 그리고 거기서부터 자라나지 않는다면, 고양되고 계발된 '영성'은 부유하는 사적 영성일 수밖에 없다.

'종교를 넘어선 종교'와 새로운 영성

: 세속적 신비주의(secular mysticism) 개념을
 중심으로

성 해 영 / 서울대학교 인문학연구원 교수

1. 종교의 경계를 넘어선 종교와 새로운 영성의 등장

종교가 새롭게 출현해 성장하고 소멸해 가는 현상은 종교사에서 익히 목도된다. 그러나 20세기 이후에 종교의 영역에서 나타나는 변화는 이전 과는 사뭇 다른 특징을 보여준다. 제프리 크리팔(Jeffrey J. Kripal)은 미국의 '에살렌'(Esalen) 공동체를 다루는 책, *Esalen : America and the Religion of no Religion*을 내놓으면서, 그 특징을 묘사하기 위해 슈피겔버그(Frederic Spiegelberg)가 만든 '종교가 아닌 종교(the religion of no religion)'라는 역설적 인 표현을 차용했다. '종교가 아닌 종교' 혹은 '무종교의 종교'란 도대체 무슨 의미일까?

나치의 탄압을 피해 미국에 망명한 이후 스탠포드 대학에서 비교종교학 을 강의했던 슈피겔버그는 동서양 종교가 활발하게 교류하는 과정에서 나 타난 새로운 종교성을 묘사하기 위해 이런 표현을 만들어 냈다. 이 문구는 전통적으로 종교라 간주되던 영역 바깥에서 일어나는 종교성의 구현을 지 칭한다. '종교를 넘어선 종교'라는 표현 역시 의미가 유사하다.[1] 일견 이 표 현들은 종교 그 자체를 부정하는 것처럼 보이지만, 종교라는 단어를 여전히 사용하는 방식으로 이전과 연결되면서도 매우 이질적인 종교성이 등장하 고 있음을 강조한다.

이 글은 이런 표현들에 함축되어 있는 종교성에 주목한다. 더 구체적으로는 제도화되고, 조직화된 종교의 경계를 넘어서 출현한 종교성에 초점을 맞추고자 한다. 그리고 이런 변화를 가장 잘 포착하는 개념으로 '세속적 신비주의'(secular mysticism), 즉 비종교적인 맥락 속에 등장하는 신비주의 현상을 중심으로 종교성의 새로운 표출과 변화 양상을 되짚어 보고자 한다. 세속적 신비주의가 영성이라는 개념을 포함해 심층심리학 등과 맺는 관계를 자세하게 살펴보는 것이 글의 주된 목적이다.

글의 구성은 다음과 같다. '신비주의'를 포함해 '세속적 신비주의', '영성'과 같은 이 글에서 주로 다룰 개념들을 먼저 정리한다. 그리고 세속적 신비주의가 등장하게 된 시대적 정황을 꼼꼼하게 살펴본 후에 심층심리학과의 연관성을 몇 가지 차원에서 규명해 봄으로써, 이 개념의 의미와 유용성을 제시한다. 또 글의 말미에서는 세속적 신비주의 개념을 활용해 새롭게 등장한 영성의 의미를 되짚어 보는 작업이 서구 사회의 종교 현상 이해뿐만 아니라, 우리 사회에서 활발하게 전개되는 종교성의 표출 현상, 특히 문화와 종교의 상호관계를 이해하는 데에 크게 기여할 수 있음을 지적하고자 한다.

'종교의 경계를 넘어선 종교'라는 표현은 종교 개념이 더 이상 전통적인 의미를 그대로일 수 없다는 사실을 간명하지만 분명한 형태로 보여준다. 그러니 오늘 우리에게는 당연시되었던 경계를 가로지르는 작업이 불가피하다는 사실과 함께, 이를 통해 사물의 정의와 우리의 정체성이 이전과 달리 규정되어야 함을 명확하게 드러낸다. 그 점에서 종교의 새로운 변화와 발전을 주로 다루는 신종교의 연구 관점에서도 의미하는 바가 크다.

2. 세속적 신비주의란 무엇인가?

본격적인 논의에 앞서 이 글에서 주로 다룰 신비주의와 영성의 의미를 살펴보자. 우선 세속적 신비주의를 이해하기 위해서는 정확한 의미 규정이 필요하다. 이 글은 신비주의를 "인간이 궁극적 실재와 합일되는 체험을 할 수 있으며, 의식을 변화시키는 수행을 통해 체험을 의도적으로 추구하고, 체험을 통해 얻어진 통찰에 기초해 궁극적 실재와 우주, 그리고 인간의 통합적 관계를 설명하는 사상으로 구성된 종교 전통"으로 정의한다.[2] 이 정의에 따르면 신비주의란 '신비적 합일 체험'을 중심으로 이를 얻기 위한 수행, 그리고 획득된 체험에 입각해 궁극적 실재와 인간 및 우주의 관계를 설명하려는 사상으로 이루어진다.

무엇보다 '세속적 신비주의'란 '종교적 신비주의'에 대응되는 개념으로 간주될 수 있다.[3] 신비주의라는 명칭의 종교가 별도로 존재한 적은 없었지만, 종교 전통 내부에 신비주의적 흐름이 정도의 차이는 있지만 항상 존재해 왔다는 점에서, '종교적'이라는 형용사는 애초에 불필요했다고 볼 수 있다. 그러나 '세속적' 신비주의란 현대에 등장한 현상이므로 설명이 필요하다. 다음의 세 가지 실제 사례를 통로로 삼아 세속적 신비주의의 개념에 접근해 보자.

> 사례 1) 내가 '〈나〉라는 것이 존재하기를 그만두었다.'라고 말할 때, 나는 피아노 협주곡을 듣고 난 뒤의 느낌처럼 언어적으로 전달할 수 없는 어떤 구체적인 체험을 뜻한다. 하지만 그것은 훨씬 더 실제적인 것이다. 사실상 그 체험의 일차적인 특징은, 이 상태가 다른 사람이 예전에 경험했던 것보다 훨씬 더 실제적인 감각이라는 점이다. 그 감각은 베일이 벗겨지고 난 뒤 '진실한

실재'와 접하는 것이다. 그것은 사물들의 숨겨진 질서이며, 일상적으로는 무관심의 층들로 가려진 세계의 X선적 본질이다.

음악이나 전원 풍경 또는 사랑같이 정서적으로 황홀하게 하는 것과 이러한 유형의 체험을 구별하는 것은 그 체험이 분명히 지성적인, 아니 오히려 실체적인 내용이 있다는 점이다. 그것은 언어로 표현되어 있지 않을지라도 유의미하다. 그 체험에 가장 근접한 언어적 표현은 '존재하는 모든 것의 통일과 연관이요, 중력장이나 의사소통 기구의 그것과 같은 상호 의존이다'. 나는 정신적인 삼투성과 같은 것에 의해 우주의 연못과 소통하고 그것에 융해되어 버렸으므로, '나'라는 것은 존재하기를 그친다. 그것은 모든 긴장의 해소, 절대적 카타르시스, 모든 이해력을 넘어선 평화같이 '대양적(大洋的)인 느낌'으로 지각된 융해의 과정과 무한한 확장이다.

사례 2) 아무런 예고도 없이 갑작스럽게 불꽃처럼 붉은 구름에 휩싸여 있었다. 순간적으로 나는 불을 생각했다. 어딘가 가까이에 있는 커다란 도시에서 일어난 엄청난 화재가 떠올랐다. 다음 순간에 나는 그 불이 내 자신 안에 있음을 알았다. 그리고 나서 곧바로 묘사 불가능한 지혜의 각성과 함께 거대한 환희의 감각이 나를 덮쳐 왔다. 나는 단순히 믿게끔 된 것이 아니었다. 우주가 죽은 물질로 이루어져 있지 않고, 살아 있는 존재임을 똑똑히 본 것이다. 나는 스스로의 내면에 영원한 생명이 있음을 의식하게 되었다. 그것은 내가 영원한 생명을 갖게 되리라는 확신이 아니라, 내가 영원한 생명을 소유하고 있다는 의식이었다. 모든 사람은 결코 죽지 않으며, 우주의 질서는 확실히 모든 것이 각자와 전체의 선을 위해서 함께 협력하도록 되어 있으며, 이 세상을 떠받치는 원리는 사랑이며, 따라서 각자와 전체의 행복은 궁극적으로 확실하다는 것을 나는 보았던 것이다. 그 비전은 수초 동안 지속되다 사라졌다. 하지만 그 기억과 생생한 느낌은 그 후로도 사반세기 동안 남아 있었다.

사례 3) 여전히 혼자 얘기를 나누고 질문을 던지면서 걸은 후에, 절벽 끝에 도착해 생각을 하고 있을 때 그 일이 갑자기 일어났다. 초록색 절벽과 태양, 바다, 소리들이 어우러진 속에서 시공이 뒤틀리면서 '모든 것이 다 괜찮고, 일체(unity)다.'라는 강력한 긍정성을 느꼈던 것이다. 나는 사색하던 중이 아니었다. 나는 무엇을 보거나 육체적으로 느끼던 중도 아니었다. 그것은 오히려 앎에 가까웠고, 그때인지 그 이후인지는 모르겠지만 나는 기묘하게도 내가 더 이상 절벽 위에 있지 않고 존재의 충만함인 잿빛의 무시간(無時間) 속으로 튕겨져 들어갔다고 느꼈다. 나는 그것의 일부였다.… 나는 그때, 그 체험 이전과 이후로 일체성이라는 것을 내가 몰랐다는 점을 분명하게 인식했다. 그것은 내가 무엇을 알고 있는 주체로서 인식하는 것이 아니었다. 내가 '알고 있다.'는 표현은 조금 애매모호하다. 나는 무엇에 대해서 알고 있는 것도 아니고, '무엇이 어떠하다.'라는 식으로 안 것도 아니다. '안다'라는 표현은 내가 직접적으로 일체성을 경험했다는 의미이다. 체험 이후에 나는 정말로 경이로움을 느꼈다. 마치 '나는 뭐든 괜찮고, 걱정할 필요도 없고, 모든 것이 좋다.'라고 환호하는 것처럼 느꼈다.

위에 인용한 세 보고담은 서로 다른 사람이, 이질적인 시공간에서 경험하게 된 놀라운 체험을 기술한 것이다. 인용문에 따르면 그들의 체험은 인지적 내용을 수반할뿐더러, 그들에게 큰 경이로움과 놀라움을 준 비일상적인 사건이었다는 점에서 매우 흡사하다. 동시에 주목할 만한 점은 그들이 남긴 체험의 묘사만으로는 그들의 종교적 배경을 가늠하기 어렵다는 사실이다. 다음에서 설명하겠지만 실제로도 세 사람은 전혀 다른 배경에서 체험을 겪었다.

첫 번째 인용문은 한때 열렬한 공산주의자로 스페인 내전에 직접 참전했던 아서 쾨슬러(Arthur Koestler, 1905-1983)가 정부군의 포로로 잡혀 투옥되었을 때 경험한 내용을 기록으로 남긴 것이다.[4] 독방에 감금된 그는 동료들이 고문을 받고 처형당하는 것을 목격하면서 극도의 심리적 스트레스 상황에 빠졌고, 그러던 중 예기치 않게 의식이 확장되면서 신비적 합일 체험을 하게 된다. 예기치 않게 찾아온 충격적인 체험으로 인해 그는 석방된 후에 철저한 유물론자에서 신비주의자로 회심한다. 그러나 인용문 어디에도 그의 종교적 배경을 가늠할 수 있는 '종교적' 표현이나 색채를 찾아보기 어렵다.

두 번째 사례는 캐나다의 의사였던 리차드 버크(Richard M. Bucke, 1837-1902)가 런던 근교에서 갑작스럽게 그를 찾아왔던 체험을 기록한 것이다. 버크는 후에 자신의 경험을 '우주 의식'(cosmic consciousness)의 체험이라 명명했고, 이를 계기로 동서양의 종교 전통에서 비슷한 체험의 기록을 찾고 분석한 저서를 남긴다. 버크의 저술은 이후에 제임스(William James, 1842-1910)의 신비주의 연구에 큰 영향을 미쳤고, 위 인용문은 제임스의 저서 『종교 경험의 다양성』에도 그대로 인용된다.[5]

세 번째 사례는 알리스터 하디(Alister Hardy, 1896-1985)가 수집한 자료 중 하나로, 아일랜드 여성의 체험을 보고한 내용이다.[6] 그녀는 스물한 살 때 겪었던 체험을 16년이 지나서 위와 같이 보고했고, 그녀의 체험은 하디가 설립한 종교체험연구센터(RERC: Religious Experience Research Center)의 데이터(사례 1441번)로 수집되었다. 그녀는 가톨릭적 배경을 가졌지만, 체험을 할 당시에는 가톨릭에서 멀어진 무신론자였다. 그렇지만 여전히 종교적 문제에는 관심이 있었던 것으로 보고하고 있다. 세 번째 사례 역시 매우 일상적인 용어로 자신의 체험을 기술한 탓에, 전통적인 의미에서 '종교적'인 기록이라 보기 어렵다.

인용한 보고들에는 비일상적인 신비적 합일 의식 상태에서 인지적 통찰과 함께 강력한 정서적 느낌을 가졌다는 내용이 공통적으로 들어 있다. 만약 신, 궁극적 실재, 은총, 섭리 같은 종교적 용어가 사용되었더라면 종교인의 서술이라고 보아도 무리가 없다. 그러나 그들의 신비체험은 '세속적' 맥락, 즉 종교적 맥락 속에서 발생한 것이 아니라는 점에 주목할 필요가 있다.

주지하다시피 신비주의는 오래된 종교적 현상으로 예전에는 제도화된 종교와 분리가 불가능했다. 그러나 인용한 사례들, 특히 첫 번째와 세 번째는 무신론자나 유물론자 역시 종교 전통 속에서 발견되던 유형의 체험을 경험할 수 있음을 보여준다. 요컨대 신비적 합일 체험이 예기치 않은 방식으로 종교 바깥에서 일어났던 것이다. 이처럼 종교의 테두리 바깥에서 발생한 신비체험을 핵심으로 삼기에 이런 현상을 '세속적 신비주의'라 일컫는다.

세속적 신비주의는 지배적인 종교가 사라지고 세속화된 영역이 늘어가면서 비로소 나타난 현상이다. 즉, 종교를 믿지 않을 자유를 포함해 종교가 선택의 대상이 된 이후, 달리 표현해 신비적 체험과 특정 종교와의 필연적인 연결 고리가 사라진 이후에 가능해진 개념이다. 모든 구성원이 기독교인인 공동체 속에서 세속적 신비주의는 불가능하다. 그 원인이 무엇이었든지 간에 체험이 기독교적 맥락과 교리로 해석될 수밖에 없기 때문이다. 그러니 세속적 신비주의가 '교회 밖의 신비주의'(un-churched mysticism)라고 표현되는 것은 자연스럽다.[7]

이처럼 세속적 신비주의는 제도화된 종교 밖에서 일어나는 신비적 합일 체험을 핵심으로 삼는다. 종교를 가지지 않거나, 유물론적 세계관을 가진 사람들에게 발생하는 신비체험은 '종교적' 맥락을 벗어나게 된다. 이제 그들의 체험은 더 이상 특정 종교의 교리 체계로 이해되거나 해석되지 않는다. 그 점에서 세속적 신비주의는 종교가 선택의 대상이 되고, 세속화된 영역이 넓어진 현대에서나 가능해진 사건이다. 나아가 세속적 신비주의는 제도화된 종교와 인간의 종교적 체험이 불일치 할 수 있다는 가능성을 분명하게 보여준다는 점에서, '영적이지만 종교적이지 않다.'라는 표현으로 요약되는 새로운 영성 개념과 긴밀하게 연결된다.

3. 'Spiritual But Not Religious(SBNR)'라는 영성의 출현

'영적이지만 종교적이지 않은'이라는 표현은 얼랜슨(Sven Erlandson)이 그의 책 『영적이지만 종교적이지 않은 : 미국에서의 종교적 혁명의 요청』에서 처음으로 사용했다.[8] 그리고 로버트 풀러(Robert C. Fuller)가 뒤를 이어 『영적이지만 종교적이지는 않은: 교회 밖으로 나간 미국 이해하기』라는 저서에서 그 함의를 학문적인 관점에서 더 자세하게 다루었다.[9]

두 사람의 주장은 명료하다. 현대 들어 제도화된 종교 바깥에서 영적인 갈망을 추구하는 움직임이 본격적으로 등장했으며, 이런 욕구는 '종교적'이라는 단어가 아닌 '영적'(spiritual)이라는 개념으로 적절하게 포착된다는 것이다. 특히 미국은 영적인 추구가 다양한 방식으로 이루어지는 대표적인 장소이며, 영적인 갈망은 물질적이며 개인적인 차원을 넘어선 초월적 진리를 개인의 내면에서 발견하고자 하는 시도로 구현되고 있다는 주장이다.

이처럼 두 책은 최근 종교를 둘러싼 지형이 어떻게 달라지는가를 SBNR의 개념으로 설명한다. 요컨대 제도화된 종교 밖에서 추구되고 구현되는 최근의 종교성은 영성 개념으로 적절하게 포착된다는 것이다. 종교와 영성의 구분이 어떤 맥락에서 등장했는지를 살펴봄으로써 '영적이지만 종교적이지 않다.'라는 표현이 압축하는 영성의 의미를 되짚어 보자.

현대는 소수의 공동체를 제외하고는, 종교의 절대적 권한이 대폭 축소된 시기이다. 여러 종교가 공존하게 되면서, 개별 종교가 그간 누려왔던 독점적인 권한이 사라졌다. 이제 종교는 의무가 아닌 선택의 대상으로 변모했고, 종교를 믿지 않을 자유와 권리도 당연한 것으로 간주된다.

사회의 합리성의 수준이 높아진 상황은 베버가 '탈주술화'(disenchantment)라고 표현한 것처럼 '세속화'(secularization)를 가속화시켰다. 교육, 정치, 경제 등의 분야가 종교의 영향력에서 벗어나 합리적인 규율에 의해 제어되는 현상은 다종교 상황과 결합해 개별 종교의 사회적 영향력을 크게 축소시켰다. 동시에 과학적 세계관은 세계를 이해하고, 인간의 행동을 규율했던 종교적 세계관을 급격하게 대체해 왔다. 결국 공동체의 전체적인 구성과 운영을 포함해, 개인들의 관계가 비종교적인 원칙과 원리에 의해 규율되는 상황을 맞게 된 것이다.

또 문자 해독율이 높아지면서 구성원들의 지적 수준 역시 크게 향상되었다. 정치적 자유와 권리의 개념 역시 이에 비례해 커졌으며, 사회복지 제도의 도입은 경제적 평등의 개념을 확산시켰다. 이러한 변화는 종교적 권위의 지위에 심대한 변화를 초래했다. 종교인과 종교 조직은 전통적으로 누려 왔던 영향력을 상실했고, 비신도들은 물론이거니와 신도들에게조차 과거와 같은 구속력을 행사하지 못하게 되었다.

이러한 이유들로 인해 동서양을 막론하고 종교의 교세가 현저하게 약화되었다. 이런 상황에서 제도화된 종교 속에서만 구현될 수 있었던 종교적 열망, 즉 인간의 종교성이 자연스럽게 조직화된 종교와 분리되기 시작했다. 그리고 이 과정에서 원래 종교와 불가분의 관계였던 '영성' 혹은 '영적인'이라는 단어가 종교의 테두리 밖에서 구현되는 종교적 태도와 열망을 지칭하는 용어로 자리잡게 된 것이다.

애초에 영성 개념은 기독교 전통에서 신과 인간을 매개하는 원리로 기능했다. 라틴어 *spiritus*가 본디 호흡(pneuma)이라는 희랍어에서 유래된 것처럼, 이 개념은 물질적인 육체를 움직이는 비물질적인 차원의 원리와 연결되어 있었다. 특히 기독교가 유일한 종교 전통이었던 서구 사회에서 영성은 중세에 이르기까지 제도화된 교회와 분리가 불가능했다. 영성 개념이 교회가 공식적으로 승인하는 교리적 관점을 벗어나기가 어려웠던 것이다. 그러나 세속화 경향을 포함해 상황이 급격하게 변화하고 종교가 개인적인 선택의 대상으로 자리잡자, 제도화된 종교 바깥에서 종교적 세계관을 구현하려는 노력이 자연스럽게 등장한다. 영성의 다양한 정의가 가능하겠지만, 'SBNR'로 표현되는 현대적인 영성의 가장 큰 특징은 비유물론적인 세계관이나 형이상학적 세계관으로 요약될 수 있다.[10]

그러므로 현대적인 의미에서의 '영성'이라는 명사와 '영적인'이라는 형용사는 보이지 않는 차원이나 세계의 존재를 받아들이며, 물질적인 육체를 지닌 인간이 비물질적 차원을 인식하고 그것과의 관계를 회복하려는 태도나 노력에 다름 아니다. 그러니 전통적인 의미의 종교적 세계관과 분명히 통하지만, 특정한 종교의 세계관이나 교리를 전적으로 수용하지는 않는다는 점에서 결정적인 차이를 보인다. 이처럼 SBNR이라는 표현은 형이상학적 세계관에 근거하되, 제도화된 전통 종교의 교리를 수용하지는 않는다는 특징을 띤다.

개별 종교에 속하지 않으면서도 형이상학적 세계관을 수용한다는 특성은 통계로도 확인된다. '퓨 리서치'(Pew Research Center)의 2010년 조사에 따르면 전 세계에서 가장 많은 신도 수를 가진 종교는 기독교(31.5%)이며, 그 뒤를 이슬람(23.2%)이 잇고 있다. 그리고 16.3%에 달하는 사람들이 어느 종교에도 소속되지 않은 것으로 나타났다. 그렇지만 종교에 속해 있지 않다고 밝힌 사람들 중에서, 신을 포함해 초월적인 존재나 보이지 않는 차원에 대한 믿음을 견지하고 있는 비율은 프랑스의 경우 30%, 미국의 경우에는 무려 68%에 달했다.[11] 이 조사에 따르자면 베버의 예상과 달리 철저한 유물론적 세계관에 입각해 종교를 가지지 않는 사람의 비율은 전 세계 인구의 10%에도 미치지 못한다는 사실을 알 수 있다.[12]

이처럼 현대에는 전통적인 종교와 종교적 세계관 사이의 불일치가 광범위하게 발생한다. 이런 상황 속에서 제도화된 종교의 영역 밖, 즉 세속적 맥락에서 신비적 합일 체험을 하고, 그 체험을 종교의 전통적인 교리로 해석하지 않는 경우가 목도되면서 세속적 신비주의가 등장한 것이다.[13] 앞서 인용한 세 사례는 형이상학적 차원의 경험이 종교적 색채가 없는 일상적인 용어, 더 정확하게는 개인의 내면 심리를 묘사하는 심리적 용어로 기술되고 있음을 분명하게 보여준다. 제도화된 종교에 포섭되지 않는(not religious) 종교적 세계관, 즉 영성(but spiritual)의 출현과 그 특성은 다음에서 살펴볼 것처럼 현대에 새롭게 등장한 세속적 학문 분야인 심층심리학(depth psychology)적 관점에서 더욱 명료하게 포착될 수 있다.

4. 세속적 신비주의와 심층심리학

세속적 맥락에서 발생한 신비적 합일 체험의 묘사에 개인 심리학적 용어가 집중적으로 활용된다는 점이 시사하듯, 세속적 신비주의는 심리학, 그중에서도 심층심리학과 여러 차원에서 밀접하게 연결된다.

첫째, 심층심리학은 종교체험을 매개로 제도 종교와 인간의 종교성 사이에 간극이 존재할 수 있다는 점을 명료하게 포착했다. 전통적으로 서구의 종교, 특히 기독교 전통에서는 의례와 교리 체계가 종교의 핵심으로 간주되었다. 그러나 슐라이어마허(Schleiermacher, 1768-1834)를 시작으로 종교는 개인이 절대적 존재나 보이지 않는 차원과 맺는 관계를 다루는 것이라는 관점이 부각되었고, 이 과정에서 물질적 차원과 초월적 차원을 매개하는 통로로 개인의 종교체험이 중요하게 다루어지기 시작했다.

이런 특징을 가장 분명하게 표현한 사상가는 윌리엄 제임스였다. 제임스는 자신의 주된 연구 분야인 심리학에서 많은 성과를 남겼는데, 그의 기념비적인 저서인 『종교 경험의 다양성』에서 종교의 핵심 요소는 개인이 보이지 않는 차원과 맺는 관계라는 주장을 폈다.[14] 종교체험이 종교의 핵심이라는 것이다. 나아가 다양한 종교 경험 중에서도 신비적 합일 체험을 근간으로 하는 신비주의가 가장 중요하다고 역설했다.

또 제임스는 종교체험을 통해 인간의 '잠재의식'(subliminal consciousness)과 같은 의식의 심층적 차원이 드러난다고 강조하면서, 개인의 자아의식을 중심으로 하는 표면적인 의식이 전체 의식의 일부에 불과하다는 심층심리학적 관점을 표했다. 그 점에서 제임스는 비슷한 주장을 펼쳤던 프로이트와 융과 동일한 입장을 취하면서, 제도화된 종교와 종교체험을 중심으로 삼는 개인의 종교성이 다를 수 있다는 점을 명확하게 지적했던 것이다.[15]

둘째, 심층심리학은 인간의 종교체험을 해석하고 연구하는 이론적인 방법을 제시했다. 제임스는 인간의 의식이 고정 불변의 단일한 실체가 아니라, 서로 구분되는 일련의 상태들로 구성되어 있다고 주장했다. 제임스의 이러한 이해를 기반으로 삼아 종교체험을 '의식변형상태'(Altered States of Consciousness)라는 개념을 활용해 연구하는 흐름이 이후에 등장한다.[16] 예컨대 제임스가 제시한 신비적 합일 의식 상태와 그 네 가지 특성은 인간의

종교 경험을 연구하는 전형적인 접근 방식이 되었다고 보아도 과언이 아니다.[17]

제임스의 방법론은 이후에 신비적 합일 체험을 포함한 인간의 종교체험을 연구하는 결정적인 접근법을 제시했고, 앞서 다룬 세속적 맥락의 신비체험을 포착해 분석하는 이론적인 기반을 제공했다.[18] 즉, 신비적 합일 체험을 발생시키는 여러 가지 요인들과 체험을 해석하는 방식을 꼼꼼하게 성찰하게 만듦으로써, 신비주의가 종교 전통의 밖에서도 가능하다는 사실을 인식하게 도와주었다. '자연 신비주의'(nature mysticism)의 개념 등장이 대표적인 사례이다. 즉, '자연발생적(spontaneous) 신비체험'처럼 종교적 수행 없이도 여러 가지 요인에 의해 신비적 합일 체험이 유발될 수 있다는 것이다.[19] 이처럼 심층심리학의 발전에 힘입은 인간 의식 이해는 신비적 합일 체험의 다양한 면모를 인식하게 도와줌으로써, 세속적 신비주의라는 현상을 더 명확하게 이해할 수 있도록 만들었다.

셋째, 심층심리학과 신비주의는 인간 마음의 더 깊은 차원에 주목하게 했다. 신비주의의 핵심은 인간의 마음에는 개인적 측면을 넘어서는 차원이 있다는 주장이다. 신플라톤주의의 창시자인 플로티노스(Plotinus, 204-270)는 천상의 세계에서 하강하지 않은 부분이 인간 영혼에 존재한다고 주장했다. 비슷한 맥락에서 영지주의는 인간의 영혼에는 신적 세계로 우리를 되돌아가게 만드는 '신성의 불꽃'(divine spark)이 있다고 보았다. 인간 마음이 초월적, 궁극적 차원으로 이어지는 통로가 될 수 있다는 주장은 동서양 신비주의 전통에서 공통적으로 발견된다.

심층심리학 역시 비슷한 관점을 취한다. 인간의 잠재의식을 궁극적 실재와의 합일 체험이 일어나는 장이라 여겼던 제임스를 비롯해, 신비주의적 수행이 뜻밖에도 정신분석학이 추구하는 무의식의 깊은 층위를 드러낸다

고 주장한 프로이트,[20] '대극의 통합(coincidentia oppositorum)'을 통해 만달라
(mandala)가 상징하는 전체성을 회복하는 것이 의식의 최종 목표라는 융의
주장은 의식의 심층적 차원을 전제하지 않고서는 성립할 수 없다. 특히 심
층심리학의 통찰을 발전시킨 '초월심리학'(transpersonal psychology)에서는
신비주의와 심층심리학이 분명하게 결합하면서, 심리학이 종교적 기능을
수행하는 '종교로서의 심리학'(psychology as religion)으로 변모하기도 한다.[21]

의식의 심층에 개인적인 차원을 초월한 층위가 존재한다는 심층심리학
의 견해는 인간의 마음이 통로가 되어 존재의 궁극적 차원까지 도달할 수
있다는 신비주의적 주장과 필연적으로 만나게 된다. 그 점에서 세속적인 학
문 분과인 심층심리학은 뜻밖에도 종교 전통의 테두리 밖에서 발흥한 세속
적 신비주의의 주장과 매우 흡사한 주장을 펼친다. 나아가 심층심리학과 세
속적 신비주의의 공통점은 '치유'라는 측면에서 더욱 두드러진다.

넷째, '치유'라는 관점에서 심층심리학과 세속적 신비주의는 그 궤를 같이
한다. 무의식 혹은 잠재의식의 차원을 의식화함으로써 더 온전한 개인으로
기능할 수 있다는 심층심리학의 주장은 널리 알려져 있다. 예컨대 프로이트
정신분석학의 가장 큰 명제는 무의식의 의식화이다. 제임스에게 신비적 합
일 체험 등을 통해 잠재의식의 층위를 개인이 의식하게 되는 사건은 '건강
한 영혼(healthy mind)'을 만들어 가는 결정적인 사건이다. 또 융에게 개인적/
집단적 무의식의 의식화를 통한 '개성화(individuation)' 과정은 영혼의 과제
로 제시된다.

세속적이건 종교적이건 신비주의 역시 개인적인 마음을 통로로 삼아, 신
비적 합일 체험을 얻고 궁극적 실재를 인식하는 사건이 삶에서 가장 중요하
다고 강조한다. 즉, 신비적 합일 체험은 일상적인 의식 상태에서 인식하지
못했던 존재의 차원을 알게 만들어 준다는 것이다.

이처럼 심층심리학과 신비주의는 존재하지만 인식되지 않은 전체의 부분을 인식하는 것이 존재의 가능성을 구현하는 일이자, 삶의 의미 발견에 필수적이라 주장한다. 전체성의 인식이 우리를 더 나은 존재로 변모시킨다는 것이다. 만약 우리가 자아의 의식적 측면이 인간 마음의 일부에 불과하다는 점을 인식하지 못하거나(심층심리학), 물질적인 차원이나 인간 의식의 개인적인 차원이 더 큰 존재의 일부에 불과하다는 것을 체득하지 못한다면(신비주의), 온전성의 인식과 구현이 불가능하다고 보는 점에서 심층심리학과 신비주의는 상통한다.

개인이 비가시적(비물질적) 차원을 인식하고 양자의 적절한 관계를 회복하는 것이 영성의 본질이라고 한다면, 이 역시 전체성을 인식하려는 움직임이다. 여기에서 핵심은 전체성의 인식을 통해 부분들의 관계를 명확하게 아는 것이다. 그러니 인간은 그저 육체적인 존재인 것만은 아니며, 인간의 마음 역시 개인적이며 의식적인 차원에만 국한되지 않는다. 또 눈에 보이는 차원은 비가시적 차원과 함께 전체를 이루게 된다. 이런 총체적 앎 없이는 존재론적 온전성이 확보될 수 없다는 것이 심층심리학과 신비주의의 근본 주장이다. 그 점에서 치유는 전체성을 인식하고 여기에 기초해 행동할 때 비로소 가능해진다.

아울러 신비주의와 심층심리학은 인간의 마음에 전체성을 회복하려는 근본적인 추동력이 내재해 있다고 주장한다. 신비주의는 모든 존재가 궁극적 실재와 결합하는 것을 끊임없이 지향한다고 역설한다. 특히 세속적 신비주의는 심지어 수행이나 교리적 이해가 없다 하더라도 여러 가지 계기로 인해 신비적 합일 체험이 얻어지고, 이를 통해 삶의 궁극적인 의미가 발견된다고 주장한다. 즉, 자연발생적인 방식으로 인위적인 노력이나 교리적 이해 없이도 전체성을 회복하려는 경향이 나타난다는 것이다.

심층심리학 역시 통합과 전체성을 인식하려는 의식에 내재하는 경향성을 강조한다. 상충하는 대극을 통합해 전체성을 인식하려는 일련의 과정을 개성화라는 명칭으로 정식화하면서, 이것이 인간 의식의 근원적인 지향점이라고 주장한 융이 대표적이다. 신비적 합일 체험을 통해 존재의 실상을 알게 되는 것이 종교적 감수성의 핵심이라는 제임스의 주장 역시 크게 다르지 않다. 이런 관점에서 치유란 존재론적 전체성을 인식하고, 삶의 장에서 이런 인식을 구현하고 실천할 때 가능해진다. 전일성(全一性)이나 전체성의 회복과 실천이라는 지점에서 신비주의와 심층심리학은 다시 만나게 된다.

5. 경계 가로지르기와 새로운 정체성의 모색

보이지 않는 차원과의 전체적인 관계를 회복하려는 노력이 제도화된 종교의 테두리 밖에서도 이루어진다는 사실은 우리 사회에서도 목도된다. 동서양의 종교가 공존하는 우리 사회에서 제도 밖의 종교성, 즉 영성을 추구하려는 움직임은 분명하게 목격된다.

'뉴에이지'(New Age)라고 지칭되는 종교 바깥에서 일어나는 개인의 영적 추구 노력이 대표적이다. 제도화된 종교의 테두리 밖에서 개인이 주체가 되어 의식 변형의 체험과 영적 통찰을 얻겠다는 열망은 출판을 포함해 여러 가지 방식으로 나타난다.[22] 이 과정에서 동서양의 종교의 핵심을 신비적 합일 체험과 같은 사건으로 파악하고, 개인이 자신의 내면에서 온전성을 회복함으로써 치유하겠다는 경향 역시 발견된다.

또 일상적인 언어로 삶의 사건이나 상처를 어루만지고 치유해 준다는 치유에 대한 열망 역시 어느 때보다 강력해졌다. 베스트셀러가 된 법륜 스님과 혜민 스님의 저서는 종교적이지만 동시에 전통적인 의미에서 종교의 테두리를 벗어난 심리 치유의 내러티브가 구현할 수 있는 힘을 보여준다. 또 비불교인과 아예 종교가 없는 이들이 불교계의 템플스테이에 적극적으로 참여하는 현상 역시 특정 종교의 테두리에 묶이지 않으면서도 종교적/심리적 위안을 얻겠다는 노력을 잘 드러낸다. 이 점에서 세속적 신비주의 개념은 전통적인 종교의 테두리를 벗어나는 현상을 포함해, '힐링'을 의도하는 종교인들의 저술이 인기를 끌고 있는 대중문화적 현상을 이해할 수 있는 해석의 틀을 제공한다.

종교적 테두리 밖의 종교적 세계관을 보여주는 전형적인 사례도 있다. 한국 갤럽의 2014년 조사에 따르면 불교인의 38%, 개신교인의 34%, 천주교인의 29%, 비종교인의 21%가 윤회론을 믿는다고 답했다. 이런 비율은 1984년부터 2014년까지 총 4회에 걸친 조사에서도 뚜렷하게 달라지지 않았다.[23] 불교의 전통적인 교리로 일컬어지는 윤회론이 종교 여부와 무관하게 혹은 자신이 믿는 교리에 반해 믿어진다는 사실은 개인의 형이상학적 세계관이 제도화된 종교와 일치하지 않을 수 있음을 극명하게 보여준다.

세속적 신비주의나 SBNR으로 대변되는 영성의 함의는 무엇일까? 무엇보다 전통적인 정체성 규정의 경계가 무너지고 있음을 의미한다. 달리 말해 종교적인 것과 비종교적인 것의 구분이 모호해졌다. 세속적 신비주의 또는 교회 밖의 신비주의라는 표현은 종교, 영성, 신비주의 같은 전통적인 개념 규정이 적실성을 잃고 있음을 시사한다. 또 '초월'(trans-), '너머'(meta-), '심층'(depth-)과 같은 접두어는 전통의 경계가 새롭게 정립되고 있음을 보여준다.

종교는 이제 종교 아닌 것들과의 관계를 재정립해야 하며, 이 과정은 필연적으로 더 큰 전체성의 인식으로 귀결될 수밖에 없다. 영성이 제도 종교와 분리되며, 신비주의가 세속적 맥락에서 발현되는 상황에서 종교와 종교성의 의미는 새롭게 물어져야만 한다. 전통적인 제도나 조직 없이도 종교성이 구현될 수 있기 때문이다. 대중문화라는 외양을 취하는 영성, 급진적인 개인주의에 기반한 뉴에이지 영성이 대표적 사례다. 요컨대 뉴에이지는 비조직적이며 개인화된, 즉 세속적 맥락 속에서 등장한 신비주의로 이해될 수 있다.

한편 근원적인 전체성을 회복하려는 영적 열망으로 요약될 수 있는 세속적 신비주의는 그 자체로 양가적이다. 한편으로 확장된 개인의 권리와 주체성이 더 자유로운 종교 영역의 자아실현으로 이어질 수도 있지만, 파편화된 개인주의가 야기할 위험성 역시 그 어느 때보다 커졌다. 즉, 개인주의적 영성 추구가 이기적인 이익 추구로 귀결될 경우 사회 구조적 차원에서 문제를 인식하고 해결하는 능력 역시 훼손될 수 있다. 동시에 제도화된 종교가 시행착오를 거쳐 축적한 지혜를 간과할 우려도 크다. 종교 지도자와 신도 사이의 바람직한 관계 형성을 포함해, 개인이 쉽사리 해결할 수 없는 수행 과정의 어려움, 종교체험으로 인해 야기되는 에고의 팽창 등이 그 대표적인 문제이다.

그럼에도 불구하고 제도화된 종교와 개인의 종교성 사이의 간극은 앞으로 더욱 넓어지리라 보인다. 또 영성이 전통적인 관점에서 비종교적인 영역으로 간주되었던 대중문화를 포함한 분야로 확산되는 현상 역시 두드러질 것이다. 이에 비례해 '제도 종교 바깥에서'(not religious) 보이지 않는 차원과의 관계를 재설정하고 이를 통해 존재의 온전성을 회복하려는 개인들의 '영적인'(spiritual) 노력 역시 활발해질 것이다. 기존 종교가 이를 수용할지 여부와 무관하게 이런 변화는 불가피하다. 세속적 신비주의의 등장이 그 생생한 사례다. 그러니 지금 우리에게 절실한 일은 일찍이 유례가 없었던 변화를 있는 그대로 바라보는 것이 아닐까.

3부

한국 신종교의
치유와 통합

동학의
사상과 운동으로 본
치유와 통합

김 용 휘 / 한양대학교 강사

1. 머리말: 신음하는 헬조선

〈무장포고문〉

지금 신하가 된 자들은 나라에 보답하려는 생각을 아니하고 한갓 작록과 지위를 도둑질하여 임금의 총명을 가리고 아부를 일삼아 충성스러운 선비의 간언을 요사스러운 말이라 하고 정직한 사람을 비도(匪徒)라 한다.

그리하여 안으로는 나라를 돕는 인재가 없고 바깥으로는 백성을 갈취하는 벼슬아치만이 득실거린다. 인민의 마음은 날로 더욱 비틀어져서 들어와서는 생업을 즐길 수 없고 나와서는 몸을 보존할 대책이 없도다. 학정은 날로 더해지고 원성은 줄을 이었다. 군신의 의리와 부자의 윤리와 상하의 구분이 드디어 남김없이 무너져 내렸다. 관자가 말하길 "사유(四維; 예의염치)가 베풀어지지 않으면 나라가 곧 멸망한다."고 하였다.

바야흐로 지금의 형세는 예전보다 더욱 심하다. 위로는 공경대부(公卿大夫) 이하, 아래로는 방백수령(方伯守令)에 이르기까지 국가의 위태로움은 생각지 아니하고 거의 자기 몸을 살찌우고 집을 윤택하게 하는 계책만을 몰두하여 벼슬아치를 뽑는 문을 재물 모으는 길로 만들고 과거 보는 장소를 사고 파는 장터로 만들고 있다. 그래서 허다한 재물이나 뇌물이 국고에 들어가지 않고 도리어 사사로운 창고를 채운다.

나라에는 부채가 쌓여 있는데도 갚으려는 생각은 아니하고 교만과 사치와 음탕과 안일로 나날을 지새워 두려움과 거리낌이 없어서 온 나라는 어육이 되고 만백성은 도탄에 빠졌다. 진실로 수령들의 탐학 때문이다. 어찌 백성이 곤궁치 않으랴.

백성은 나라의 근본이다. 근본이 깎이면 나라가 잔약해지는 것은 뻔한 일이다. 그런데도 보국안민(輔國安民)의 계책은 염두에 두지 않고 바깥으로는 고향집을 화려하게 지어 제 살길에만 골몰하면서 녹위만을 도둑질하니 어찌 옳게 되겠는가?

1894년 3월 20일

전봉준, 손화중, 김개남

122년 전 동학농민혁명의 정신을 선언한 무장포고문을 읽노라면 마치 지금 시국을 논하는 듯한 착각마저 들게 한다. 외세의 침탈과 중앙정부의 무능, 지방 수령들의 수탈과 학정에 대응해 일어났던 거국적인 민(民)의 저항이 있은 지 두 갑자가 지났지만 사정은 그때와 크게 다르지 않은 것 같다. 세상은 여전히 탐욕스러운 소수가 지배한다. 신분제는 없어졌지만 더 다양한 방식의 차별과 편견, 그리고 갑질은 여전하다. 모든 영역에서 돈이 우선시되는 경향은 더 심화되었다. 그 사이에서 서민들의 생존은 절벽 위로 내몰리고 청년들은 결혼과 출산 등 최소한의 권리마저도 포기당했다. 사람들은 이런 작금의 대한민국을 '헬조선'이라고 자조한다.

굶주리는 청년들, 3포를 넘어 7포 세대라는 웃지 못할 이야기. 해고 노동자, 비정규 노동자의 눈물, 아파트에서 뛰어내리는 아이들, 고독사, 가족 동반자살, 파지 줍는 노인들. 이것이 21세기 대한민국의 자화상이다. 그런데도 정치는 여전히 민을 향하지 않고 당리당략과 정권 유지에 혈안이 되어 있고, 관료들은 제 배만 불리고 있다. 국민들도 이념 간, 지역 간, 세대 간, 남녀 간, 그리고 빈부 간의 분열로 서로 반목하고 있다.

157년 전 수운 최제우는 당시를 괴질운수라고 하였다. 그래서 '다시개벽'을 부르짖고 일어난 것이 동학이었다. 수운을 계승한 해월 최시형도 "지금 세상은 산천도 편안치 못하고 나는 새, 물의 고기도 편안치 못하다."[1]고 하면서 세상이 한번 바뀔 때가 되었다고 역설했다. 과연 그때에 비하면 세상이 경천동지할 정도로 뒤바뀌긴 했다. 엄청난 물질적 풍요와 첨단 과학기술의 혜택을 누리고 있다. 하지만 정신적으론 참된 변화가 일어나지 않았다. 여전히 억압과 착취, 차별과 폭력이 존재한다. 심지어 국가가 자국민에게 자행하는 국가적 폭력도 완전히 사라지지 않았다.

2014년의 세월호 참사는 상징적 사건이었다. 침몰하는 대한민국을 극명하게 보여준다. 깊게 병들어 신음하는 생명의 외마디 외침이었다. '사건'에서 교훈을 얻지 못한 민족에겐 미래가 없다고 했다. 이제 소외되고 힘없는 자들과 작은 생명의 신음소리에 귀기울여야 할 때이다. 그 소리에 귀기울이지 못한다면 대한민국에 미래는 없다.

현재 한국 사회의 수많은 문제와 갈등의 원인을 한두 가지로 정리하긴 힘들다. 정치는 과거로 퇴행하고, 경제민주화는 구호에 그치고 있다. 복지는 정작 필요한 사람에게 가닿지 않는다. 신자유주의의 시장 만능은 부자들의 배만 불리고 있을 뿐 수많은 비정규직과 사회적 약자들을 양산하면서 서민들의 삶을 나락에 빠뜨린다. 하지만 현금의 대한민국의 문제는 단순히 정치적인 문제만도 아니고 그렇다고 신자유주의만의 문제만도 아니라는 데 그 복잡성과 해법의 어려움이 있다.

신자유주의의 시장 만능은 수많은 사회적 약자들의 삶을 고통에 빠뜨려 대한민국을 헬조선으로 만들고, 돈이 모든 것을 지배하는 사회로 만든 것도 사실이지만, 이 바탕에는 수많은 봉건적 유산과 이 모든 영역을 지배하는 공고한 관료적 카르텔, 공평하지도 공정하지도 않은 사회 시스템, 미완의 정치 민주화, 성숙하지 못한 시민의식도 한몫하고 있다. 이런 정치적 민주화와 시민의식의 미성숙은 여전히 자유주의적 사고를 필요로 하기도 한다. 또한 가부장적이고 집단주의적 문화는 양성평등적 사고와 개인주의적 사유의 유연성을 요구하기도 한다.

게다가 우리 사회는 거의 모든 영역에서 생명보다 돈을 우선시하는 경향이 심화되었다. 출산과 보육, 교육과 의료, 농업과 먹거리, 환경과 에너지 등 생명과 관련된 영역조차 돈벌이에 혈안이 되고 있다. 게다가 이 모든 영역이 과학이란 이름으로 통제되면서 오히려 생명과 자연의 본성을 거슬러 인위적이고 획일적으로 통제된다.

일제강점기가 낳은 후유증도 계속되고, 여전히 친일 청산도 못 하고 있다. 오히려 친일했던 사람들과 그 후손들이 떵떵거리고 더 잘 산다. 또한 그때부터 형성된 정경유착과 재벌 위주의 정책들은 여전히 한국 경제의 근본적 모순으로 자리하고 있다. 분단과 한국전쟁이 일어난 근본 원인도 거슬러 올라가면 일본의 식민 통치의 후폭풍이라고 할 수 있다. 이는 20세기 수많은 내전이 식민 통치를 받은 나라에서 일어났다는 사실이 뒷받침해 준다.

더 근원적인 문제는 분단 체제가 야기한 분열이다. 지금 우리 사회의 많은 갈등은 분단 체제에서 비롯된 것이 많다. 진보와 보수의 이념적 갈등은 물론, 세대 갈등도 일정 부분 분단으로 야기된 측면이 있다. 정치도 종종 정책 대결보단 이념 대결로 가 버린다. 심지어 경제적 평등의 주장, 양극화 해소 같은 의제들조차 종북적 사고로 매도되기도 한다. 분단은 우리 정신도 반쪽으로 만들어 사고의 경직성을 초래해 왔다. 배제와 이분법적 사고를 무의식적으로 강요당함으로써 다양한 상상력, 창의적이고 통합적 사고를 차단당했다. 남남 갈등의 많은 부분이 분단 체제와 그것을 악용하는 세력에 의해 조장된 측면도 있다.

요컨대 정치적 분열과 부재, 불공정한 사회 시스템, 신자유주의의 시장 만능, 일제 강점과 남북 분단으로 인한 갈등과 분열이 사회 통합을 가로막고 있다. 어떤 면에선 남북 갈등보다 남남 갈등이 더 크다고 할 수 있다. 이분법적 사고, 분리와 배제의 이야기, 닫힌 사고, 불안과 공포, 미움과 불신, 분노 사회, 최근의 일베 현상은 마음의 폐쇄성과 생존 본능의 두려움만 남은 1차원적 인간의 전체주의적 정신분열증이라고 할 수 있다.

이런 분열과 갈등, 분단을 넘어 사회 통합과 바람직한 통일 한국을 만들어 나가야 한다. 이제 분리의 이야기를 넘어 치유와 통합을 동학의 사상과 역사를 통해 이야기해 보자.

2. 동학사상에서 본 치유와 통합

앞에서 언급한 지금 대한민국의 숱한 병리적 현상들은 정치적으로 또는 제도적 개혁으로 풀어야 할 것들이 많다. 특히 소득의 양극화로 초래된 직접적인 서민들의 삶의 붕괴는 정치·경제적으로 풀어야 하는 과제이다. 그런데 이러한 제도적 혁신과 개혁을 하기 위해서는 이해 당사자들 간의 사회적 합의가 선행되어야 할 것이다. 단순히 권력을 잡은 사람들이 일방적으로 정책을 밀어붙인다고 되는 것은 아니다. 아무리 좋은 정책도 정치력이 뒷받침되지 않으면 좋은 결과를 가져오지 못한다는 것을 역사는 빈번하게 증언하고 있다. 그리고 그 정치력은 결국 가진 자의 양보를 이끌어 내는 통합적 리더십을 요구한다. 가진 자들 역시 부(富)를 물질적인 것에서만 찾을 것이 아니라 정신적인 부까지 고려할 필요가 있다. 또한 삶의 가치와 의의를 더 나은 사람이 되고자 하는 덕(德)의 함양과 의식의 진화, 그리고 영혼의 성장에서 찾아야 할 것이다. 사회 지도층이 이제 물질적 부에 그치지 않고 정신적인 부와 품격, 그리고 존엄한 삶을 고민하게 된다면 자신의 삶도 훨씬 풍요로워질 뿐 아니라 사회의 많은 갈등을 스스로 해소하고 조정할 수 있게 될 것이다.

바로 이런 측면에서 종교의 역할이 중요하다. 원래 종교는 고통 받는 사람들의 마음을 보살펴 평화를 가져오게 하고, 삶의 가치를 세속적인 것이 아니라 더 영원하고 궁극적인 것에 두게 함으로써 자기 비움의 영성과 자비의 실천으로 이끌고, 나아가 '참나'를 발견하게 함으로써 우주적 본질과 하나가 되게 하는 것이 본연의 역할이기 때문이다. 이를 위해 종교는 여러 수행과 명상의 전통들을 이어 오는 것이다.

동학 역시 극심한 혼란에 빠진 조선 말의 아노미적 상황에서 고통받는 백성들을 구제하고 무너져 가는 나라를 바로잡기 위해, 보국안민(輔國安民)의 길을 제시하고자 나온 한국 최초의 자생적 민중종교이자, 새로운 세상을 갈망한 개벽의 종교였다. 그렇기 때문에 동학은 사람들의 마음을 치유하는 여러 수행법은 물론 사회의 병리적 현상을 치유하고 통합할 수 있는 대안적 방안을 내놓았다.

1) 시천주의 '모심'사상

먼저 동학의 가장 핵심적인 사상인 '시천주'를 통해 동학에 내재한 치유와 통합의 사상을 살펴보자. 수운은 1860년 경신년 체험을 통해 내면에 거룩하고 무궁한 한울님이 모셔져 있다는 것을 자각했다. 동시에 모든 존재는 한울의 지극한 기운 속에 하나로 꿰뚫어져 있다는 것을 기화(氣化)의 체험을 통해 확신했다.

> 몸이 몹시 떨리면서 밖으로 접령하는 기운이 있고 안으로 강화의 가르침이
> 있으되, 보였는데 보이지 아니하고 들렸는데 들리지 아니하므로[2]

수운의 시천주의 자각은 이렇게 자신의 안팎에서 '접령(接靈)'과 '강화(降話)'로, 즉 한울을 영과 기운으로 체험하면서 일어났다. 이런 체험이 정리된 것이 '시천주'라는 명제로 제출되었다. 수운은 이 의미를 다음과 같이 직접 해석하였다.

> '시'라는 것은 안에 신령이 있고 밖으로 기화가 있어 온 세상 사람이 각각 알
> 아서 이탈되지 않는 것이요, '주'라는 것은 그 존엄함을 칭한 것으로서 부모
> 처럼 섬겨야 한다는 것이다.
>
> (侍者, 內有神靈, 外有氣化, 一世之人, 各知不移者也. 主者, 稱其尊而與父母同事者也)[3]

수운은 시천주의 '시(侍, 모심)'를 세 가지, 즉 '내유신령(內有神靈)', '외유기화(外有氣化)', '각지불이(各知不移)'로 풀이한다. '내유신령'은 내 안에는 거룩하고 무궁한 한울의 영이 내재해 있다는 것이며, '외유기화'는 내가 기운으로서 전체 우주의 뭇 생명들과 깊이 연결되어 있다는 것이며, '각지불이'는 이렇게 한울이 나의 안팎에서 영과 기운으로 작용하므로 이와 분리되어 나의 생명이 유지될 수 없음의 자각이다. 내면에 한울의 영을 모시고 있다는 것은 비록 우리가 현상적으로는 이기적이고 충동적인 존재이긴 하지만, 그 심층에는 무궁한 한울님이 내재하면서 우리의 본질을 이루고 있다는 것이

다. 또한 우리는 모두 현상적 측면에서는 개별적으로 분리되어 고립적으로 존재하는 듯하지만, 보이지 않는 차원에서 우리는 모두 하나의 우주적 기운 속에서 마치 물고기가 물속에서 서로 연결되어 있듯이 그렇게 기화로 상통한다는 것이다.

이처럼 내 안에 무궁한 한울님의 임재를 느끼고, 우리 모두 하나의 기운 속에 연결되어 있음을 참으로 자각하게 된다면 현상적 차원에서 자기만을 위하던 이기적이고 폐쇄적 자아에서 해방되어 참다운 마음의 평화와 연대감을 느끼게 될 것이다. 다시 말해 이전의 온갖 부정적인 감정, 미움과 분노와 불안과 두려움 등이 저절로 치유받게 될 것이다. 또한 고립된 원자적 존재에서 우주적 연대감을 느낌으로써 '소아(小我)'에서 '대아(大我)'로의 해방과 통합적 인격이 가능해질 것이다.

그러므로 동학은 이 안팎으로의 한울 '모심' 체험이 가장 중요한 핵심이라고 할 수 있다. 이렇게 영과 기운으로 작용하는 한울을 내 몸의 안팎에서 모시는 '한울 모심'을 동학의 수도법으로 정립한 것이 바로 '수심정기(守心正氣)'이다. 여기서 '수심'은 내면의 깊은 마음, 본연의 한울 마음을 회복하는 것을 말하고, '정기'는 내 몸의 기운이 우주적 기운과 연결됨으로써 몸의 바르지 못한 기운들이 바로잡히는 것을 말한다. 몸과 마음의 치유는 이 과정에서 자연스럽게 일어난다.

2) 동학의 수행법, 주문과 영부

그러면 어떻게 수심정기가 될 수 있는가? 이는 수행의 문제이다. 동학의 수행은 주로 주문을 통해서 이루어진다. 주문은 수운이 경신년에 한울님과 문답을 하는 장면에 그것을 받게 된 경위가 밝혀져 있다. 그때의 문답을 기술한『동경대전』의 한 대목을 보면 다음과 같다.

뜻밖에도 사월에 마음이 선뜩해지고 몸이 떨려서 무슨 병인지 집중할 수도 없고 말로 형상하기도 어려울 즈음에 어떤 신비한 말씀이 있어 문득 귀에 들리므로 놀라 캐어물은즉 대답하시기를 "두려워하지 말고 두려워하지 말라. 세상 사람이 나를 상제라 이르거늘 너는 상제를 알지 못하느냐." 그 까닭을 물으니 대답하시기를 "내 또한 공이 없으므로 너를 세상에 내어 사람에게 이 법을 가르치게 하니 의심하지 말고 의심하지 말라." 묻기를 "그러면 서도로써 사람을 가르치리이까." 대답하시기를 "그렇지 아니하다. 나에게 영부 있으니 그 이름은 선약이요 그 형상은 태극이요 또 형상은 궁궁이니, 나의 영부를 받아 사람을 질병에서 건지고 나의 주문을 받아 사람을 가르쳐서 나를 위하게 하면 너도 또한 장생하여 덕을 천하에 펴리라."[4]

여기서 "주문으로 사람들을 가르치라."고 하였다. 영부가 직접적으로 당시 전염병을 비롯해 온갖 질병으로 신음하는 백성들을 구제하는 처방이라면 주문은 사람들의 마음을 치유하라고 준 처방이라고 할 수 있다. 수운은 당시의 혼란의 근본적 원인을 '각자위심(各自爲心, 각자가 자기만을 위하는 이기심)'이라고 표현했다. 이처럼 분열된 마음이 개인적으로든 사회적으로든 혼란의 뿌리라고 보았다. 그러므로 이 마음을 본래의 한울마음으로 되돌리는 노력이 필요하며, 이를 주문을 위주로 한 수행법으로 제시한 것이다.

주문이 각자위심을 극복하고 한울마음을 회복하게 할 수 있는 까닭은 여러 가지 측면에서 논할 수 있다. 주문 수행은 불교의 염불 수행이나 만트라 수행과 같이 짧은 음절을 반복함으로써 빠른 시간에 정신 집중을 가져오게 한다. 또한 짧은 음절의 반복은 호흡을 규칙적이고 안정적이게 함으로써 몸의 기운을 바로잡는 효과가 있다. 오랜 기간의 규칙적인 주문 수행은 자연스럽게 이리저리 출렁이던 생각과 감정을 가라앉히고 더 깊은 마음으로 내려가게 해 주며, 또한 몸의 에너지가 자연한 리듬을 회복할 수 있도록 해 준다. 그렇기 때문에 주문은 그 자체가 좋은 수심정기의 수행법이다. 게다가 동학의 주문은 수운의 깨달음의 내용을 "시천주 조화정 영세불망 만사지(侍天主造化 永世不忘 萬事知)"라는 13자에 압축적으로 담았기 때문에 의미론적으로도 마치 화두를 잡는 것 같은 효능이 있다고 할 수 있다.[5]

동학의 치유가 가장 직접적이고 구체적으로 언명된 것은 '영부(靈符)'라는 용어를 통해서이다. 수운은 경신년 종교 체험에서 한울님에게서 주문과 더불어 영부를 받는다. 이것으로서 당시 백성들을 질병에서 건지라는 목소리를 듣는다.

> 나에게 영부 있으니 그 이름은 선약이요 그 형상은 태극이요 또 형상은 궁궁이니, 나의 영부를 받아 사람을 질병에서 건지라.[6]

주문이 수운의 깨달음의 핵심 내용을 21자에 압축해서 수행의 방편으로 삼은 것이라면, 영부는 직접적으로 질병을 치유함으로써 건강하고 조화로운 삶을 살게 하기 위한 처방으로 주어진 것이다. 영부의 또 다른 이름은 선약(仙藥)이며, 그 모양은 태극(太極)의 모양과도 같고 또 활 궁(弓)의 모양과도 같다고 하였다. 실제로 종이에 한울의 기운이 형상으로 내린 것이라 할 수 있다. 영부는 종이에 그려서 불에 태워 마시기도 해서 부적처럼 여겨지기도 하지만 사실상 영부는 우주의 약동하는 기운을 상징적으로 표현한 것이다. 이는 수운의 경우처럼 수도자가 수행하는 과정에서 '강령 체험'과 함께 주어진다. 수운은 스스로 영부의 효험을 증명하기 위해 물에 타서 마셔

보기도 하였다고 한다.

> 영부를 받아 써서 물에 타서 마셔 본즉 몸이 윤택해지고 병이 낫는지라, 바야
> 흐로 선약인 줄 알았더니 이것을 병에 써봄에 이르른즉 혹 낫기도 하고 낫지
> 않기도 하므로 그 까닭을 알 수 없어 그러한 이유를 살펴본즉 정성드리고 또
> 정성을 드리어 지극히 한울님을 위하는 사람은 매번 들어맞고 도와 덕을 순
> 종치 않는 사람은 하나도 효험이 없었으니 이것은 받는 사람의 정성과 공경
> 이 아니겠는가.[7]

그런데 영부를 체험해 보니 결국 받는 사람의 정성에 달렸다는 것이다.
그러므로 결국 영부의 효력은 밖에서 들어온 기운에 달렸다기보다는 수도
자의 마음의 상태가 우주적 기운에 화해졌느냐, 즉 영부심이 되었느냐에 달
려 있다고 할 수 있다. 그러므로 영부를 받는다는 것은 단순히 하늘의 기운
을 받아 형상을 종이에 그린다는 의미가 아니라, 한울의 기운에 화해져서
만물이 소생하는 봄과 같은 생동하는 마음 상태가 되었느냐의 문제인 것이
다. 그래서 수운은 영부를 '가슴속에 감춰 둔 불사의 약'(胸藏不死之藥)[8]이라
고도 하였다.

그러므로 영부는 내 마음에 약동하는 한울님의 영기를 상징하고 그 한울
님의 감응을 받을 수 있는 나 자신의 마음 상태, 즉 정성과 공경(誠敬), 나아
가 뭇 생명을 한울님으로 모시는 거룩한 마음의 상태를 강조하는 것이다.
그래서 해월도 영부를 곧 마음이라고 하면서 마음을 다스려야 병이 낫는다
고 했다.

> 경에 말씀하시기를 "나에게 영부(靈符)있으니 그 이름은 선약이요 그 형상

은 태극이요 또 형상은 궁궁이니 나의 이 영부를 받아 사람을 질병에서 건지라." 하셨으니, 궁을의 그 모양은 곧 마음 심 자이니라. 마음이 화하고 기운이 화하면 한울과 더불어 같이 화하리라. 궁은 바로 천궁이요, 을은 바로 천을이니 궁을은 우리 도의 부도요 천지의 형체이니라. 그러므로 성인이 받으시어 천도를 행하시고 창생을 건지시니라. 태극은 현묘한 이치니 환하게 깨치면 이것이 만병통치의 영약이 되는 것이니라. 지금 사람들은 다만 약을 써서 병이 낫는 줄만 알고 마음을 다스리어 병이 낫는 것은 알지 못하니, 마음을 다스리지 아니하고 약을 쓰는 것이 어찌 병을 낫게 하는 이치이랴. 마음을 다스리지 아니하고 약을 먹는 것은 이는 한울을 믿지 아니하고 약만 믿는 것이니라. 마음으로써 마음을 상하게 하면 마음으로써 병을 나게 하는 것이요, 마음으로써 마음을 다스리면 마음으로써 병을 낫게 하는 것이니라. 이 이치를 만약 밝게 분별치 못하면 후학들이 깨닫기 어렵겠으므로, 논하여 말하니 만약 마음을 다스리어 심화 기화가 되면 냉수라도 약으로써 복용하지 않느니라.[9]

결국 마음을 다스려서 병을 낫게 하는 것이 치병의 근본임을 말하고 있다. 이는 봄과 같이 마음이 화평하게 되면 자연한 가운데 치유가 시작된다는 것이다. 따라서 마음에 사람을 살리는 창조심, 봄과 같은 마음을 얻은 것이 참으로 영부를 얻은 것이라 할 수 있다.

또한 영부는 개인의 질병에 국한된 것이 아니고, 사회적 질병과 병폐를 치유하는 방법으로 해석될 수 있다. 개인의 병의 원인과 사회적 질병의 원인이 근원적으로 하나이기 때문이다. 한의학에서는 병을 기의 균형이 깨져서 조화를 잃어버렸기 때문에 생기는 것으로 본다. 사회적인 질병도 타인, 타 집단과의 갈등과 부조화로 사회적 기운, 나아가 천지 기운이 막혔기 때문이다. 병의 치유는 단지 어떤 몸의 한 부분을 고치는 식의 기계론적 사고를 넘어서 몸의 기운 전체의 조화, 마음과 몸의 관계, 나아가 그것이 단지 개체 몸의 차원이 아니라 사회적 몸으로 확대될 수 있다는 자각이 필요하다. 몸의 문제를 통해 삶과 사회의 문제, 나아가 존재와 생명의 실상에 대한 근원적 인식의 전환을 해 볼 수 있어야 한다. 몸을 앎으로써 수행의 길에 들어설 수 있으며, 병의 치유를 깨달음의 차원에서 접근할 수 있어야 한다.[10]

요컨대 영부는 대우주 대생명의 원천을 상징한 것이며, 개체의 생명의 근원을 상징한 것이다. 한마디로 생명의 상징이며 우주의 약동불식하는 기운의 상징인 것이다. 그러므로 나에게 들어와 있는 신령하고 신명한 마음을 돌이켜 회복하고 내 기운을 화하게 하여 그 마음과 기운으로 자기는 물론 주변을 모시고 살리는 거룩한 기화에 적극적으로 동사(同事), 동역(同役)하라는 것이 영부의 의미라고 하겠다.[11] 따라서 영부는 생명살림으로서의 치유이며, 살림운동을 통해 세상의 부조화와 분열을 조화시키고 통합하는 생명의 힘이다. 동학은 주문과 영부로써 몸과 마음을 치유할 뿐 아니라, 모든 존재와의 기화상통에 나아가게 함으로써 개인과 세상을 질병에서 구제하려는 활생(活生)의 종교라고 할 수 있다.

3) 동학의 통합의 논리, 불연기연

주문과 영부가 구체적인 치유의 방법으로 주어진 수행의 수단이라면, 동학의 '불연기연(不然其然)'은 세계를 바라보는 논리와 인식에 관한 것이다. 불연기연은 '아니다 · 그렇다'의 역설의 논리라고 할 수 있다. 또한 서로 상반되고 대립된 것을 일치시키는 '반대일치의 논리'라고 할 수 있다. 이돈화는 반대일치의 진리를 설명하면서 "반대일치란 무엇인가? 위치에서 동서남북, 색에서 청황흑백, 질에서 생멸소장, 가치에서 선악화복 등등의 무수한 모순된 상대가 궁극 우주전일적 원리에 일치된다는 것이다.”[12]라고 하였다.

불연기연은 형식논리같이 수평적 차원에서의 논리가 아니라, 수직적 차원에서의 논리를 말한다. 예를 들면 세 개의 섬은 현상적으로는 세 개의 각각의 다른 섬이지만, 물이 조금만 빠지면 근원에서는 연결되어 있으므로 하나의 땅이라고 할 수 있다. 현상적으로는 아니지만 근원적으로는 그렇다고 할 수 있는 그런 논리를 말한다. ‘그는 가난하지 않지만 가난하다.’ 이런 진술이 형식논리에서는 성립될 수 없지만 불연기연의 논리에서는 또 다른 의미를 생성하고 있다. ‘그녀는 예쁘지 않지만, 예쁘다.’와 같은 진술도 마찬가지이다. 또 다른 예로 동학의 한울님은 ‘인격적 존재가 아니지만, 때때로 인간에게 인격적으로 경험되는 존재’이기도 하다. 세상에 존재하는 대부분의 존재나 사태는 일의적으로 규정될 수 없기에 오히려 형식논리로 파악되기보다는 역설의 논리나 불연기연의 논리로 파악될 때 오히려 실재에 한 발짝 더 다가갈 수 있는지도 모른다.

이러한 예는 얼마든지 들 수 있다. ‘나는 보수가 아니지만 (어떤 점에선) 보수이기도 하다.’, ‘나는 여자가 아니지만 여자보다 더 여자 같다’, ‘나는 젊지 않지만, 누구보다도 젊다’, ‘나는 그녀를 미워하지만, 지독히 사랑한다.’이런 진술도 마찬가지이다. 이처럼 한 존재를 일의적으로 규정하지 않고 근원적으로 또는 통합적으로 바라볼 때 전혀 다른 진술이 동시에 성립할 수 있으며, 오히려 그러할 때 그 존재를 더 깊이 이해하게 된다. 그리고 그 과정에서 발생했던 모순과 갈등, 대립은 저절로 해소된다. 오늘날 진보와 보수의 갈등, 세대의 갈등, 남녀 간, 빈부 간의 갈등도 마찬가지이다.

또한 불연(不然)은 ‘그렇지 않은 것’, ‘기필키 어려운 것’ 즉 경험할 수 없거나, 생각해도 알 수 없는 본원의 세계, 또는 숨겨진 차원을 말하는 것으로 해석할 수도 있다. 기연(其然)은 '그러한 것', 즉 우리의 감관으로 경험할 수 있는 것이나 조금만 생각해 보면 알 수 있는 현상의 세계, 또는 그 드러난 차원을 말한다. 즉 눈에 보이는 것과, 논리적으로 추론해서 알 수 있는 세계를 기연이라고 하고, 눈이 보이지도 않고 증명할 수도 없고 추론해서 알 수도 없는 세계를 불연이라고 한다.

모든 사태는 기연적 측면과 불연적 측면이 동시에 있다. 그런데 우리는 그것의 일면만 보고 전부인 것처럼 생각할 때가 많다. 수운은 이 불연기연의 논리를 통해 드러난 차원의 이면에는 숨겨진 질서가 있어서 겉으로는 모순, 반대되는 현상도 근원에서는 통합되어 있음을 보여주려고 한 것이라고 생각된다. 앞의 예처럼 바다 위로 세 개의 섬으로 보이는 것이 물이 빠지면 둘로 보일 수도 있고, 바다 밑에서 보면 하나로 연결되어 있는 것과 같다. 이처럼 서로 다르다고 생각한 것이 사실은 같은 이야기일 수 있다.

동학의 불연기연은 여러 상이한 논의들을 통합하고 화해시킬 수 있는 화쟁의 논리이다. 불연기연은 현상의 다양함을 존중하되 단순한 다양성의 존중이라는 상대주의에 빠지지 않게 하면서, 그것들이 근원에서 하나로 화해될 수 있도록 함으로써 더 깊은 화해와 소통을 이끌어 낼 수 있는 통합의 논리이다. 물론 이러한 사유는 동학의 전유물은 아니었다. 불교에서도 풍부하게 찾을 수 있으며, 노장의 사유에서도 얼마든지 발견할 수 있다. 하지만 지금은 서양의 형식논리에 바탕한 기계론적 인과율이 과학이라는 이름으로 세계를 지배한다. 그 효용성을 부정하는 건 아니지만 형식논리와 이성의 사유로 파악할 수 없는 숨겨진 질서의 존중이 필요할 때다. 지금 우리 사회의 갈등과 분열에는 이러한 형식논리의 직선적 사유가 깔려 있기에, 불연기연과 같은 역설의 논리와 통합적 사유가 절실하게 요구된다는 것이다.

앞에서 언급한 바와 같이 우리 사회는 점점 세대 간 · 지역 간 · 이념 간의 갈등이 심해지고, 빈부격차도 날로 심각해진다. 이것은 '나는 옳고 너는 그르다.'라는 식의 이분법적 태도로 편가르기를 하고, 남을 배척하기 때문이다. 이러한 시기에 동학의 불연기연의 통합적 논리와 인식론은 지금 우리 사회의 대립과 분열, 양극화의 문제를 해결할 수 있는 하나의 지혜일 수도 있다고 본다.

3. 동학의 역사 속에서의 치유와 통합

모심이 수운이 깨달은 천도의 핵심 내용이자 동학 영성의 중추라면, 살림은 당시 세상의 치유이자 모심의 사회적 실천이라고 할 수 있다. '모심'의 영성은 필연적으로 '살림'의 실천과 운동으로 나아갈 수밖에 없다. 원래 동학의 출발은 폭정과 제국주의의 현실에 맞서 보국안민의 길을 찾는 것이었다. '모심'의 영성은 생활 속에서는 '사인여천'과 '경물(敬物)'이라는 살림의 실천으로, 그리고 사회적으로는 병든 사회를 근본적으로 치유하고 살려 내는 살림운동으로 드러났다.[13] 그렇기 때문에 동학도들은 차별과 폭정에 항거하여 농민혁명도 일으켰다. 1894년 갑오년의 혁명은 당시 부패하고 무능한 정부와 지방 수령들의 학정, 그리고 외세의 침략으로 인한 수탈과 민족적 자존이 무너지는 위기적 상황에서 나라를 바로잡고 백성들을 구제하기 위해 동학도들과 농민들이 합심해서 의로운 역사의 햇불을 들어올린 19세기 최대의 사건이었다. 비록 혁명은 일본의 신식 무기에 좌절되었지만, 동학농민혁명은 조선 말기 사회의 대내외적 모순에 대한 민(民)의 생존적 울부짖음이었으며 불의하고 무능한 권력에 대한 총체적인 저항이었으며 외세에 굴종하는 정부와 벼슬아치에 대해 목숨으로 민족적 자존을 지킨 항거였다. 또한 민중이 역사의 주체가 되어 현실의 모순과 불평등을 개혁하자는 자발적 정치운동이자 모든 사람들이 한울님으로 존중받는 새로운 세상을 열고자 한 모심의 영성에 기반한 살림운동이자 정치사회적 개벽운동이었다.

또한 3·1혁명은 식민 지배의 굴종에 저항하여 다른 종단과 여타 세력들과 연대하여 비폭력 비타협적 평화혁명이었다. 3·1혁명은 제국주의적 탐욕과 군사적 폭력에 맞서 세계 최초로 일으킨 거족적인 독립운동이었으며 대중적인 민주운동이자 비폭력 평화운동이었다. 또한 지역과 신분, 종교와 정파, 이념과 신앙, 남녀노소의 차이를 넘어서 온 민족이 하나로 일어난 대통합 운동이었다. 이는 신분과 특권과 낡은 전통과 굴레를 깨뜨리고 자유와 평등을 실현한 민주혁명이었다는 점에서 사실상 3·1혁명이라고 불려야 할 사건이었다.[14]

3·1혁명의 정신이야말로 우리 역사에서 셋이 하나되어 보편적 가치를 실현하는 '통합'적 정신의 구현이었으며 단순한 독립운동을 넘어, 또한 식민·피식민의 이분법을 넘어 이 땅에 자유와 평등, 생명과 평화, '도의적(道義的) 신문명'을 열고자 했던 정신이었다. 우리는 이러한 3·1혁명의 드높은 이상을 바탕으로 평화로운 통일 한국의 건설과 함께, 일본·중국과 함께 동북아평화공동체의 구현, 나아가서는 유라시아평화공동체를 열어 나가야 하는 시대적 소명을 느끼고 있다.

한편 해방 공간에서는 좌우의 이념을 넘어서 인내천(人乃天)의 진리에 입각한 새로운 나라를 건설하기 위한 통일운동에 매진하기도 하였다. 해방 후 동학을 계승한 천도교 청우당은 전 민족적 총력을 집중하여 완전한 민족 자주 정권을 수립코자 노력하였으며, 좌우를 넘어 절대 다수인 민중을 기초로 한 중도 세력을 규합하는 좌우합작운동과 완전한 통일국가 건설을 위한 단독정부 수립 반대운동과 민족통일전선운동을 전개하였다. 청우당이 추구하고자 했던 '조선식 신민주주의'는 미국식 자유민주주의와 소련식 프로민주주의를 넘어서서 민족 성원 모두 공존공영할 수 있는 제3의 국가 모델을 제시하려고 한 운동이었다.[15] 이러한 시도는 비록 남북에서 모두 탄압을 받아 좌절되었지만, 좌와 우 어디에도 치우침 없이 민족적 자주와 진정한 통합을 이루려고 했던 정신은 오늘날 분단 체제의 극복에 적지 않은 시사점을 던져준다고 하겠다.

4. 맺음말: 전환이 개벽이다

2014년의 세월호 참사와 그 대응은 한국 사회의 단면을 적나라하게 보여주었다. 상처는 아직 치유되지도 못하고, 진상 규명은 물론 진정한 사과조차도 받지 못하고 있다. 동학 역사에서의 희생자들도 아직 치유되지 못하고 진실 규명도 제대로 안 되고 있다. 마찬가지 상황이다. 최근 한국 사회는 심각한 분열과 갈등에 빠져 있다. 사회적 양극화는 더 심해지고, 서민들과 사회적 약자들의 삶은 더 열악해지고 있다. 생태계의 파괴도 지속되고 있다. 어떻게 할 것인가.

원인이 복잡한 만큼 단순히 몇 가지 대증요법적인 정책적 처방으로 해결될 성질의 것은 아니다. 더 근본적인 처방이 필요할 때이다. 지금의 원인은 봉건적 유산과 신자유주의, 청산하지 못한 일제의 유산과 분단 체제, 그리고 서양의 근대 학문의 병폐가 복합적으로 작용하기 때문이다.

치유와 통합의 영성, 그리고 사회 현실에 대한 적공(積功)이 필요하다.[16] 만물화생과 생명순환의 이치로서 천도를 깨닫고, 그것을 내 몸 안팎에서 영과 기운으로 체험하는 모심, 자기의 몸과 마음의 치유는 물론, 생명살림의 사회적 치유로서의 영부의 의미를 제대로 깨달아 살림의 실천운동으로 구체화할 수 있어야 한다. 이를 위해서는 세계와 인간을 바라보는 관점이 생명의 원리에 입각하는 방향으로 전환되어야 한다. 그중에서도 자본주의와 사회주의를 둘 다 넘어설 수 있는 새로운 사회경제 시스템에 대한 적공이 무엇보다도 필요하다.

지금은 바야흐로 대전환이 요구되는 시대이다. 수운은 이를 '다시개벽'이라고 하였다. 개벽은 애벌레에서 나비로의 존재 변화를 요구한다. 진화적 도약을 요구한다. 자기 치유와 완성을 위한 노력, 애벌레에서 나비로의 의식 진화, 존재의 거듭남이 가장 선결되어야 할 조건이다. 또한 불연기연의 통합적 논리를 내면화한 대화와 갈등 조정의 기술과 그런 포용적 인격이 요구된다. 이는 결국 수행과 적공을 통해 신인류로 거듭나는 일정 숫자 이상의 집단 영성의 힘으로 가능한 일이다. 현재 대한민국의 진정한 치유와 통합은 결국 나비로 거듭나는 수행과 적공, 역사적 상처의 치유와 분단 극복을 위한 노력, 그리고 생명의 원리에 입각한 새로운 사회경제 시스템을 마련해서 통일 한국은 물론 새로운 문명으로의 전환을 현실화할 때 비로소 가능하다. 전환이 진정한 치유이자 통합의 길이며, 그것이 개벽이다.

대순진리회의
치유와 화합

김 영 주 / 대진대학교 조교수

1. 머리말

최근 방송가의 트렌드로 자리잡은 것 중 하나가 일반인들이 중심이 되어 진행되는 '대화와 소통'이다. 시청자들은 출연한 일반인들의 사연을 접하면서 마음 아파하며, 또 그 문제가 해결되는 과정을 지켜보면서 본인 또한 치유되는 듯한 감정을 느낀다. 현대를 살아가는 사람들이 정도의 차이는 있을지라도 대부분 상처와 아픔 속에서 살아가고 있다는 반증인 듯하다.

최근 들어 지속적으로 발생하는 강력범죄들은 정신적 장애와 대인 간 갈등이 빚어낸 것으로 전 국민을 상처받게 하였으며, 아직도 해결되지 않은 '세월호 사건'이나 지속적인 군대 내 폭행 등은 공공의 상처가 되어 시대적 아픔을 양산한다. 상처를 치유하기 위한 종교의 역할이 필요한 이유이다.

종교는 "개인의 삶뿐만 아니라 공동체 전체의 공유된 세계관과 사회적 질서의 형성에도 영향을 미친다."[1] 그런 의미에서 종교에서 의미하는 치유는 "삶에 대한 근본적 방향전환을 요구한다."[2] 개인의 병리 현상이 사회 공동체의 병리 현상으로 전이되는 경우가 많기 때문에 사고방식과 가치관 등 삶의 자세를 근본적으로 전환하여 개인의 병리 현상을 치유해야 한다. 개인의 병리 현상에 대한 치유는 사회 공동체의 치유로 확장되기 때문이다. 그런 의미에서 종교의 치유는 개인적 차원의 접근뿐만 아니라 사회·문화적 차원의 접근 또한 이루어져야 하는 것이다.

'치유(Healing)'는 '온전하게 만든다.'는 뜻의 'Haelen'을 어원으로 한다. '치유'와 '치료'의 사전적 의미를 살펴보면, 치유(治癒)는 "치료하여 병을 낫게 함"의 의미를, 치료(治療)는 "상처나 병을 잘 다스려 낫게 함"이라고 설명되어 있다. 치유와 치료에는 "병을 낫게 한다."의 의미가 있다. 그렇다면 '치유' 이전에 '치료'라는 용어가 있었음에도, '치유'라는 용어를 사용하는 이유는 어디에 있는 것일까?

'치료'는 의사가 약물이나 수술 등의 의학적인 수단을 동원하여 상처를 낫게 하고 질병을 고치는 것을 말한다. 의사의 주도하에 몸의 질병 상태를 건강 상태로 회복시킨다는 의미가 내재해 있다. 이에 반해 치유는 정신과 육체의 조화를 통해 건강을 회복하는 것에 초점을 둔다. 몸뿐만 아니라 심리적·환경적 측면의 접근을 통해 정신이나 마음의 상처까지 다스리는 것이다. 질병의 직접적인 치유뿐만 아니라 질병 예방을 통한 건강 증진에까지 범주가 확대된 것이다. 이른바 전인 치유인 셈이다.

치유와 종교의 관련성에 관한 개별 종단들의 연구 결과를 살펴보는 것은 어렵지 않다. 최근만 해도 종교 분야에서 '치유'를 주제로 학술대회가 세 차례에 걸쳐 진행되기도 하였다.[3] 그러나 대순진리회의 치유와 관련한 연구는 상대적으로 부족한 실정이다. 마음의 질병, 고통, 원한, 마음공부, 종교 수행 등 치유와 연관된 연구는 다수 있지만 '치유'를 직접적 주제로 한 연구는 손꼽을 정도이다.[4]

특히 치유를 통한 개인의 완성이 사회의 화합으로 확장되는 과정에서 가정 화목의 문제에 주목한 연구는 이루어지지 않았다. 이에 본 논문은 종교 교리의 수행의 장이 가정이며, 종교 수행을 통한 치유의 노력과 성과가 직접적으로 나타나는 곳이 가정인 것에 착안하여, 사회화합을 위해 우선되어야 하는 것이 가정화목임을 밝힘으로써 가정화목의 필요성과 가정화목을 이루기 위한 실천 방안을 설명하는 데 주안점을 두고자 하였다.[5] 가정화목이 사회화합과 세계 평화로 연결되기 때문이다. 치유는 지극히 개인사에 해당하는 것이지만 일상생활의 공간 속에서 사회 구성원과의 연계가 이루어지기 때문에 사회적인 성격을 띨 수도 있다. 그런 의미에서 치유는 전인치유이자 전사회적 치유가 되는 것이다.

이 글은 한국 신종교의 치유와 통합이라는 큰 틀에서 '치유와 화합'에 대한 대순진리회의 입장을 밝히는 데 있다. 크게 두 가지 측면에 주안점을 두었다. 첫째, 치유를 종교적으로 어떻게 접근할 것인가와 관련해서 대순진리회의 입장을 밝히고자 하였으며, 둘째, 사회화합과 관련해서 치유가 어떻게 역할할 것인가를 논의하고자 하였다.

치유와 화합과 관련한 대순진리회의 입장을 밝힘에 있어, 대순진리회의 치유와 화합의 사상적 배경을 살펴볼 것이며, 이를 근거로 대순진리회에서 행해지는 치유 프로그램으로서의 종교 수행을 설명할 것이다. 필자는 종교 수행을 '종교의 본질'과 연결시켜 종교가 세상을 치유하기 위해 제시할 수 있는 새로운 비전이 기본에 충실함에 있음을 밝히고자 한다. 종교 수행을 통한 치유는 성숙한 신앙인이자 건강한 시민으로 거듭나게 한다. 치유는 심신의 안정을 통한 개인의 완성에 목적이 있으며 이는 사회화합을 지향한다. 치유는 단순히 개인의 완성에 국한되는 것이 아니라 종국에는 사회로 확장되어져야 하기 때문이다. 그런 의미에서 치유를 통한 개인의 완성이 사회화합으로 확장되기 위해서는 삶의 터전이 되는 가정화목의 필요성이 강조된다. 그러므로 선령(先靈)의 향화(香火)와 봉친육영(奉親育英)을 통해 가정화목의 과제가 무엇인지를 고민해 보고, 보은을 논의하는 것으로써 마무리 짓고자 한다.

2. 대순진리회의 치유와 화합의 사상적 배경

1) 증산의 병세문(病勢文)과 마음 치유

　조선의 18세기 후반부터 19세기 전반은 양란 이후 본격화된 총체적 모순
이 심각하게 표출되던 시기였다. 누적된 폐습의 고착화와 외래 사조의 유입
은 백성들을 혼란스럽게 하였으며, 백성들을 살펴야 할 목민관들은 사회적
혼란을 틈타 백성들을 착취하는 데 몰두하였다. 이러한 상황 속에서 맞이
하게 된 19세기 말은 사회적 갈등과 모순, 정치적 분당과 쟁송 등으로 국정
의 문란이 심화되었으며, 민중들의 삶은 궁핍의 극점으로 치달았다. "1894
년 1월의 고부농민봉기에서 시작되어 1895년 1월에 이르기까지 조선 전역
에서 전개된 동학농민혁명은 결코 우발적으로 일어난 일회적 사건이 아니
었다."[6] 민중들은 점차 뚜렷한 의지와 목표 지향성을 갖춘 조직을 형성하였
으며, 사회변혁을 주도할 수 있는 적극적인 활동을 하게 된 것이다. "19세기
에 이르러서의 농민들의 대응 방식은 적극적 투쟁의 형태인 민란으로까지
발전해 갔으며, 사회 정치적 의식도 함께 상승되었다."[7]는 것처럼, 봉건사회
의 해체기에 이르러 발생한 민란은 극에 달해 있던 사회적 모순과 부조리를
더 이상 묵과할 수 없다는 민중의 여론이 폭발한 것이며, 새로운 사회를 향
한 민중들의 열망이 내포되어 있는 것이다.

　격변기인 조선 후기 사회를 직시했던 증산은 '진멸지경'이라는 표현을 통
해 당시의 사회를 설명했다.[8] 그리고 진멸지경에 처한 원인을 상극이라는
세상의 운행 원리에서 찾았다.[9]

　여기서 주목해야 할 부분은 증산 화천 후 거처하던 방에서 발견된 '병세
문'[10]의 내용이다. 정확히 언제 작성된 것인지는 알 수 없지만 '병든 세상'이

된 원인과 증산만의 치유 방법이 제시되어 있다는 점에서 중요하다.

증산은 천하가 '병든 세상'이 된 원인을 부모·임금·스승의 은혜를 망각하여 이 세상에 충효열의 도리가 사라져 버린 데 있다고 하였다. 세상의 기본적 윤리가 상실되었음을 개탄하며 이러한 사회현상을 무도의 질병으로 진단한 것이다.

일반적으로 병은 온전하지 못한 몸의 상태를 의미한다. 그래서 약으로 치유될 수 있는 병이라면 소병이라 할 수 있지만 대병은 물리적인 약으로는 치유를 할 수가 없다. 그런 의미에서 충효열이 사라짐으로써 발생하게 된 병은 대병에 해당하며 대병에는 약이 없다고 한다. 그러나 증산은 큰 병에는 본래 약이 없지만 그럼에도 약을 구한다면 안심·안신이 약이 된다고 말한다. 큰 병의 약이 안심·안신이라는 것은 큰 병은 마음에서 시작하는 것이므로 충효열이 사라진 원인을 마음에서 찾아 치유할 수 있음을 의미하는 것이다.

증산은 다음과 같이 마음을 정의한다.

천지의 중앙은 마음이다. 그러므로 동서남북의 몸은 마음에 의지한다.

"마음은 사람의 행동 기능을 주관하는 것이며",[12] 몸의 행위는 마음 작용이 외부로 드러난 결과이다. 그렇기 때문에 마음을 '중앙'이라 하여 강조하고 몸을 '동서남북'이라 하여 마음이 확장되어 발현됨을 상징적으로 표현한다. 그래서 "악장제거무비초 호취간래총시화(惡將除去無非草 好取看來總是花)라, 말은 마음의 외침이고 행실은 마음의 자취로다."(교법1-11)라는 표현을 통해 마음 상태가 외부로 표현되어 나타난 결과가 말과 행동임을 설명한다. '싫어한다'와 '좋아한다'의 감정과 '제거한다'와 '취한다'의 행위를 마음 상태와 행위로 대비시켜 표현함으로써 '싫어한다고 제거한다'는 것과 '좋다하여 취한다'는 것을 통해 마음이 행동 기능을 주관하고 있음을 보여준다. 결국 "마음이라는 것은 선을 추구하는 본성에서 벗어날 수 있는 개연성을 가진 위태롭고 불확정한 상태"[13]라는 것을 설명한다.

증산은 인간의 마음의 불확정성을 다음과 같이 밝혔다.

> 마음이라는 것은 귀신의 추기(중추기관)이고, 문호이고, 도로다. 추기를 열고 닫고, 문호를 드나들며, 도로를 왕래하는 신은 혹은 선한 것도 있고, 혹은 악한 것도 있다. 선한 것은 스승으로 삼고 악한 것은 고치니, 내 마음의 추기와 문호와 도로는 천지보다 크다.[14]

"마음이라는 것은 신이 드나들 수 있는 중요 기관으로서 드나드는 문이며, 왕래하는 길과 같은 역할을 한다. 초월적 존재인 신이 인간과 교통할 수 있는 기관이 마음이기 때문에, 인간은 마음을 통하여 선신(善神)과 악신(惡神) 등의 다양한 신을 접하게 된다. 증산은 인간의 선악 행위가 마음을 왕래하는 선신과 악신에 있다고 본 듯하다."[15] 선한 것은 스승으로 삼아야 하며, 나쁜 것은 경계함으로써 올바른 수양으로 나아가야 한다. 하늘과 땅과 사람의 작용 모두가 마음에 달렸기 때문이다.[16] 이는 모두 마음 작용이 천지인(天地人) 삼계(三界)에 영향을 미칠 수 있으므로 수양을 통해 지니게 되는 능동적인 선의지는 천지보다 큰 것임을 일깨워 주고 있는 것이다.

"마음공부란 수행 과정상의 특정한 어떤 것을 지칭하는 개념은 아니다. 마음은 단순히 성찰하는 데서만 그치는 문제가 아니라 실천의 문제로 연결되기 때문이다. 그러므로 종교가 지향하는 목적을 달성하기 위한 전 과정이 마음공부가 된다고 할 수 있다."[17] 내면세계를 치유하기 위한 지속적인 마음공부가 강조되는 이유가 여기에 있는 것이다.

2) 호생지덕에 기반한 해원상생

호생지덕(好生之德)은 생명을 아끼고 사랑하는 덕성을 의미한다. "사형에 처할 죄인을 살려 주는 제왕의 덕"[18]에서 유래된 호생지덕은 인간의 양심 속에 내재된 덕성이다. 그래서 증산은 "대인을 공부하는 자는 항상 호생의 덕을 쌓아야 하느니라."(교운 1-6)라고 하여 편벽됨이 없이 모든 생명을 사랑하고 존중할 것을 강조한다. 호생지덕은 생명 존중 사상인 것이다.

해원상생의 출현 배경이 된 선천은 '상극의 이치'로 인한 대립과 갈등의 역사이다. "상극의 이치는 냉혹한 투쟁의 원리이다".[19] 대립과 경쟁, 반목과 투쟁 등 상극으로 야기된 결과는 '원한'의 발생을 가져왔다. 이 때문에 진멸 지경의 세상이 된 것이다. 그래서 증산은 선천의 진멸된 상황을 구원하고자 '천지의 도수를 정리하고, 신명을 조화하여 만고의 원한을 풀고, 상생의 도로 후천선경을 세우는' 순서로 진행되는 천지공사를 진행하였다. 세계의 민생을 건지려는 천지공사에는 호생지덕에 기반한 해원 이념이 내재되어 있다. 천지공사를 해원공사라 명명하는 이유이기도 하다.

선천의 상극된 역사는 약육강식의 역사에 다름 아니다. 증산사상에서 해원 이념이 강조되는 이유도 역사의 현장에서 발생한 하층민과 여성의 원한에 기인한다. "해원 이념에서 바라본 인간은 원의 담지자로서 스스로 욕망을 지닌 존재"[20]이기 때문에 '대립과 갈등의 만연'이라는 부정적 결과를 야기한 것이다.

증산은 "인간을 파멸에서 건지려면 해원공사를 행하여야 되느니라."(공사 3-4)라고 하여 해원공사의 필요성을 강조한다. 봉건 지배 체제의 모순 속에서 수탈과 압제의 대상들이 맺었던 원한은 풀어야 하는 대상이었기 때문이다. "과거의 생명윤리가 군림하는 자를 위한 생명윤리였다면 해원상생의 생명윤리는 생명을 그 자체로 존중하며 서로 도와 나가는 상생의 생명윤리"[21]로의 전환을 의미하는 것이다. 약육강식의 상극의 역사 속에서 나타난 반상의 구별과 빈부격차 등은 계층 간의 격차를 공고히 하는 결과를 야기하였다. 이로 인한 사회적 불신과 반목 등은 민중의 포원의 원인이 되었으며, 이는 사회적 갈등의 원인으로 작용하였다. 이러한 현실 문제를 극복하고 평화와 공존의 이상적 사회로 나아가기 위해 전제되어야 하는 것이 해원이며, 인류가 염원하는 중단 없는 평화를 위해 실천해야 하는 것이 상생이다.

상극에서 비롯된 원한을 푼다는 의미의 해원이 '후천선경건설'이라는 명확한 지향점을 제시하고 있다면, 남을 잘되게 하는 것이 종국에는 내가 잘되는 것이라는 원리가 내재된 상생은 해원이 나아갈 바를 제시하고 있다. 상생은 상극의 역사 속에서 수직적 관계에 놓였던 인간관계를 수평적 관계로 재정립함으로써 해원의 가치를 실현하며, '수평'이라는 대대적 관계에서 교호작용을 하기 위해서는 자기 도리의 실천을 통해 상대의 가치를 인정하는 자세를 요구한다. 해원상생이 대순진리회의 종지(宗旨) 전체를 대표하며, 신앙인들에게 실천 이념으로 중요시되는 이유가 여기에 있다. 한편, 자기 도리를 실천한다는 것은 남을 잘되게 하고자 하는 마음에서 비롯되는 것으로 여기에는 보은(報恩)의 원리가 내재되어 있다. 은의에 대한 보답을 의미하는 보은이 상생의 실천 원리가 되는 것이다.

"신분제도로부터 야기된 반상의 차별과 유교의 구습 때문에 억눌려 왔던 여성과 천민 등 사회에서 소외된 민중의 해원에 대한 증산의 의지는 기존의 가치관을 무너뜨리는 혁명적인 주장으로서 근본적인 세계의 변혁을 말하고 있다."[22] 여기에는 인간은 수단이 될 수 없으며, 그 자체가 곧 목적이어야 한다는 '인간 존중'의 이념이 내재되어 있다. 호생지덕의 생명존중사상이 해원 이념에 내재된 것이며, 봉건 체제하에서 고통 받던 민중을 치유하고자 한 증산의 의지가 발현된 것이다.

3. 대순진리회 치유 프로그램으로서의 종교 수행

1) 진리의 이해를 통한 치유:『경전』 강독

"세계적 종교들은 창시자의 언설(言說)을 묶은 경전을 가지고 있으며 그 경전에 담긴 진리를 체화(incarnation)하는 방편으로 경전을 읽고 새긴다. 경전을 읽고 새기는 것은 단순히 진리를 이해하기 위한 공부가 아니라 그 경전에 담긴 진리를 내재화, 의식화, 인격화, 생활화 하는 과정이다. 이러한 의미로 대부분의 종교는 경전을 읽고 새기는 것을 종교 수행의 중요한 방편으로 삼고 있다."[23]

"대순진리회는 증산 상제를 종교적 연원으로 하여 신앙의 대상으로 삼고 있으며, 증산의 말씀을 기록한『전경』을 소위 경전으로 삼고 있다."[24] 대순진리를 신앙하는 수도인들이 왜곡되지 않고 올바른 방향으로 나아가기 위해 요구받는 것은 대순진리에 대한 바른 이해이며, 이는『전경』을 근본으로 이루어져야 하기 때문이다. 대순진리를 신앙하는 이들은『전경』을 증산 상제의 말씀으로 믿고 있다. 신성성이 담보되어 있음을 의미한다. 그러므로 매일 전경을 통하여 상제님의 말씀을 읽고 마음속으로 새기는 수행을 하여야 한다.『전경』이 "'정보(information)'를 주기 위한 것이 아니라 '변화(transformation)'를 가져다주기 위한 것"[25]이라면, 증산의 언행이 기록된『전경』을 강독하는 수행법은 증산의 언설을 내재화·의식화하는 과정을 통해 실생활에 적용을 꾀함으로써 인격적 성숙이라는 변화를 지향한다. 이러한 과정의 반복은 잠재된 선한 본성을 일깨워 진리에 대한 통찰로 이어진다. 『전경』 강독의 중요성이 강조되는 이유이다.

그리고 대순진리회의 설립자인 우당의 훈시를 정리한 『대순지침』은 수도인의 올바른 수행의 길과 대순진리회가 지향하는 바를 명확히 제시하고 있다. 『전경』을 근거로 한 대순진리의 바른 이해[26]와 『대순지침』을 통한 대순진리회의 지향점의 제시는 경전에 담긴 진리를 내재화·의식화·인격화·생활화하는 과정으로서 진리의 이해를 통한 심신의 치유 행위가 되는 것이다.

경전은 "있는 그대로 완전히 객관적으로 볼 수가 없으며, 읽는 사람의 관심이나 필요에 따라 어떤 것은 크게 부각되고 어떤 것은 의식의 영역에 들어오지도 못하는 것"[27]이기 때문에 경전을 읽는 과정에서 자기가 이해한 것이 옳은 것이고 타인이 이해한 것은 잘못 이해한 것이라는 태도는 『전경』 읽기에서 가장 주의해야 하는 부분이다. 경전 읽기는 창시자의 언설을 단순히 믿기 위한 맹목적인 것이 아니라 읽는 목적에 따라 '왜 그런 말씀을 하셨는가?'에 대한 성찰과 함께 목적에 기반한 믿음과 실천으로 이어져야 하기 때문이다. 그런 의미에서 경전 읽기는 누가 얼마만큼 읽었고 누가 얼마만큼 외웠는가가 중요한 것은 아니다. '무엇을 위해', '어떤 마음가짐'으로 읽는지가 중요하다. 자기중심주의의 극복을 통해 나를 비우고 남을 잘 되게 하는 것이 종교의 또 다른 모습이기 때문이다.

2) 이타행을 통한 치유: 기도

대순진리회의 기도는 대순진리를 신앙하는 자가 신앙의 목적을 달성하기 위해 행하는 실천 의례로서, 신앙의 대상과의 합일을 추구하는 수행 방법이다. 기도를 통해 심신의 안정을 이루어 내적 완성을 지향한다는 측면에서 기도의 중요성을 짐작해 볼 수 있다.

우당은 훈시(訓示)를 통해 기도를 다음과 같이 정의한다.

> 기도란 몸과 마음을 편안히 하여 상제님을 가까이 모시는 정신을 모아서 단전에 연마하여, 영통의 통일을 목적으로 공경하고 정성을 다하는 일념(一念)을 끊임없이 생각하고, 지성으로 소정(所定)의 주문을 봉송하는 것을 말합니다.[28]

'상제님을 가까이 모시는 정신'이란 '해원상생·보은상생의 양대 진리가 마음에 배고 몸으로 행하는 것'[29]을 의미한다. 이는 '모심'이라는 용어의 의미에서도 알 수 있듯이 기도 의례를 행할 때는 진실된 마음을 견지한 지극정성의 마음가짐이 요구되기 때문이다. 기도 의례는 단순히 기도를 행하는 시간에만 한정되는 개념은 아니다. 그렇기 때문에 기도를 모시기 위해 준비하는 것부터 기도를 모시고 정리하는 것에 이르기까지의 모든 과정에 지극한 마음가짐이 요구되는 것이다.

대순진리회의 기도는 증산의 천지공사에 직접 참여하는 의례를 의미한다. 그런 의미에서 기도는 개인적 차원의 종교 의례라기보다는 신명과의 조화 속에서 이루어지는 것으로 이해된다.[30] 기도는 주문송독(呪文誦讀)을 통해 내 앞(기도처)에 신명을 모시는 행위로서, 신명을 모신다는 것을 통해 마음속에서 외경의 심정이 우러나게 되는 것이며, 천지공사의 참여에 진심을 다하려는 의지를 다지는 것이다.

천지공사에 직접 참여하는 것으로 이해되는 기도는 일신의 복을 바라는 기복적 종교 의례가 아니라 남을 잘되게 하고자 하는 이타행의 공부이다. "우리의 일은 남을 잘되게 하는 공부이니라. 남이 잘되고 남은 것만 차지하여도 되나니"(교법1-2)라는 증산의 언설은 남을 잘되게 하려는 의지의 발현처 중 하나가 기도임을 나타내는 것으로, 남을 잘되게 한 후에 느끼는 행복감을 기도를 통해 느낄 수 있다. 여기에 기도가 주는 치유의 작용이 있는 것이며 기도가 '지극한 정성' 그 자체여야 하는 이유가 있는 것이다.

3) 욕망 제어를 통한 치유: 수련

수련은 '닦고 단련한다'는 뜻이다. "자신의 몸과 마음을 그 수행의 정신에 부합하게끔 조절하고 단련함으로써 이상적인 목표를 달성하기 위한 특별한 자기 훈련의 활동을 수련이라 한다."[31] 일상에서 일어나는 욕망의 제어를 통해 수행의 목표를 달성하기 위한 심신 단련법이 수련인 것이다.

대순진리회에서는 정좌하여 주문(呪文)을 반복해서 송독(誦讀)하는 방법으로 수련을 진행한다.

> 시간과 장소의 지정이 없이 기도주(祈禱呪) 혹은 태을주(太乙呪)를 송독(誦讀)한다.[32]

대순진리회 수련의 특징인 주문송독은 태을주를 위주로 진행된다. 주문은 영문(靈文)으로서 신명을 응하게 하는 글이다.[33] 증산은 "오는 잠을 적게

자고 태을주를 많이 읽으라. 그것이 하늘에서 으뜸가는 임금이니라. 오만 년 동안 동리 동리 각 학교마다 외우리라."(교운1-60)는 언설을 통해 태을주가 가장 으뜸되는 주문임을 밝힘으로써 태을주 수련의 중요성을 강조한다. 태을주는 김경흔이 50년 공부를 통해 신명에게서 많은 사람을 살리라는 명과 함께 얻은 주문으로,[34] '시천주(侍天主)는 이미 행세되었고 태을주를 쓰리라.'(교운1-20)고 한 증산의 교화를 근거로 현재 대순진리회에서는 태을주를 위주로 수련이 진행된다.

대순진리회의 수련은 지정된 장소와 시간에 상관없이, 각자 처한 상황에 따라 언제든지 행해질 수 있다. 수련 방법은 종단 의례에서 사용하는 주문 전체를 일독한 후, 태을주를 반복해서 송독하는 형식으로 진행되며, 1시간 수련을 원칙으로 한다.

대순진리회의 신앙인에게 "수련은 세속적인 자아에서 벗어나 성스러운 실재에 부합하기 위한 자기 훈련의 과정이며",[35] 기본적으로 수심연성과 세기연질의 과정인 만큼 상당한 인내를 요하는 수행 방법이다. 선악의 가치체계가 상존하는 현실에서 욕망을 제어하기 위한 자기 연수의 방법이 수련이기 때문이다.

태을주 수련은 지극한 감사의 마음으로 행하는 수련이며, 자신을 낮추고 타인을 공경하는 마음으로 행하는 수련이다. 이를 통해 인간 본래의 양심을 회복하고 자아를 다스릴 수 있는 것이며, 이것은 욕망의 적절한 자기 조절이기도 할뿐더러 정신적 신체적 결핍의 자발적 치유 행위인 것이다.[36] 나를 있게 해 준 모든 존재에 감사의 마음을 가지는 것이 치유이기 때문이다.

심안신태(心安身泰)라 하였다. "심안신태란 마음이 안정되어야 몸이 태평하다는 뜻이다."[37]

이는 "몸과 마음을 이분법적 구조로 분할한다는 것이 아니고, '바른 마음에서 건강한 신체가 유지된다.'는 일체적 사고 관념을 의미한다."[38] 마음이 안정될 때 몸이 평안할 수 있으며, 몸이 평안할 때 마음이 안정될 수 있는 것이다. 여기에서 치유의 교호작용의 본질적 의미를 확인할 수 있다. 안심·안신의 종교 수행은 정신적·신체적 결핍에 대한 치유 행위로서 완전한 인격 형성을 위한 자기 연수의 과정이며, 사회화합을 위한 근간으로서 작용하는 것이다.

앞서 '병세문'에서 보았듯이, 천하가 병든 원인이 무도(無道)한 데 있다고 진단한 증산은 치유책으로 안심·안신을 제시한다. 충효열이 사라짐으로써 나타난 병든 세상을 마음공부를 통해 치유하고자 한 것이다. 증산이 안심·안신을 병든 세상의 치유책으로 제시했다면, 우당은 기도, 수련, 『전경』강독을 안심·안신의 직접적인 실천 방법으로 제시하고 있는 것이다.

4. 사회화합을 위한 가정화목운동

1) 치유의 장으로서 가정과 가정화목의 필요성

대순진리회에서 행해지는 『전경』강독, 기도, 수련은 종교 수행이라는 실천적 행위를 통해 결핍의 구조를 치유하는 치유 프로그램에 해당된다. 치유가 지향하는 바가 심신의 안정을 통한 완전한 인격의 형성에 있다면 이를 통해 궁극적으로 지향하는 바는 반목쟁투가 없는 지상낙원의 건설에 있다고 할 수 있다. 치유가 개인의 완성에 국한된 것이 아니라 궁극적으로 사회와 국가로 확장되어야 하기 때문이다. 그러므로 치유를 통한 개인의 완성이 사회의 화합으로 완성되기 위해서는 개인의 삶의 터전이자 실천 수행의 기본적 장이 되는 가정화목이 우선되어야 한다.

가정(家庭)은 사회를 구성하는 가장 작은 공동체로서 인륜을 행하는 최소의 구성체이다. 가정이 삶의 가장 소중한 영역이 되는 이유도 인간에게 가장 친밀한 혈연 공동체이기 때문이다. 그렇기에 가정은 소중하며 가정화목의 중요성이 강조된다. 가정화목은 사회, 국가 나아가 세계 평화를 위해서 반드시 선행되어야 하는 필수요건이 되기 때문이다.

『대순지침』에서는 가정화목의 중요성을 다음과 같이 정리하고 있다.

> 가정화목 · 사회화합 · 인류 화평으로 세계 평화를 이룩하는 것이 대순진리이다.[39]

가정의 화목은 전 인류가 소망하는 바이다. 가정화목이 사회화합과 세계 평화로 확장되기 때문이다. 또한 가정화목은 종교가 추구하는 인간 완성의 장이 된다. 가정이 곧 종교 교리의 실천 수행의 장이 되기 때문이다. 가정화목을 실천하는 것이 대순진리와 직결된다. "인간관계의 기본을 경험할 수 있는 곳이 가정이며",[40] 기도 · 수련 · 『전경』 강독 등의 치유 프로그램을 통한 치유의 노력과 성과가 직접적으로 적용되어 드러나는 곳이 가정이기 때문이다.

인간은 가정에서 이루어지는 관계맺음을 통해 사회에서 관계맺음을 준비한다. 가정의 경험이 사회로 확장되는 것이다. 가족 구성원 간 사랑에 기초한 소통의 중요성이 강조되는 이유가 여기에 있다. 이러한 관점에서 보면, 우리 사회에 만연한 불통(不通)의 원인은 가정의 불통에서 기인한다고 해도 과언은 아니다. 가장 가까이서 가장 친밀한 혈연 공동체를 이루고 있기 때문에 가족 구성원들과 소통하기보다는 자기주장을 관철시키는 데 익

숙해 있다. 가정의 화기는 깨어지고 결국엔 가정불화와 가정 파괴가 발생하며, 이러한 습성은 결국 사회로 전이되어 불통의 패러다임을 형성한다. 그러므로 건전한 가정, 건강한 가정을 이루기 위해서는 먼저 가족 구성원들 간에 존경과 배려가 필수적이며, 가족 구성원들을 바라보는 관점이 변해야 한다. 요구의 대상이기보다, 존중과 배려가 우선되는 온 생명의 대상으로 바라보아야 한다.

"생명은 모든 것을 일컫는다."[41] 그래서 모든 생명을 평등하게 고려해야 하며, 모든 것을 사랑해야 한다. "생명의 시작은 우주적 차원의 프로그램 속에서 비롯되는 것"[42]이기 때문이다. 그래서 증산은 '천지가 사람을 낳고(天地生人)'(교법3-47)라는 표현을 통해 인간을 천지의 은혜로 태어난 존재로 묘사한다. 천지는 모든 만물을 낳은 덕을 지닌 가치론적 실재로서 인간은 천지의 은혜로 태어날 수 있었다는 것이다.

'천지생인'에서 '천지'라는 용어는 하나의 생명을 탄생시키기 위해 존재한 모든 생명체의 조력을 상징적으로 표현한다. 하나의 생명을 탄생시키기 위해서는 부모와 조상이 존재해야 하며, 나아가 이들을 생육하기 위한 모든 것이 제공되어야 하기 때문이다. 그런 의미에서 '천지생인'은 현시점의 생명 탄생만을 의미하기보다는 조상과 자연물 등 생명 탄생을 위해 존재한 모든 것에 소급되어 적용된 결과인 것이다. 여기에는 신적 요소도 포함되는 것으로, 증산은 '조상선령신'과의 관계 설정이라는 독특한 생명관을 통해 생명 탄생을 설명한다.

상제께서 종도들에게 가르치시기를 "하늘이 사람을 낼 때에 헤아릴 수 없는 공력을 들이나니라. 그러므로 모든 사람의 선령신들은 육십 년 동안 공에 공을 쌓아 쓸 만한 자손 하나를 타 내되 그렇게 공을 들여도 자손 하나를 얻지 못하는 선령신들도 많으니라. 이같이 공을 들여 어렵게 태어난 것을 생각할 때 꿈 같은 한 세상을 어찌 잠시인들 헛되게 보내리오." 하셨도다.[43]

생명의 탄생에는 '조상선령신'과의 관계성을 통한 신명적 교감이 함께한다. 생명은 단순히 '살아 있는 존재'에만 국한된 것은 아니기 때문이다. 한국인들이 지극정성으로 조상을 섬기는 이유가 여기에 있는 듯도 하다. 인간은 누구나 조상선령신들이 육십 년의 공을 들여 태어난 존재이기에 탄생의 과정 자체가 경이롭고 신비롭다. 내 부모가 그렇고, 내 형제가 그렇고, 내 자식이 그렇다. 그렇기에 모두가 존경의 대상이며, 사랑의 대상이다. 가족이라 해서 함부로 대하여서는 안 되는 이유가 여기에 있다. 누구를 대하든 존경해야 하는 것이다.[44]

2) 가정화목의 실천으로서 선령의 향화와 봉친육영

가정화목은 가족을 존경과 사랑의 대상으로 바라보는 것에서 시작된다. 가정화목은 사회화합을 이루기 위한 기본 출발점이다. 가정의 존경과 사랑의 기운이 사회로 확장될 때, 사회화합이 이루어지기 때문이다. 사회화합을 이루기 위해서는 가정화목이 반드시 선행되어야 하는 이유이기도 하다.

'조상선령신'과의 관계 설정이 전제된 증산의 생명관은 가족의 범주를 조상으로까지 확장하며, 선령의 향화와 봉친육영을 통해 효의 관념 또한 확장한다. 효 관념을 재해석 하는 것이다.

이해 가을 어느 날 상제께서 안내성에게 이르시기를 "너는 부지런히 농사에 힘쓰고 밖으론 공사를 받드는 것을 게을리 하지 말라. 안으론 선령의 향화와

봉친 육영을 독실히 하여 내가 돌아오기를 기다리라." 하시도다.[45]

향화는 "향불, 제사에 향을 피운다는 뜻으로, 제사의 이칭(異稱)"[46]이다. 여기서의 향화의 의미는 단순히 조상의 은덕을 기리는 것이 아니라 조상의 유지를 받들어 행하는 것을 말한다. 그런 의미에서 선령의 향화는 "그 사회의 성원으로서 활동하고 있다는 관념"[47]이라는 의미가 있다. 선령의 향화는 유지를 받드는 것뿐만 아니라 내 존재의 근원이 되는 조상에게 감사하는 마음가짐의 표현이다. 제사는 "죽은 이 섬기기를 살아 있는 이 섬기는 것과 같이 한다."는 정신으로 올려지는 의식[48]이다. 정성의 예를 갖추어야 하며, 겸손한 마음으로 공경심을 가져야 한다. 그런 의미에서 '선령의 향화'는 효의 또 다른 이름이 될 수 있는 것이다.

증산은 부모를 향해 자식이 정성을 다하는 전통적 관점의 효뿐만 아니라 자식을 위해 부모가 행해야 하는 육영 또한 독실히 하라고 하여 육영의 중요성을 봉친 못지않게 강조한다. 봉친육영은 나라는 존재를 있게 한 부모와 자식이라는 근본을 대하는 마음가짐과 자세를 의미한다. 효가 근본에 대한 존경과 사랑 그리고 존중과 감사라면 부모에게는 경(敬)의 자세로 섬기고, 자식에게는 자(慈)의 자세로 함께하는 것이 효이다. 나를 중심으로 부모의 마음을 살피고 잘 섬기는 것이 부모라는 근본에 대한 효라면, 자식을 사랑과 감사의 마음으로 잘 키워서 조상의 유지를 잘 받들어 나를 이어 사회의 성원으로서 활동할 수 있도록 하는 것이, 아비라는 존재를 있게 한 자식이라는 또 다른 근본에 대한 효이며, 이것은 효 관념의 확장이다. 부모를 존경과 사랑의 마음으로 섬기고 받들며, 자식을 사랑과 감사의 마음으로 함께하는 것이 바로 효이며, 가정화목인 것이다.

가정화목에는 가족 구성원에 대한 보은의 진리가 내재되어 있다.

여기서 한 가지 주목할 것은 '보은'이라는 것이 일향적 작위가 되어서는 안 된다는 것이다. 다시 말하면 보은이라는 것은 상호의 존재와 가치를 이해하고 인정하며 자신의 위치에서 도리를 다하는 형태로 이루어져야 한다는 말이다.

所願人道 願君不君 願父不父 願師不師 有君無臣其君何立 有父無子其父何立 有師無學其師何立 大大細細天地鬼神垂察[49]

자신의 존재를 인식하고 가치를 인정받기 위해서는 상대의 존재를 인식하고 그 가치를 인정하는 것이 선행되어야 한다. "임금이 있으나 신하가 없으면 그 임금이 어디에 설 수 있으며, 부모가 있으나 자식이 없으면 그 부모가 어디에 설 수 있으며, 스승이 있으나 배우는 자가 없으면 그 스승이 어디에 설 수 있겠는가."라는 증산의 말에서 군신·부자·사제는 독존적 존재일 수 없음을 설명한다. 즉 서로에 대한 절실한 희구와 배려가 서로를 온전한 주체로 존재하게 하는 것이다. "임금이 되기 위해서는 그 자리를 있게 해 준 신하에 대한 도리를 다해야 할 것이며, 부모는 부모의 도리를, 스승은 스승의 도리를 다해야 한다. 마찬가지로 신하는 신하되게 해 준 임금에게, 자식은 부모에게, 제자는 스승에게 도리를 다해야 하는 것이다."[50] 다시 말하면, 대대적 관계의 존재 양상은 개별적 주체로서의 독립성이 우선하는 것이 아니고 교호작용을 통한 상생적 존립 관계여야 한다는 의미이다. 그런 의미에서 가정화목, 사회통합, 세계평화를 논의할 때에도 반드시 전제되어야 하는 것이 보은의 도리라 할 수 있다.

5. 맺음말

'헬조선', '갑질', '불통' 등 미디어를 통해 자주 접하게 되는 이들 용어 는 한국 사회가 처한 상황을 잘 대변해 준다. 화합과 통합보다는 갈등과 분열의 분위기가 사회 전반에 만연한다. 윤리 의식의 부재, 소통의 단절, 재화의 편중, 이념과 지역의 대립 등으로 사회는 병들어 가고, 그 안의 구성원들 또한 병들고 있다. 현 시점에서 치유와 화합을 이야기한다는 것은 한편으로 '종교가 세상을 치유하기 위해 제시할 수 있는 새로운 비전은 무엇인가?'를 논의하는 작업일 수 있다. 그만큼 무거운 과제가 되는 것이다.

그러나 지금의 종교는 복잡한 현실과 미래에 대한 두려움에서 탈피하려고 개인의 안위를 추구하며 이기주의의 길로 치닫는 현대인들의 모습과 별반 다르지 않다. 신관의 정립이라든지 교리나 신앙 체계의 고민 없이 '믿음'과 '구원'만을 강조하기 때문이다. 복잡한 현실에서 단순함을 쫓고 있는 현대인들에게 '믿으면 구원 받는다'는 식의 그릇된 종교관을 심어 주는 것이다. 신앙한다는 것이 신앙인 스스로가 신과의 관계 정립을 통해 올바른 신앙인으로 성장한다는 것을 의미한다면, 지금의 종교의 모습은 상처를 더 키우고 있는 셈이다. 그런 의미에서 치유와 화합에 대한 논의는 종교 본연의 모습으로 돌아가자는 의미가 짙게 배어 있다. 종교 수행이라는 기본에 충실함으로써 치유와 통합으로 나아가자는 것이다.

치유는 마음에 대한 위로이다. 상처를 위로해 주고 보듬어 안는 것이 치유라는 의미이다. 이러한 치유는 이타행이 이루어질 때, 그 가치가 확연히 드러난다. 그런 의미에서 종교의 본질이 이타행, 즉 남을 잘되게 하는 데 있다면, 치유와 화합에는 진심을 다한 경청의 중요성이 강조된다.

경청은 '대화와 소통'을 위한 가장 중요한 수단이다. 대화와 소통의 부재나 단절에서 비롯된 상처를 치유하기 위해서는 경청의 자세가 요구된다는 말이다. 단순히 듣기만 하는 것이 아니라 상대에 대한 배려가 동반된 따뜻한 눈맞춤이 있는 경청이 필요한 것이다. 그러나 이를 행동으로 옮기기란 쉽지만은 않은 것이 사실이다. 결국 치유적 접근을 위한 경청은 끊임없는 내면의 성찰이 이루어질 때 가능하다. 이를 위해서 요청되는 것이 종교 수행이다. 경전 읽기와 기도, 수련 등의 내적 자기 노력을 통한 끊임없는 수행은 따뜻한 눈으로 세상을 바라보며, 솔선수범의 자세로 타인의 신체적 정신적 결핍을 치유할 수 있는 동인으로 작용하기 때문이다.

종교의 핵심이 신앙에 근거한 실천에 있다면 이제는 맹목적 신앙에서 벗어나 지속적인 수행을 통해 자신을 변화시켜야 한다. 종교를 통한 정신적 만족만을 추구할 것이 아니라 스스로의 변화를 통해 윤리적인 삶을 지향해야 하는 것이다. 종교는 모든 존재의 신성한 권리를 존중해 주는 것이므로, 서로 존중함으로써 구성원과의 공감대를 형성해야 한다. 여기에는 구성원을 자신처럼 여기는 마음과 남을 잘되게 하려는 상생의 마음이 깃들어 있어야 하는 것이다.

남을 잘되게 하고자 하는 상생의 마음에서 비롯된 따뜻한 눈맞춤과 배려가 전제된 경청은 가족 구성원, 나아가 사회 구성원 개개인의 내면의 아픔과 상처를 보듬어 안을 수 있다. 상생은 상대에 대한 이해와 인정을 바탕으로 해서 자신의 도리를 다하는 것이기 때문이다. 인간에 대한 존경과 사랑, 존중과 감사가 내재되어 있는 이것이 치유이며, 가정화목이며, 사회화합인 것이다.

종교의 유무와는 상관없이 많은 곳에서 일반인을 대상으로 한 치유 프로그램을 운영하고 있는 것과는 달리 현재 대순진리회에서는 신앙인을 중심으로 종교 수행에 주안점을 두고 치유 프로그램이 진행되고 있다. 이 말은 일반 대중을 대상으로 한 치유 프로그램이 따로 운영되지 않는다는 의미다. 대순진리회가 명실상부하게 현재를 살아 숨쉬는 종단이 되고자 한다면 해원상생과 보은상생의 양대 진리를 중심으로 상처 속에 살아가는 일반 대중을 보듬어 안을 수 있는 치유 프로그램을 개발하는 것 또한 중요한 과제이다. "앞으로의 종교는 신자의 울타리를 중시하는 종교에서 더 열린 종교로의 전환과 인간 존재의 깊이와 다양성을 탐구하는 장이 되는 종교로의 전환"[51]이 필요하기 때문이다. 이와 함께 사회화합을 위해 가정화목을 강조하는 상황에서 '독거노인, 독신자, 결혼 포기 세대' 등 '1인 가구'의 증가가 사회문제로 대두되고 있는 현실은 대순진리회에서 강조하는 가정화목과 사회화합을 위해 '1인 가구'와 '사회화합'의 문제를 어떻게 엮어 가야 할 것인가에 대한 논의의 중요성을 부각시키고 있는 바, 향후 연구 과제로 남겨 두고자 한다.

일제강점기 대종교의
사회적 치유를 말하다

: 일제강점기 민족정체성 확립을 통한
 투쟁 담론을 중심으로

김 동 환 / [사]국학연구소 연구원

1. 치유는 종교의 본질이다

종교는 사회적 기능은 매우 중요한 요소다. 특히 전통사회에서의 종교는 사회 문화의 근간이 되었다는 점에서 더더욱 중요했다. 나아가 인간의 생활이 곧 종교 생활이며 사회 생활이었다 해도 과언이 아니었다. 이러한 종교와 인간의 관계는 근현대에 들어와서도 별반 달라지지 않았다. 다만 그 적용하는 방법과 형태, 그리고 그 기재(器材)들이 변했을 따름이다.

한국의 종교 상황은 '종교 백화점'이나 '종교시장' 등으로 불릴 정도로, 한국 사회는 '다종교 사회'를 이루고 있다. 한국 사회에 종교단체의 수가 많고, 종교단체들이 자본주의적 시장경제의 원리에 따라 일종의 선택 가능한 상품으로 존재한다는 의미이다. 그와 관련하여, 2008년의 조사 결과, 한국에는 자생 종교와 외래 종교 등을 합해 510여 개 이상의 교단·교파가 있는 것으로 나타났다. 한국 사회에 종교단체들이 많아진 이유에는 여러 조건들이 있었다. 정치·사회적 조건으로는 개항 이후부터 널리 퍼지기 시작한 정교분리와 종교의 자유에 입각하여 종교단체의 설립을 허용하는 정책, 실질적인 공인교 정책 등과 개인적으로는 특정인의 다양한 종교체험과 욕망 등이 그에 해당된다.[1] 따라서 그 종교인구도 2015년을 기준으로 2,497만 766명으로 나타나 있다.[2]

흔히 종교의 기능을 크게 본래적 기능과 수단적 기능으로 나눈다. 본래적 기능이란 종교가 본래 수행하는 기능이다. 즉 종교의 교리나 신앙을 통해 얻게 되는 정신적 위안, 긴장의 해소, 죽음 같은 공포의 극복 등을 말한다. 이에 대해 수단적 기능이란 본래적 기능을 수행하기 위한 도구로서의 기능이다. 흔히 예배, 기도, 노래, 설교 등과 같은 의례들이 이러한 범주에 속한다.

또한 인간은 종교적 활동에 참여함으로써 공동체 의식을 강화하고, 함께 사는 삶의 의미를 만들어 가므로, 종교는 사회를 하나로 묶는 작용을 해 왔다. 종교의 사회적 기능이다. 이러한 기능은 뒤르켐(Emile Durkheim, 1858-1917)에 의해서 체계적으로 정리되었다. 그는 종교가 사회의 기본적 가치와 규범의 근거를 확립하며, 사회 구성원들 간에 공동체의식을 갖게 하여 사회가 안정성을 갖도록 한다고 말하였다.[3] 즉, 종교는 사람들로 하여금 사회질서에 순응하게 하고, 사회의 가치와 규범을 내재화하는 방식을 통해서 사회 통합의 기능을 수행한다는 것이다. 또한 종교는 현존하는 사회구조와 질서 자체를 정당화해서 사회구조와 계급 등이 올바른 것이라고 인지하게 하여 사회를 통합한다고 하였으며, 마지막으로 개인들이 집단 안에서 서로 의미 있는 관계성을 갖도록 하여 분리보다는 통합에 기여한다는 점을 강조했다.

종교의 사회적 통합이라는 관점에서 보면, 그 사회의 문제점 해결 역시 반드시 수반되는 기능이다. 문제의 해결 없이는 결과적 통합을 도출할 수 없기 때문이다. 그것을 종교의 사회적 치유 기능으로 보아도 무방한 이유다. 결국 종교의 치유와 통합 기능은 동전의 양면과 같이 뗄 수가 없다.

한편 치유나 통합이라는 의미는 집단을 주도하는 세력의 유지 기능과도 밀접하다. 치유가 집단의 고질을 치료하여 낫게 하는 것이라면, 통합은 조직이나 기구를 하나로 모아 합친다는 의미로 해석된다. 정상적(자주적)인 집단이라면, 문제점의 제거를 통한 안정된 화합을 추구하며 일치된 단결을 지속적으로 지향할 것이다. 반면 제국주의 집단에서의 문제점 제거는 바로 저항 세력의 구축(驅逐)이다. 그리고 그들이 추구하는 안정된 화합이란 잡음 없는 식민지의 완성과 통한다.

이 글의 주제 성립도 이러한 관점에서 가능할 듯하다. 일제강점기는 우리로 보면 국가의 국권(國權)이 상실되어 완전한 해체 상태에 놓여 있었다. 그러나 일제의 입장에서는 또 다른 통합을 향한 외연의 확장과 통한다. 일제에게 무너진 대한민국은 치유의 대상이었다. 완전한 일본화(통합)를 위한 치유의 방법이 식민지 정책이었다. 우리에게도 무너진 대한민국은 치유의 대상이었다. 완전한 조국 광복(통합)을 위한 치유의 방법이 독립운동이었다. 흔히 말하는 '헤쳐 모여'의 대상과 목표가 정반대였던 것이다. 이것이, 같은 시기 같은 공간에서 만들어진 치유와 통합의 역설이다.

이러한 첨예한 역설의 시공간 중심에 대종교가 있었다. 대종교는 일제와 가장 치열하게 투쟁하며 무너져 간 집단이다. 일제가 자기들 입장에서 주된 치유의 대상으로 삼은 우리의 정체성의 핵심이 바로 대종교였기 때문이다. 그러므로 이 글에서는 일제강점기 치유와 통합의 역설을 살펴보고, 그 시기 대종교의 사회적 치유와 통합을 신도(神道)와 신교(神敎, 대종교), 조선어(朝鮮語)와 국어(國語), 조선사(朝鮮史)와 국사(國史)의 관계를 중점으로 하여, 양보 없는 투쟁을 펼친 담론을 밝혀 보고자 한다.

2. 뒤틀린 세상에 서다

19세기 들어 세계는 낭만적 지구촌 시대를 꿈꾸게 되었다. 인류사와 지리학적인 관점에서 보면 세계가 그 어느 때보다도 좁아졌기 때문이다. 그러나 현실적으로는 침략과 피침략이 부딪친 제국과 식민의 바다였다. 제국주의자들은 탄압과 수탈로 군림하면서 치유와 통합을 외쳐대는 한편, 식민지인들은 슬픔과 오욕으로 굴종해 가며 또 다른 치유와 통합을 모색해야 했다.

제국주의자들이 통치를 위한 수단으로 동원한 것이 식민지정책이다. 그 자체가 그들에게는 치유와 통합의 방안이었다. 반면 식민지인들이 탈통치(脫統治)를 위한 수단으로 택한 것이 반식민지운동이다. 이 또한 그들에게는 치유와 통합의 방편이었다. 전자가 식민지정책을 통한 통합의 완성을 추구했다면, 후자는 독립운동을 통해 질곡에서 해방을 추구했다. 한마디로 같은 공간에서 지배와 저항이 길항작용을 하며, 치유와 통합의 역설로 나타난 것이다.

20세기 초 조선도 이러한 역설의 공간으로 시작되었다. 일제는 을사늑약으로 조선의 외교권을 박탈하는 한편 통감부를 설치하여 조선의 내정까지도 간섭했다. 물론 을사늑약에는 통감은 '오로지 외교에 관한 사항을 관리'한다고 하였으나, 이는 허울에 불과한 것이었다. 일제는 조선의 내정을 장악하고 전도(顚倒)된 질서 속에서의 '치유와 통합(식민지화)'의 기초를 확고히 한 후 대륙 침략 정책을 추진하는 데 목적이 있었기 때문이다.

1910년 5월 병약한 소네 아라스케(曾彌荒助)를 대신하여 통감에 임명된 데라우치 마사타케(寺內正毅)는, 1910년 8월 조선 병탄을 이끌어 내며 조선총독부의 초대 총독으로 취임하게 된다. 당시 일제는 1909년 7월 「한국병합에 관한 건」과 「대한시설대강(對韓施設大綱)」이 일왕의 재가를 통해 결정된 상황이었다.[4] 이후 이 두 문건은 일제가 조선을 '치유하고 통합(식민지화)'하는 기본적 방침으로서, 조선총독부로 연결되면서 착실히 계승되었다.[5]

「한국병합에 관한 건」[6]의 내용은, 적당한 시기에 한국을 일본 판도의 일부로 하는 병합을 단행하고, 병합 시기가 올 때까지는 병합 방침을 확고히 하기 위한 정책을 수행하며, 충분히 보호의 실권을 거두고 힘써 실력 부식을 도모한다는 것이 핵심이었다. 또한 「대한시설대강」[7]에서는 병합 시기 이전까지 군대 및 경찰의 주둔과 외교권의 장악, 그리고 철도 시설 장악 등, 정치 · 군사 · 치안 · 외교 · 경제권의 제반을 지배하기 위한 내용이 골자를 이룬다.

일제는 곧바로 제2차 러 · 일협상을 통해 러시아의 병합 양해를 얻어내고,[8] 그 뒤 1909년 12월 일진회 백만 회원의 연명이라 칭하고 '한일합방성명서'를 중외에 발표하게 하였다.[9] 새로운 치유와 통합을 위한 줄탁동시(啐啄同時)의 모양새를 갖춘 것이다. 탄력을 받은 데라우치는 탄압 기구를 더욱 강화하기 위해 헌병경찰제를 실시하였다. 이로써 병합 준비는 계획대로 진행되어 갔다. 일제는 '한국을 일본에 병합하지 않고서는 통치의 책임은 도저히 충족할 수 없다.'며 1910년 6월 「합병 후의 조선에 대한 시정방침」을 결정하였다.[10] 이에 따르면 한국을 병합할지라도 한국에는 일본 제국 헌법을 시행하지 않고 일본과 차별하여 통치하며, 일체 정무는 무관총독이 독재하며, 정치와 정치기구는 될 수 있는 한 간단하게 하며, 총독부의 회계는 특별회계로 하고 그 경비는 한국의 세입, 철도 · 통신 · 관세 등으로 충당할 것을 원칙으로 하되 당분간 일정한 금액을 정하여 본국 정부에서 보충하며, 한국인을 하급관리로 채용토록 하였다.[11]

이어 1910년 7월에는 22개 항목에 이르는 「병합처리방안」이 작성되고, 일본 각의에 제출되어 통과되었다.[12] 그리고 1910년 8월 16일 데라우치는 총리대신 이완용으로 하여금 내각 대신 회의를 개최토록 한 뒤에 미리 준비한 '합병 방침'을 안건으로 채택하여 이를 통과시킨 뒤에, 20일에는 순종 임석하에 어전회의를 열어 '한일병합조약'을 강제로 체결하였다. 이에 따라 데라우치는 초대 총독으로 임명되었고 그의 주도하에 식민지로 조선을 통치할 방안을 구체적으로 실행해 나갔다. 그는 동화정책의 지표로 우선 식민지의 안정화, 문명화, 일본화를 꼽았다. 식민지의 안정화는 동화정책의 전제조건이며, 문명화는 동화정책을 가능케 하는 명분이며, 일본화는 동화정책의 궁극적인 목적이라 할 수 있다.[13]

독립국으로서의 조선이 일제의 식민지로 전락하면서, 마침내 조선 치유와 통합의 책임자가 융희 황제에서 데라우치로 바뀌었다. 당시 데라우치 총독의 치유와 통합의 방안은 곧 침략과 지배의 논리로서, 일선동조론(日鮮同祖論)과 문명개화론으로 압축된다. 그러므로 데라우치는 통치 이념이나 시정방침을 거론할 때마다, 융합 동화·일시동인주의(一視同仁主義)를 강조하였다. 이는 한일역사관인 일선동조론에 그 밑바탕을 두고 있다. 그가 일선동조론과 문명개화론을 강하게 내세웠던 것은 조선의 독립불능론을 전제로 한 것이었다. 당시 데라우치는 조선은 독립할 수 없는 나라로 인식하였다. 한 나라가 독립을 하기 위해 우수한 육군과 해군, 그리고 이들 군사력을 지탱할 수 있는 과학적 능력과 지식의 구비가 필수적인데, 조선의 현실은 그렇지 못하다는 것이다. 그러므로 조선인은 일본을 믿고 일본에 의뢰하는 것이 자국의 행복을 위한 최상의 방책이라는 궤변을 늘어놓았으며, 한국 병탄의 취지 자체도 양국의 상합일체(相合一體)로 피아 차별을 없애고 상호 전반의 안녕 행복을 증진하는 것이 명분이었다.[14]

병탄(1910년) 이후 광복(1945년)까지 일제(조선총독부)의 모든 제도(制度)나 영(令)·규칙(規則) 등은, 이러한 기조 위에서 식민지의 완성을 심화해 갔다. 이것이 그들의 새로운 질서 구축을 위한 치유와 통합의 방법이었다. 또 그 명분으로 동원한 것이 조선(조선인)의 성격 자체를 미개성·타율성·정체성(停滯性) · 반도성(半島性) 등의 부정적 속성으로 치부하여, 치유의 대상으로 삼는 정당성을 확보하려 했다.

한편 의병운동으로 고개를 든 일제에 대한 저항은, 일제의 조선 병탄 이후에는 더 본격화되었다. 즉 식민지의 나락으로 떨어진 조국의 현실에 수긍하지 않는 세력에 의해 다양한 저항운동이 나타난 것이다. 그중에서도 대종교의 등장은 일제에 대한 총체적 저항의 중심이었다는 점에서 주목을 끈다.[15] 특히 민족 정체성의 고수 혹은 회복을 통한 선진성(先進性) · 자율성 · 발전성 · 대륙성의 강조는, 일제가 추구하려 한 치유와 통합의 정책에 정면으로 배치되는 것이었다. 또한 많은 대종교 지도자들은, 당시 융희 황제가 포기한 치유와 통합의 권한을 일제에게 준 것이 아니라, 국민에게 준 것임을 천명했다는 점이다. 가령 1917년 상해에서 발표된 「대동단결선언(大同團結宣言)」이 그 대표적 사례다. 이 선언은 대종교 지도자 신규식 · 이상설 · 박은식 · 신채호 · 윤세복 · 조소앙 · 신석우 · 한흥 등 14명의 명의로 발표된 것으로, 그 내용 중에

> 융희 황제의 주권 포기는 즉 아국민(我國民) 동지에 대한 묵시적 선위(禪位)니, 아동지(我同志)는 당연히 삼보(三寶)[16]를 계승하여 통치할 특권이 있고, 또 대통(大統)을 상속할 의무가 유(有)하도다. 고로 이천만의 생령(生靈)과 삼천리의 구강(舊疆)과 사천년의 주권(主權)은 오인(吾人) 동지가 상속하였고 상속하는 중이요 상속할 터이니, 오인 동지는 차(此)에 대하여 불가분의 무한책임이 중대하도다.[17]

라는 구절이 눈에 들어온다. 즉 융희 황제의 주권 포기가 결코 일제에게로의 주권 양도가 아님을 밝히고 있다. 또한 그 주권 계승의 특권이 우리(국민)

에게 있고 그것에 대한 무한책임 역시 우리에게 있음을 공언했다.

대종교는 우리(국민)에게 부여된 그 무한책임을 실천하기 위하여 총체적 저항을 했다. 일제에 의한 잘못된 치유와 통합의 질서를 바로잡기 위해 끝까지 저항하며 무너져 갔다. 당시 많은 종교들이 일제의 치유와 통합의 정책에 결국은 순치되었던 양상과는 극명한 대조를 보여주는 부분이다. 이것은 대종교라는 집단이 여타 종교들보다는 민족정체성적 요소가 두드러지게 강하다는 점과도 관련된다. 즉 일제가 무단통치로부터 민족말살정책을 펴기까지, 그들이 추구하는 치유와 통합에 가장 큰 걸림이 조선 민족의 정체성이었기 때문이다.

분명한 것은 일제의 치유와 통합의 완성이 조선의 완전한 일본화였다는 것이다. 반면 우리의 치유와 통합의 완성이 정체성 회복을 통한 조국 광복의 완성이었음은 부정할 수 없다. 일제강점기 치유와 통합의 역설은 이와 같은 비정상적 구조에서 기인한다. 아직도 끝나지 않은 친일과 저항의 아노미 역시, 제국의 구호와 식민의 구호가 충돌하는 회색 지대로 남아 있는 것이다.

3. 대종교의 사회적 치유를 말하다

나라가 위기에 처하면 늘 그랬듯이, 단군은 외세와의 투쟁을 뒷받침하는 정신적 원천이었다. 조선 말기에도 단군은 역사의 전면에 다시 등장하게 된다. 백봉신사를 중심으로 하는 신교 집단이 그것이다.[18] 특히 이 집단은, 후일 나철을 중심으로 하는 단군교(대종교) 성립에 소중한 토대를 마련해 줌으로써, 근대 한민족의 정체성 확립의 신기원을 세웠다는 점에서 큰 의미가 있다.

더욱이 대종교의 중광은 우리 민족사 전반에 혁명적인 변화를 가져온 사건이었다. 그것은 역사적으로 침체된 단군신앙의 단순한 부활을 넘어서, 주권을 잃어버린 암울한 우리 민족사회 전반에 희망과 자긍심을 심어준 계기가 되었으며 망국의 한을 품고 중국·만주 그리고 연해주로 망명한 우국지사들과 유리표박(遊離漂迫)하던 수많은 동포들에게도 정신적 안식처를 제공해 주었기 때문이다. 특히 대종교의 중광(重光, 다시 일어남)은, 중광의 명분을 가장 극명하게 보여주는「단군교포명서」에 나타나는 바와 같이, 긴 세월에 걸친 민족적 정체성(正體性)의 와해 과정에서 급기야 한일합방이라는 민족적 수모를 당하게 된 역사적 원인에 대한 냉철한 자성과 함께 그 치유 방안을 제시해 주었다는 점에서도 의미가 크다.[19]

그러므로 대종교에서는 민족정체성과 관련한 여러 분야에 지대한 관심과 노력을 기울였다. 국시(國是)로서의 홍익인간이나, 국전(國典)으로서의 개천절, 그리고 국기(國紀)로서의 단군기원 등이 모두 대종교를 매개로 정착된 것이다.[20] 또한 국교(國敎)·국어(國語)·국사(國史) 부문에서의 대종교의 인식 제고 역시 간과할 수 없다. 민족문화에 가장 핵심을 이루는 이 분야에 대한 인식의 틀을 바꾸는 데 전력을 기울였다. 이것은 다음과 같은 기록에서도 확인된다.

> 홍암 나철 신사(神師)로 하여금 단군교(대종교-필자 주)를 중광시켜, 노예적 구사상(舊思想)·구세력(舊勢力)을 탈각(脫殼)하고, 전민족적 혁명에의 길로 전환되었다. 그리하여 노예적 사편(史片)을 자주적 사면(史面)으로, 유교·불교정신을 배달교(倍達敎) 정신으로, 그리고 한문어(漢文語)를 국문어(國文語)로 혁신하여, 국어·국문·국사·국교(國敎)를 회복하였고, 만천하 동포가 대종교에 귀일케 되니 실로 중로(中路) 양령(兩嶺)에 단군문화가 독립운동 봉화대

가 되고, 백두천산은 독립운동 사령탑이 되고, 나홍암 신사는 민족운동의 총 사령격(總司令格)이시었다.[21]

이 기록을 남긴 이현익(李顯翼)은 만주 대종교 항일운동의 일선에서 활동했던 인물이다. 홍업단에서 활동하였고 광정단에서는 북부외교장(北部外交長)으로도 활약했다. 또한 신민부에서는 이승림(李承林)이라는 이름으로 활동했을 뿐만 아니라, 대종교의 비밀 조직인 귀일당(歸一黨)에서는 이일림(李一林)이라는 가명으로 항일운동을 한 인물로서[22] 당대의 정황을 누구보다도 잘 아는 인물이었다.

한편 대종교의 국교와 국어ㆍ국사에 대한 애착은 일제의 조선 침략에 대한 각성으로 출발한 것이지만, 그 방면을 통한 대종교의 저항은 집요하고 치밀했다. 즉 일제는 그들의 신도(神道) 국교화(國敎化)를 통해 우리 전래 신교를 압살하고, 일본어를 국어로 하여 우리 국어를 조선어로 타자화시켰으며, 우리 국사 역시 조선사로 몰락시켰다. 그러므로 일제강점기에는 일본의 신도, 일본어, 일본사가 우리의 국교ㆍ국어ㆍ국사로 자리잡았다.

1) 정체성이 뒤집히다

주목되는 것은 20세기 초에 해외 신사 건설로 본격화된 일본의 신사신도(神社神道)[23]가 천황제 이데올로기와 결합하여 국가신도를 지향하던 신사였다는 점이다. 따라서 일본이 지배하는 영토에는 일본의 신이 강림한다는 이른바 국체(國體) 교의에 입각하여 추진한 것이 해외 신사 건설이었다. 그러므로 해외 신사 건설이란 다름 아닌 종교 침략과 일맥하는 정책이었다.[24] 이 또한 일제가 그들의 신도 보급을 위해, 한국의 신교(대종교)를 용납하지 못한 배경이 된다. 1915년 일제가 우리의 신교(대종교)를 부정하고 일본의 신도만을 용인함으로써, 명실공히 일본의 신도가 우리의 국교(國敎)를 대신하게 되었고 우리 고유의 신교(대종교)는 불법 종교로 전락하고 만다.

일제가 패망할 때까지 극렬하게 대종교를 없애려 한 근본적인 이유가 여기에 있다. 결코 일제는 그들의 신도와 한국 전래 신교(대종교)의 양립을 용납할 수 없었다. 신도를 국교로 했던 일제로서는, 신도의 뿌리임을 주장하는 조선의 신교(대종교)를 용납한다는 것이 성립되지 않았다. 한마디로 대종교와 신도와의 전쟁이 시작된 것이다. 이것은 일본 신도의 '태생적 한계'(한국의 전래 신교에 그 뿌리를 둠)에서 오는 자격지심도 있으려니와, 조선의 영구 지배를 위해서도 단군으로 상징되는 조선의 정체성을 방관할 수 없었기 때문이다.

일제의 신사 창건은, 그들의 국교인 신도의 보급을 통해, 일본의 정체성을 우리에게 이식하겠다는 의도에서 출발했다. 즉 그들의 조상신을 우리의 조상이라 정당화함으로써, 내선일체·일선동조론의 명분을 합리화하고 궁극에서는 황민화를 달성하려 했던 것이다. 한민족 정체성의 중심인 대종교가, 일제의 패망 때까지 총체적 대일 항쟁의 길을 걷게된 것도 그 이유 때문이다. 즉 우리의 신교(대종교)와 일제의 신도 간에 물러설 수 없는 싸움이 전개된 것이다. 따라서 일본 신도의 원조임을 내세운 대종교의 공간은, 일제의 탄압으로 철저하게 부정되고 말살되었다.

주권을 빼앗겼던 시기, 우리 국어와 국사가 조선어와 조선사로 전락한 기억도 우리의 아픈 경험이다. '나'를 '나'라 못하고 '그'라고 칭하게 된 역사적 사례다.[25] 1911년 8월에 공포된 이른바 「조선교육령(朝鮮敎育令)」[26]은 일제의 초기 민족말살정책이 잘 드러나 있다. 조선교육령 제2조는 '교육은 교육에 관한 칙어에 기초한 충량한 국민을 육성하는 것을 본의로 한다.'고 하였고, 제5조는 '보통교육은 보통의 지식 기능을 전수하고 특히 국민다운 성격을 함양하고 국어(일본어-필자 주)를 보급하는 것을 목적으로 한다.'는 것이 골자이다. 즉 이 조선교육령은 교육의 주체가 한민족이 아님을 극명히 보여 준다.[27]

이 「조선교육령」은 일제의 식민지 교육을 제도화하고 그 방침을 천명한 것이었다. 데라우치 마사타케(寺內正毅) 조선 총독은 조선교육령 반포 직전인 7월 1일 각도 장관 회의에서 훈시를 행하였다. 이때 교육 방침과 관련된 다음 사항은 조선교육령의 숨겨진 의도를 그대로 알려 준다.

一. 한국인을 일본 신민으로 육성하는 것을 교육의 궁극적인 목적으로 한다.

一. 점진주의(漸進主義)로 한다.

一. 근로의 습관을 형성하도록 힘쓴다.

一. 보통교육 및 실업교육에 힘쓴다.

一. 국어(일본어-필자 주) 보급을 도모한다.[28]

데라우치 조선 총독은 조선교육령의 실시에 즈음하여, 그들의 「교육에 관한 칙어(勅語)」의 취지를 들고 조선은 아직 내지와 사정이 다르다는 것을 전제로 신민으로서의 덕성을 함양하고 일본어의 국어의 보급에 힘써 일본 천황의 충량한 신민(臣民)다운 자질과 품성을 갖출 것을 요구하는 유고(諭告)를 내린 것이다. 특히 마지막 항에 "국어(일본어) 보급을 도모한다."는 부분에서는 우리말이 나그네의 언어인 조선어로 몰락하고, 일본어가 국어의 자리를 차지하여 주인 행세를 하게 됨을 여실히 볼 수 있다.

비록 지금은 한글학회로 자리잡았지마는, 조선어학회란 명칭 역시 기분 좋은 이름은 아니었다. 1911년 국어의 자리를 일본어에 빼앗긴 수모 속에서, 국어학회란 명칭을 떳떳하게 사용하지 못한 아픔이 그대로 드러나기 때문이다. 본디 조선어학회가 1908년 창립된 국어연구학회를 모태로 하고 있음을 보더라도 알 수 있다. 그 후 1931년 1월 조선어학회로 명칭을 바꾸고 1949년 9월 현재의 명칭인 한글학회로 정착한 것이다.

우리 역사교육의 몰락도 마찬가지다. 우리의 역사교육이 결정적으로 위축된 것 역시 1910년 한국이 일본의 식민지로 떨어진 뒤다. 일제는 강제 병합 직후부터 「조선교육령」 등 각종 법령을 통해 우리의 역사교육을 압살해 나갔다. 당시 조선인의 교육은 일본 천황의 '교육에 관한 칙어'의 취지에 따라 충성스럽고 착한 국민을 양성하는 것을 본의로 했기 때문이다. 언급한 바와 같이 1911년의 1차 「조선교육령」에 따라 당시 보통학교에서는 역사(조선사)를 국어(일본어)과나 조선어과 안에서 다루고 별도의 국사를 가르쳤는데, 여기서 말하는 국사는 바로 일본사를 의미했다.

일제는 3·1운동 이후 더욱 한국사의 말살에 혈안이 되었다. 고등보통학교의 경우 당초 교과과정 편성에서 주당 2시간의 조선사를 허용했으나, 1919년 12월 관련 규칙의 개정을 통해서 조선사를 제외시키고 1921년에는 일본사를 정식 교과과정에 편입하였다. 그리고 각급 사립학교의 경우도 공립학교규칙에 준하도록 하였다. 당시 총독부 학무과장 유게 코타로(弓削幸太郎)는, 3·1운동의 최대 원인이 조선인의 독립욕에 있음을 강조하면서, 조선인이라는 의식을 없애고 마침내는 자기가 일본인이라는 관념을 갖도록 하는 것이 필요하다고 역설하였다.[29] 일제의 교육 방침이 무엇인지를 잘 보여준 것이다. 한마디로 국사(일본사)의 자존심을 높이고 조선사의 열등의식을 고양하는 것이 그들의 방침이었다.

일제가 조선사편수회를 통하여 조선사를 편찬하면서, 조선사의 식민지 근성을 강조했던 것도 같은 맥락이다. 즉 주인(일본사)과 노예(조선사)의 구별을 분명하게 해야 했기 때문이다. 일제의「조선반도사편찬요지(朝鮮半島史編纂要旨)」를 보면, 이 점이 잘 드러난다.

> 조선인은 여타의 식민지의 야만미개한 민족과 달라서, 독서와 문장에 있어 조금도 문명인에 뒤떨어질 바 없는 민족이다.…(중략)…혹은 '한국통사'라고 일컫는 한 재외조선인 저서 같은 것의 진상을 규명하지는 않고 함부로 망설을 드러내 보이고 있는 것이다.…(중략)…그러나 이를 절멸시킬 방책만을 강구한다는 것은 도로(徒勞)에 그치는 일이 될 뿐 아니라, 오히려 전파를 장려하는 일이 될지도 모른다는 점을 헤아리지 않으면 안 되는 것이다. 오히려 옛 역사를 강제로 금하는 대신 공명적확한 사서로써 대처하는 것이 보다 첩경이고 또한 효과가 더욱 클 것이다. 이 점을 조선반도사 편찬의 주된 이유로 삼으려 하는 것이다. 만약 이러한 서적의 편찬이 없다면 조선인은 무심코 병합과 관련 없는 고사(古史), 또한 병합을 저주하는 서적만을 읽는 일에 그칠 것이다.…(중략)…이와 같이 된다면 어떻게 조선인 동화의 목적을 달성할 수 있을 것인가?[30]

이것은 일제가 조선사를 편찬하려는 목적이 무엇인지를 분명하게 보여주는 내용이다. 한마디로 '일제에 노예가 되는 조선사'·'일제에 굴복하는 조선사'·'일제에 순종하는 조선사'가 필요하다는 것이다. 따라서 자율성이 아닌 타율성론을 부각시키고, 발전성이 아닌 정체성론을 강조하며, 단일민족으로서의 자부심이 아닌 복속된 열등 민족으로서의 의식을 심어 주겠다는 것이 일제의 식민주의사관이다. 그러므로 이들이 만든 국사(일본사)에서 조선은 일본의 일개 부속물에 지나지 않았으며, 거기에서 나타난 조선사의 모습은 정체되고 타율적인 역사로서 일본의 합병에 의해 그 본연의 지위를 얻고 문명화가 가능하게 되는 그러한 역사로 조작될 수밖에 없었다.

이러한 과정을 거치며 일제강점기 우리 국사는 조선사로 전락한다. 주인의 학문이 나그네의 학문으로 밀려나는 순간이었다. 국사편찬위원장을 지낸 한 원로사학자가, 역사학도로 발을 디디게 된 소회를 적은 글의 한 부분이 마음에 와 닿는다. 즉 소학교 4학년 때 일본어와 일본사를 국어, 국사라는 교과서로 공부했던 역사적 경험은 충격이었다는 고백이 그것이다.[31]

2) 투쟁이 곧 치유였다

일제강점기의 가장 큰 종교 쟁점은 우리 전래 신교(神教, 대종교)와 일본 신도(神道)의 충돌이었다. 일본 정체성의 핵심인 신도를 통하여 조선의 새로운 치유와 통합의 완성을 도모하려 했던 일제로서는, 일본 신도의 종주(宗主)를 자처하며 나타난 대종교를 부정하는 것이 새로운 치유와 통합을 성공시키는 첩경이었다.

우선 대종교를 중광한 나철이, 일본의 신도가 우리 신교에 뿌리를 두었다고 밝힌 다음의 인식을 주목해 볼 일이다.

> 대화(大和:일본-인용자 주)의 옛 사기(史記)를 살펴보건대, 일본 민족의 근본과 신교(神教)의 본원이 다 어디로부터 온 것이며, 신사(神社)의 삼보한궤(三寶韓几)와 궁내성(宮內省)의 오십한신(五十韓神)[32]이 다 어디에서 왔으며, 의관문물(衣冠文物)과 전장법도(典章法度), 그리고 공훈을 세운 위인들이 다 어느 곳으로부터 왔는가.[33]

즉 일본의 신도만이 아니라 일본 문화의 모든 질서가 한국에서 건너갔음을 말하고 있다. 이처럼 일본 정체성의 뿌리가 모두 한국에서 건너갔다는 내용이 담긴 서한을 일본 총리에게 보낸 것이다.

그러므로 1915년 국내에서의 「대종교포교금지령」이 내려진 이후 신교의 국내 활동은 거의 불가능한 상황이었다. 1915년 8월 16일 공포된 「포교규칙」은 일본의 신도를, 불교 · 기독교와 함께 식민지 조선에서 종교로 공인한다. 일제는 1915년 10월 1일 조선총독부령 제83호로 발포한 '포교규칙'에 의하여[34] 대종교는 그들이 정한 종교가 아니라는 이유로 신청서를 각하하였다. 사실상 종교 활동의 중단 상태로 빠져들게 된 것이다. 그리고 대종교에 대한 통제가 가능해지자, 일제는 서서히 자신들 국체의 우월성을 교화하는 국가신도(國家神道)를 보급하며 신도의 국교화를 진행시켰다.

일제의 신도 정책에 대항한 대종교의 조직적 저항 역시 만만치 않았다. 나철은 대종교의 국교의식(國敎意識) 환기를 통해 일제의 신도 국교화와 정면으로 충돌했다. 나철은 대종교가 우리 민족의 역사 속에 연면히 흘러온 종교이며, 우리 민족의 종교적 사유를 가장 옹글게 간직한 것이 단군신앙이라고 보았다.[35]

우선 대종교의 전래 경전이 단군 시대로부터 유래되는 것이며 그것의 역사적 전개 또한 교명(敎名)만 달리할 뿐, 동북아 전역에 이어져 왔다는 것이다. 즉 부여의 대천교(代天敎), 고구려의 경천교(敬天敎), 발해의 대도진종(大道眞倧), 그리고 신라의 숭천교(崇天敎), 고려의 왕검교(王儉敎), 만주의 주신교(主神敎)로 흘러왔음을 밝혔다.[36] 또한 삼신제석으로 떠받드는 성조신(聖祖神)과 태백신제(太白神帝)인 산상신(山上神), 그리고 만주족이 신봉하는 주신(主神)과 태고단신(太古檀神), 중국인들이 떠받드는 동황대제노백신(東皇大帝老白神) 등도 같은 하느님의 이음동의어로 보고 있다.[37]

또한 나철은 "교문을 세우니 이름하여 대종이요 현묘한 도의 근원은 삼일이라(乃設教門日大倧 玄妙之原道三一)."고 밝힘으로써,[38] 현묘지도의 근원이 단군신앙의 삼일철학에 있음을 설파했다. 그러므로 그는 순교 당시 제자 엄주천에게 남긴 유서에서도 신라 최치원의 '난랑비서(鸞郎碑序)'를 간곡하게 일깨우는데,[39] 이것은 최치원의 '국유현묘지도(國有玄妙之道)'에 나타나는 국교의식을 전수하려는 의지의 표명이라고 보아도 무리가 없다. 최치원의 현묘지도(풍류도)는 한국 고대 종교의 결정체로서, 국가적·민족적·영토적·문화적 통합으로 형성된 한국 고대의 가장 뚜렷하고 독창적인 종교요 사상이며 문화이기 때문이다.[40]

나철이 창교가 아닌 중광(重光: 단군신앙을 다시 일으킴)을 내세운 것도, 몽고 침입 이후 7백 년간 단절되었던 위와 같은 종교적인 맥을 다시 세웠기 때문으로 풀이된다. 즉 단군신앙 고유 제전인 팔관(八關)이 몽고의 침략으로 무너졌다는 것이다. 그런 까닭에 나철은 순교 당시 유서를 통해서도 진실한 정성을 위해 팔관의 재계(齋戒)[41]가 있음을 일깨우고 있다.[42] 팔관은 고려조 이지백(李知白)의 상소 내용에서도 전래되어 온 선랑(仙郎)의 유풍이었음이 확인되고,[43] 고려 의종은 선풍(仙風)과 팔관회를 받들어 따를 것을 명한 바가 있다.[44] 그 행사 내용도, 백희가무(百戲歌舞)와 사선악부(四仙樂部), 다섯 길이 넘는 채붕(綵棚)을 설치하고 모든 신하들이 포홀행례(袍笏行禮)를 하는 등, 불교적 행사와는 완전히 다른 전래 행사였다.[45]

아무튼 나철의 위와 같은 국교의식은 김교헌·서일·신규식·윤세복·이시영 등 당시 많은 사람들에게 파급되었다. 대종교의 국교적 의미 부여는, 당시 신문인《대한매일신보》에서 이미 언급되었다.[46] 즉 국가 간의 세력 다툼에서 종국적으로는 종교의 침략이 나타남을 지적하고, 그 나라의 국성(國性)으로 된 국교의 의미를 인식시켰으며, 대종교와 천도교가 그러한 가치 위에서 나타난 것임을 소개하고 있다. 또한《황성신문》논설에서도 다음과 같이 언급했다.

> 我始祖檀君은 神聖의 德으로 繼天立極ᄒ셧스니 神道設教로 作君作師ᄒ심
> 을 歷史의 明證이오 神人의 后裔로 神教를 信仰흠은 理想의 固然이라. 故로
> 星湖 李先生이 曰 我國古代에 神教가 始有라 흠이 豈不信哉리오. 由此觀之
> ᄒ면 我國의 宗教 歷史는 第一世 神教오 第二世 箕子의 倫教오 第三世 佛教
> 오 第四世 儒教로 相承흠이 歷歷可證이라. 凡我子孫은 此教化歷史에 對ᄒ
> 야 宜乎紀念ᄒ고 崇拜ᄒ는 思想이 有흘지로다.[47]

여기서는 단군의 종교가 신교(神教)로써 역사가 증명하는 것이며, 성호 이익의 말로도 뒷받침된다는 것이다. 또한 기자의 윤교(倫教) 뿐만 아니라, 불교·유교에 앞선 유구한 종교가 단군 신교임을 강조했다.

박은식 역시 정신적 승리를 위한 종교의 중요성을 주창했다. 당시의 대종교가 단군 시대의 신교에서 출발하여 연면히 이어온 종교임을 다음과 같이 언급한다.

> 단군 시대에는 신도(神道)로 백성을 교화하였기에 그 종교를 신교(神教) 또는
> 배천교(拜天教)라 한다. 대개 고대 사람들의 사상은 모두 신권(神權)에 복종하
> 였다. 그러므로 역(易)에 이르기를, '성인은 신도로 교를 베푸니 천하가 복종
> 하였다.'라는 것이 그것이다. 우리 동방의 역대 왕조에 고구려의 시조는 선
> 교(仙教)로 세상을 다스렸고, 신라의 시조는 신덕(神德)으로 나라를 세운 것은
> 모두 단군으로부터 온 것이고, 단군이 신인(神人)으로 세상에 내려온 것으로
> 동방교화의 시조를 삼았기 때문에 오늘날 조선의 교계에 대종교가 있다. 종
> (倧)은 신인의 칭호이니 이는 단군의 신교를 받드는 것으로 곧 역사적 종교이

다.[48]

이것은 단군신앙이 단군의 신교를 출발점으로 연면히 이어 왔다는 점을 강조함으로써, 대종교 국교관에 통시적 당위성을 부여해 주고 있다. 또한 신채호도 "단군이 곧 선인(仙人)의 시조라. 선인은 곧 우리의 국교(國敎)이며"라고 밝힘으로써,[49] 단군신앙이 우리 민족의 국교임을 주창한다. 또한 정인보는 해방 후 「순국선열추념문」을 통하여, "국변(國變) 당시 조야(朝野)를 통하여 열절(烈節)히 계기(繼起)한지라, 수사(守土)의 장리(長吏)를 비롯하여 구원(丘園)에서 간정(艱貞)을 지키던 이, 국교(國敎)로 민지(民志)를 뭉치려던 이,…(후략)…"라는 표현과 같이,[50] 국교의 기원을 단군에 두고 나철을 국교(國敎)로써 민족의 뜻을 뭉치려 하였던 인물로 평가한다.

한편 일제강점기 많은 지도층 인사들이 대종교에 직접 입교하지는 않았더라도, 당시 단군 사상의 정점에 있었던 대종교를 국교로 받아들이려는 정서가 팽배했다.[51] 그러므로 일제하 만주 지역을 보더라도, 대종교는 종교적 성격보다 이주 한인 사회를 상징하는 사회운동 단체와 같아서 다른 종교인들과도 쉽게 교류하게 되었다. 천도교·기독교인이라 하여도 대종교에는 거부감을 보이지 않았으며, 모두 백두산 아래 모인 배달족일 뿐이었다.[52] 또한 대종교에 입교하여 대종교인으로서 활동하지 않았다 하더라도, 국교적 대종교관을 가진 인물들도 적지 않았다. 백범 김구는 가톨릭 교인이면서도 대종교를 방문할 때마다 천진전(天眞殿)에 참배(參拜)드리고 윤세복을 배견(拜見)한 후 나도 대종교인이라고 자처하면서, 우리가 한배검 자손인 이상 모두 그 가르침 속에 살아왔음을 고백하곤 했다.[53] 김구는 『백범일지』「나의 소원」 부분에서 우리나라가 세계에 우뚝 서는 나라가 되기를 간절하게 소망하는데, 무력(武力)이나 경제력(經濟力)이 아닌 '아름다운 문화'로써 우뚝 서기를 갈망하면서 그 힘의 원천이 우리 국조 단군의 홍익인간 이념임을 밝힌 것도 이러한 정서와 무관치 않다.[54]

이승만 또한 일찍부터 서구적 분위기에서 기독교적 정서에 친숙한 인물이지만 상해임시정부 대통령 당시 어천절기념식 석상에서 행한 찬송사(讚頌詞)[55]를 통해 단군황조의 뜻을 계승하고 펴겠다는 간곡한 다짐을 밝힌 것이 주목되는데, 1921년 초 상해 신원(申園)공원에서 이승만은 대종교의 핵심 인물이었던 신규식·박찬익과 의형제를 맺었다는 기록이나,[56] 대종교 국내 총책임자였던 강우(姜虞)가 무오년인 1918년에 이미 이승만을 고유(告由)로써 대종교에 입교시킨 기록이 있음을 볼 때,[57] 당시 대종교에 대한 그의 정서를 엿볼 수 있다. 그리고 안창호와 이동휘도 개천절송축사[58]와 개천절축사[59]를 통하여 단군설교(檀君設教)의 민족적 의미를 예찬했는데, 당시의 단군이나 대종교는 종교나 이념을 초월한 민족 단합의 상징이었음이 확인된다.

「대동단결선언」과 「대한독립선언(무오독립선언)」의 기초자로 알려진 조소앙도 국교적 대종교관을 잘 보여주는 인물이다.[60] 특히 그는 1914년 1월 15일에 '육성일체(六聖一體) 만법귀일(萬法歸一) 금식명상(禁食冥想)'의 육성교(六聖教)라는 종교를 구상하면서도, 육성(六聖)을 사상과 연결시키면서 단군은 독립자강(獨立自强)에, 불타(佛陀)는 자비제중(慈悲濟衆)에, 공자는 충서일관(忠恕一貫)에, 소크라테스는 지덕합치(知德合致)에, 예수는 애인여기(愛人如己)에, 마호메트는 신행필용(信行必勇)에 각기 연결시켰다.[61] 여기서 특히 육성 중에 단군을 제일 으뜸으로 놓고 독립자강과 우선 연결시킴으로써, 대종교의 영향과 함께 그의 국교적 대종교관이 드러난다.

기독교 계열의 학교였던 만주 명동학교의 실례를 보더라도 알 수 있다. 당시 김약연이 이끌던 명동학교에서는 교실에 단군 초상화를 걸고 수업을 했는가 하면, 예배당에도 십자가와 단군기를 함께 놓고 예배를 드렸다 한다. 또한 명동학교 교가의 가사에는 백두산과 더불어 대종교의 용어인 단군한배검 얘기가 들어 있다. 결혼할 때에도 단군의 아들·딸들이 했으니 아들을 낳으라는 의미로 검정 두루마기를 입었다는 증언이 이를 확인해 준다.[62] 김약연이 대종교도가 중심이 되어 발표한 「무오독립선언」에 기꺼이 참여한 이유가 쉽게 이해되는 부분이다.

일제의 고문으로 옥사한 환산(桓山) 이윤재는 "대종교라 하면 얼른 보기에 요새 새로 생긴 무슨 교이니 무슨 교이니 하는 것처럼 치기도 쉬우나 실상 그러한 것이 아닙니다. 이것이 우리 진역(震域)에 있어서 가장 오랜 전통과 깊은 근기(根基)를 가진 것임은 징(徵)하여 밝히 알 것입니다.…(중략)… 그러니 그 본원과 본체는 어느 때든지 지고최상(至高最上)인 양 독특한 교문(敎門) 그대로 있었습니다. 이것이 곧 대종교 그것입니다."라는 견해를 통해 연면한 국교의 위치에 있었음을 설명했다.[63] 애류(崖溜) 권덕규 역시 대종교를 '조선의 생각'으로 인식하면서, 우리 민족의 역사와 흥망성쇠를 함께한 국교적 위치로 자리매김하고 있다.[64]

이러한 대종교의 국교적 정서를 가장 잘 적어 놓은 인물이 가람 이병기다. 그가 대종교에 정식으로 입교한 것은 1920년 11월 21일이다. 그리고 그는 대종교에 입교할 당시의 심경을 다음과 같이 피력하고 있다.

> 나는 한배님 가르치심을 믿음은 진실로 오랜 것으로 생각한다. 한배님께서는 우리의 등걸에 가장 비롯하고 거룩하시고 높으시고 크시어 다시 우러르고 끝없고 가없는 등걸이다. 고로잘해 먼저부터 우리 등걸들께서 한배님을 가장 높이시고 사랑하시고 믿어오며 우리로부터 고로잘해 그지없는 뒤에도 우리 자손들이 한배님을 가장 높이고 사랑하고 믿을지니라. 이를테면 우리

등걸이든지 우리든지 이승에 생겨나올 적에 반드시 삼신께서 만들어 낳으셨다 하니 삼신이 곧 한배님이시라. 한배님께서 하늘에 계실 적에는 환인(桓仁)이시었고, 하늘과 땅 사이에 계실 적에는 환웅(桓雄)이시었고, 이승에 내리었을 적에는 단군(檀君)이시었다. 이러하므로 삼신이라 이름이다. 이렇듯 우리는 사람마다 집마다 한배님을 높이고 믿었다. 실상 이제 새삼스럽게 한배님의 가르침을 믿는다니 하잘것없다. 이미 삼천 년 긴 동안이나 높이시고 믿으면서 왔다. 그러나 이때는 다른 때와 달라 온갖 다른 교(敎)란 것이 들어와 한배님의 가르치심을 어지럽게 하므로 다른 때보다 더욱 얼을 차리고 힘을 다해 한배님의 가르치심을 널리 펴 널리 알아, 위로는 우리 등걸의 큰 뜻을 받아 이고 아래로는 우리 자손에게 이 뜻을 전하여 우리는 우리대로 문명을 짓고 문명을 자랑하며 살아야 함이다. 제 어버이를 공경하지 아니하고 다른 어버이를 공경하며, 또 저의 아들을 사랑하지 아니하고 다른 아들을 사랑한다 함은 합리한 일이 아니다. 진실로 우리가 한배님을 버리고 누구를 높이며 믿으랴. 한껏 한배님의 가르치심이 이 누리로 가득하여 나아가기를 빌고 또 비노라.[65]

이 글의 내용을 살펴보면 이병기는 대종교에 정식으로 입교하기 이전에 이미 대종교에 상당한 이해가 있었음을 알 수 있다. 그는 대종교 신앙이야말로 오랜 세월 전부터 우리 민족의 생활 속에 흘러왔음을 밝히고 후손들의 믿음 속에서도 사라지지 않을 것임을 확신하고 있다. 또한 삼신의 의미가 바로 한배님임을 밝히고 우리 민족 구성원이면 누구에게나 이미 녹아 있는 종교적 성정(性情)임을 피력함과 아울러, 새삼스레 대종교에 입교하여 믿는다는 것이 형식적 번거로움임을 토로한다. 즉 이병기는 대종교를 국교의 가치로 인식한 것이다.

한편 민족문화를 지탱하는 데 중요한 요소로 지적되는 것이 언어와 역사다. 이것은 그 집단(민족)을 치유하고 통합시키는 데도 중요한 동인이 된다. 민족 집단에서 언어와 역사는 그 집단의 종교·철학·사상과 더불어 정체성을 지탱하는 핵심 요소가 되기 때문이다. 일제는 우리 국어와 국사를 조선어와 조선사로 구축해 버림으로써, 우리 정체성의 요소부터 망각시키려 하였다. 그들 정체성(일본어와 일본사)의 이식(移植)을 위한 치유의 대상이 우리 국어와 국사였으며, 통합의 방법이 새로운 국어(일본어)와 국사(일본사)로의 대체였다.

이러한 정체성의 위기에 보여준 대종교의 역할과 저항 또한 주목되는 부분이다. 훈민정음 등장 이후 조선조 말기까지 우리글은 한마디로 국어로서의 대접을 받지 못했다. 그러한 현상의 근본적인 원인은 당시의 사회구조와 밀접히 관련된다. 즉 당시 대부분의 사대부들이 조선의 국시(國是)인 유교적 정서를 토대로 한문으로 소양을 쌓고 그것을 통하여 과거에 응시하고 사회적 입지를 굳건히 했던 것이다. 그러므로 그들에게 한문이라는 것은 학문이나 정치·사회 활동과 여가활동 등 모든 지적 표현 활동의 중요한 도구가 되었다. 이러한 지적(知的) 구조에다가 중국에 대한 사대모화사상이 맞물려 한문숭상주의가 당연히 득세하였고 한글은 그러한 구조적 벽에 걸려 언문(諺文: 상놈의 글)으로 폄하되어 평가받지 못했던 것이다.

그런 까닭에 우리글의 의미를 민족문화의 반열 위에 내세운다는 것은 이러한 인식의 틀과 사회구조를 근본적으로 바꾼다는 의미와도 상통한다. 먼저 정신적으로는 유교적 사대모화사상(事大慕華思想)에서 벗어나야 한다는 의미이며, 한편으로는 기득권을 가진 지식층의 한문어(漢文語)를 청산하고 민중보편적인 우리글의 확립을 조직적으로 도모해야 한다는 것이다. 또한 당대로는, 일제의 치유(우리의 국어와 국사)를 통한 통합(조선어와 조선사로 바

꿈) 정책에, 또 다른 치유(우리 국어와 국사를 지킴)를 통한 통합(조국광복의 완성)의 길을 모색하는 것이기도 했다.

대종교는 「단군교포명서」에 이미 조선이라는 말이 배달에서 왔다는 설명과 더불어 배달목·태백산·패강·임검·이사금·이니금·나라·서울 등 우리말의 어원을 상세히 밝히고 있다. 이것은 단군교단이 대종교 중광 이전에 이미 우리말에 관심이 지대했음을 보여주는 부분이다. 또한 대종교를 중광할 당시 단군교단에서 받은 「봉교과규(奉敎課規)」 중에 다음과 같은 지침이 나타난다.

> 一. 봉교인은 남녀를 가리지 말고 문자를 해득치 못하는 자는 마땅히 국문(한글-필자 주)을 먼저 익히게 하되 만일 가난하여 여유가 없는 자에게는 부득이 강행할 것임.[66]

즉 문자를 모르는 교인이 있으면 어떠한 수를 써서라도 국문(한글)을 먼저 습득케 하라는 종교적 규약을 보면, 한글에 대한 대종교 혹은 나철의 방침이 무엇이었는지가 분명하게 확인된다. 또한 대종교의 노래 중 나철이 작사한 〈한풍류(天樂)〉·〈세얼(三神歌)〉·〈세마루(三宗歌)〉·〈어천가(御天歌)〉 등에 나타나는 나철의 순수한 우리말 사용에 놀라지 않을 수 없다. 한 단어·한 글자에도 한자어 사용이 없고 유려하고 세련된 조탁으로 펼쳐진 이 노랫말 속에서, 나철의 순수 우리말 구사 능력과 그것을 위한 노력의 흔적을 볼 수 있는 것이다.[67]

한힌샘 주시경은 그 중심에 있었던 인물이다. 물론 1905년 신정국문(新訂國文) 실시를 주장했던 지석영도 대종교 활동을 통해 민족의식을 고취시켰던 기록이 있다. 그러나 주시경이야말로 우리글의 명칭을 '한글'이라고 처음 명명한 인물로서, 한글을 통한 언어민족주의와 한글 대중화를 위해 1914년 7월 27일 임종하기까지 오로지 헌신했던 인물이다.

그의 한글 사랑의 계기 또한 대종교다. 주시경은 배재학당 졸업 당시에 받은 예수교 세례를 과감히 버리고 대종교로 개종한다. 그는 무력 침략보다 정신적 침략을 더 무서운 것으로 여겼으며 본인이 예수교인으로 있다는 것은 이미 정신적 침략을 받은 것으로 다음과 같이 단정했다.

> 선생은 종교가 예수교였는데, 이때 탑골승방에서 돌아오다가 전덕기 목사를 보고, '무력 침략과 종교적 정신 침략은 어느 것이 더 무섭겠습니까?' 하고 물을 때에 전목사는 '정신 침략이 더 무섭지.' 하매, 선생은 '그러면 선생이나 나는 벌써 정신 침략을 당한 사람이니, 그냥 있을 수 없지 않습니까?' 하였다. 전목사는 '종교의 진리만 받아들일 것이지 정책을 받지 않으면 될 것이오.' 하였지마는, 선생은 과거 사대사상이 종교 침략의 결과임을 말하고, 종래의 國敎인 대종교(곧 단군교)로 개종하여, 동지를 모으려고 최린, 기타 여러 종교인들과 운동을 일으키었으므로, 종교인들에게 비난과 욕을 사게 되었다.[68]

또한 우리 민족 과거의 사대사상이 종교 침략의 결과임을 분명히 밝히면서 종래의 국교(國敎)인 대종교로 개종한다고 천명한 것을 보더라도, 주시경의 한글운동의 배경에는 철저한 대종교적 정서를 토대로 한 언어민족주의적 가치가 지탱하고 있었다.

주시경의 이러한 국어 정신을 계승한 대표적 인물이 백연 김두봉이다. 김두봉은 주시경의 수제자이면서 대종교를 중광한 나철의 수제자였으며 대종교의 교리 · 교사에 해박한 인물이었다. 그는 1914년 주시경이 세상을 떠나자 스승이 못다한 일을 이어 받아 그것을 더 넓히고 더 열어서 우리의 말과 글과 얼이 묻히지 않고 영원히 자랄 수 있는 기틀을 다지기 위해『조선말본』을 저술한 인물이다.[69] 또한 그는 1916년 나철의 구월산 봉심(奉審)에 수석시자(首席侍者)로 동행을 한다.[70] 당시 나철은 6명의 시봉자(侍奉者)를 대동하는데 그중에서 김두봉은 교질(敎秩)이 가장 높은 상교(尚敎)의 위치에 있었다. 상교의 교질이란 대종교에 봉교한 지 최소 5년 이상이 지나야 얻을 수 있는 교인의 지위로서, 신행(信行)이 일치하고 교리(敎理)의 연찬(研鑽)이 월등하며 교문(敎門)의 오대종지(五大宗旨)와 오대의무(五大義務)를 잘 이행하며 교우(敎友)들에 모범이 되는 사람에게 주어지는 교질이다.[71] 후일 '조선어학회' 조직에도 절대적인 영향력을 행사한 김두봉이 일찍부터 대종교에 입교하여 활동했음은 물론 대종교에서의 그 역할 또한 중요했음을 짐작해 볼 때 그의 한글 연구를 통한 저항의 배경에도 이러한 정신이 굳게 자리 잡고 있음을 직감할 수 있다.

이극로 또한 그의 혁혁한 문화적 업적에도 불구하고 분단의 상황 속에서 김두봉같이 우리 민족운동사에 잊혀진 인물 중의 한 분이다. 이극로는 베를린대학에서 경제학 박사를 받고 파리대학과 런던대학에서 음성학을 연구한 뒤 귀국하여 1929년 조선어학회의 전신인 조선어연구회에 가입한다. 한힌샘 주시경의 제자들이 주축이 되어 1921년에 결성한 조선어연구회는 1931년 조선어학회로 명칭을 바꾸고 조선어사전편찬·한글맞춤법제정·외래어표기·표준어사정 등의 굵직한 국어의 당면 문제들을 추진해 나가는데, 이극로는 간사장(幹事長)으로서 사실상 어학회를 이끌었다.

이극로 또한 대종교를 통하여 민족의식에 눈을 뜨고 국학운동에 관심을 갖게 되며 국어 연구의 계기를 마련한다는 점에서 주목을 끈다. 이극로의 대종교 입교 시기는 1912년으로 추측된다. 이러한 추측은 그가 1912년 만주 회인현(懷仁縣)에서 대종교를 처음 접하고 대종교의 중심인물이었던 단애

윤세복과 백암 박은식, 그리고 국어 연구의 결정적인 계기를 만들어 주었던 백주(白舟) 김진[金振: 대종교에서는 金永肅으로 많이 알려짐(필자 주)]을 만나 이곳에서 생활하게 된 것을 보면 알 수 있다.[72]

이러한 만남들은 이극로의 인생에 중요한 변화를 몰고 왔다. 당시 윤세복과 박은식, 그리고 신채호의 만남과 한글 연구의 계기가 되는 김영숙과의 만남은 그가 대종교적 민족주의 정서를 토대로 한글운동에 헌신하게 된 중요한 바탕이 되었기 때문이다. 그중에서도 윤세복은 대종교의 절친한 동지인 백산 안희제와 함께, 이극로뿐만 아니라 신성모 · 안호상 등을 중국 상해로 보내 구라파 유학을 주선한다. 특히 이극로로 하여금 베를린대학에 조선어과(朝鮮語科)를 설치하게 하여 전 세계에 우리 국어 · 국문 그리고 우리 문화를 최초로 선전하는 계기를 만들었고, 대종교 정신을 통한 국어 사랑에 초지일관할 수 있는 의지를 심어 주었다는 점에서 윤세복의 영향은 지대했다 할 수 있다. 그러므로 이극로는 해방 후에도, 당시 대종교의 교주를 맡고 있던 윤세복을 도와, 전강(典講)이라는 중책을 맡아 대종교의 연구와 교육 활동에 중심이 되었으며 종학연구회(倧學硏究會) 회원으로 활동하기도 했다.[73]

공교롭게도 임오교변(1942년, 대종교 지도자 일제구속사건)과 조선어학회사건이 모두 이극로와 연관이 된다는 점도 흥미롭다. 임오교변이 이극로가 윤세복에게 보낸 「널리펴는 말」[74]이라는 글이 단서가 된 것같이, 조선어학회사건은 만주에서 윤세복이 「단군성가(檀君聖歌)」라는 가사를 지어 경성에 있는 이극로에게 보내 작곡을 의뢰했는데, 이 가사가 조선어학회 이극로의 책상 위에서 일경(日警)에게 발견됨으로써 조선어학회사건의 결정적인 빌미가 되는 것이다.[75] 이렇듯 이극로도 대종교와 불가분의 관계를 맺으면서 그의 국어 사랑 정신을 실천하고 조선어학회를 이끌었음을 볼 때, 그의 국어운동을 통한 항일운동의 정신적 배경 또한 대종교로 귀착됨이 분명해진다.

이 밖에도 조선어학회와 연관된 많은 인물들이 대종교를 토대로 활동하면서 일제에 조직적인 저항을 감행했다. 이것은 조선어학회가 대종교정신으로 무장한 주시경의 제자들이 중심이 되어 태동시킨 단체라는 점과 조선어학회를 이끌었던 김두봉과 이극로의 대종교와의 밀접한 관계를 보더라도 쉽게 짐작할 수 있다. 그러므로 조선어학회에서 활동한 대표적 인물들 중, 최현배·이윤재·권덕규·신명균·안재홍·정인보·이병기·안호상 등의 인물들도 대종교 정신을 토대로 국어 투쟁에 헌신한 인물들이다.

더불어 문학적인 부분에서도 이러한 시대적 각성이, 대종교적 정서 위에서 민족문학적 모티브를 찾으려 했던 안확(安廓)[76]을 위시하여, 지성인들의 양심과 어울려 나타난다. 빙허 현진건이 1932년《동아일보》에 연재한「단군성적순례」또한 이러한 정서의 연장에서 출현한 것이다. 현진건이「단군성적순례」의 마지막에서, 다음과 같은 나철 시 한 수로 끝맺고 있음도 이에 대한 반증이다.

參星壇上拜吾天	참성단에 올라 하늘에 절하니
天祖神靈赫赫然	한배님의 영험이 밝기도 밝아라
廣開南北東西至	누리를 개척함이 가없이 이르고
歷溯四千三百年	느리워진 역사 사천삼백 년이라
倍達族光從古闡	배달족의 영광 본받아 떨치니
大倧道脈至今傳	대종교의 가르침 지금도 전하네.[77]

일제의 치유와 통합의 정책에서 대종교와 충돌한 또 한 부분이 역사 방면

이다. 그들은 우리 민족의 족보를 그들의 족보로 편입시키려 했다. 즉 조선의 미개하고 전근대적인 과거사를 치유하고 문명화된 미래를 열어 주겠다는 명분으로 한국사의 새로운 통합(식민사관)을 시도한 것이다.

일제의 한국사 왜곡의 배경을 보면 일제 침략기에 별안간 이루어진 것이 아니라 그 뿌리가 깊지만,[78] 한국에 대한 식민지 지배가 본격화되면서 식민주의사관이라는, 더욱 세련된 논리로 자리 잡게 된다. 조선 강제 병탄 직후부터, 조선총독부에서는 어용학자들을 동원하여 고적조사 · 구관제도조사(舊慣制度調査) 등의 사업을 통해, 식민지 통치를 위한 기초 자료 수집에 착수하였다. 그러나 그들이 발견한 것은 한국인의 문화적 저력과 역사적 자긍심이 남다르다는 점이었다. 동시에 일본 어용학자들이 주창한 타율성론 · 정체성론 · 일선동조론 등의 가치를 한국사의 굴레에 잡아 묶는 일이 쉽지 않다는 것을 알았다.

그러므로 일제는 한국사에 관한 서적들을 수거 폐기하면서, 한국인의 민족의식 고취와 관련된 독서를 금지시켰다. 그리고 한민족 문화 역량의 줄기가 되는 한국사를 조직적으로 왜곡하는 작업을 진행했다. 때마침 대종교 계열의 역사가였던 박은식의 『한국통사』가 국내에 유입되어 민족의식이 고무됨을 보자, 일제는 서둘러 한국사의 편찬 작업을 시작했다. 이것은 바로 식민사관에 입각한 한국사의 정리로써, 객관적 실증주의를 명분으로 내세우고 이면에는 타율성론 · 정체성론 · 일선동조론과 같은 부정적 역사관으로 한국사를 포장하는 목적성 연구 작업이었던 것이다.

중화사관과 일제의 식민사관이 중첩되는 시기에 대종교가 등장한다. 일제의 식민사관은 과거 조선조 중화사관의 적절한 변용으로 잉태된 또 다른 왜곡 사관이었다. 즉 일제의 식민사관은 중화사관에 나타나는 우리 역사의 사대성(事大性)과 종속성을 교묘히 재활용하여 정착시키려 했다. 이러한 중첩성은, 대종교의 역사 투쟁이 과거 중화사관의 척결과 더불어 일제 식민사관에 맞서게 되는 운명적 구조의 배경이 된다.

20세기 초 대종교의 등장은 한국사학사에도 일대 변화를 몰고 온다. 그것은 대종교의 교리(敎理)나 교사(敎史)의 특성상, 정신사관적(精神史觀的)인 요소의 강조와 대륙사관적(大陸史觀的)인 측면의 부각, 그리고 문화사관적(文化史觀的)인 방향이 중시될 수밖에 없었다는 것이다.

정신사관적인 측면에서 우리나라 사학사의 흐름을 유교사학·불교사학 그리고 도가사학(道家史學)의 흐름으로 이해해 볼 때,[79] 과거 유교와 불교 중심으로 흘러 내려오는 역사 인식을 도가(道家)나 신교(神敎), 즉 대종교적 역사 인식으로 바꾸는 것을 의미하는 것이다. 또 대륙사관적인 방향에서 살펴볼 때, 그동안 반도 중심적, 즉 신라·고려·조선으로 이어지는 역사 인식을 고조선·부여·고구려·발해·요·금·청 등의 대륙 중심의 인식으로 확산시켜 가는 것을 말하는 것이다. 그리고 문화사관적인 입장에서 본다면, 외래 사조에 침체되고 와해된 우리 고유문화, 즉 신교문화(神敎文化)를 복원하고 그것에 정체성(正體性)을 부여하는 작업과도 일치하는 작업이었다.

한편 대종교가 이러한 측면들을 강조하면서 당연히 과거와 현실에 동시에 맞서야 하는 이중적 부담을 안게 되었다. 먼저 과거 조선조에 화석처럼 굳어진 성리학적 정통론과 맞서야 하는 문제였다. 즉 주 무왕에 의해 봉해졌다는 기자의 조선이 아닌 중국과 대등하게 출발하는 단군의 조선으로 돌려놓는 일이 그것이다. 종속적 역사에서 자주적 역사로의 회귀를 말하는 것이다. 또 하나는 당대 일제 식민사관과의 투쟁이었다. 일제는 타율성·정체성·반도사관을 앞세워 조선의 역사를 치유의 대상으로 환작(幻作)시켰다. 일제는 황국사관의 토대 위에서 우리의 역사를 철저하게 유린해 갔다. 대종교사관은 일제의 황국주의·침략주의·어용주의의 탈을 쓴 식민사관에 대항하는 민족사관으로 자리잡았고, 나아가 민족적 역사의식의 고취를 통한 항일운동의 중심축으로 우뚝 섰다.

대종교의 정신사관적 측면을 분석하는 데 가장 선행해야 할 부분이 대종교 중광의 종교적 특성을 살펴보는 일이다. 한말 등장하는 여타 종교의 교주들과는 달리, 나철은 자기 역할에서 분명한 차이를 보여준다. 즉 대종교에서 단군의 의미는 종교적 입장으로 본다면 창교주인 동시에 민족사의 관점에서는 국조(國祖)가 되기 때문이다. 그러므로 대종교에서 단군의 위상을 올바로 세운다는 의미는 종교사와 국사를 동시에 바로 세운다는 뜻과도 일맥하는 것으로 신교사관(神敎史觀) 곧 대종교사관의 본질이 여기에 있다.

위와 같은 대종교사관을 가장 잘 정리한 인물이 김교헌이다.[80] 김교헌은 그의 저술인『신단민사(神檀民史)』·『신단실기(神壇實記)』·『배달족역사』에서 대종교의 역사적 원형인 신교사관(神敎史觀)을 정립한다.『신단민사』에서는 우리 단군 민족의 혈통의 흐름을 대종교의 경전인『신사기(神事記)』와 같은 구족설(九族說)에 그 근원을 찾음과 함께, 역사적 강역 인식에서는 대륙을 주요 활동 무대로 설정하여 고조선부터 조선조까지 철저하게 대륙적 인식을 버리지 않고 있다.『신단실기』에서도 단군의 사적(事蹟)과 신교 사상의 자취를 모아 자료집의 성격으로 정리해 놓았으며『배달족역사』는, 정확히 말하면 김교헌이 교열(校閱)한 것을 대한민국상해임시정부가 발간한 것으로,『신단민사』의 굵은 줄기만을 간추려 놓은 축소판이라 할 수 있는 책이다.

김교헌의 역사 정신은 독립운동의 동력으로 연결되었다. 국권을 상실한 일제하에서 무엇보다 시급한 문제가 국권회복을 위한 투쟁 의식이었다. 따라서 역사교육을 통한 독립 의식의 함양과 고취는 가장 중요한 요소였다. 김교헌의 역사서는 재만 한인 사회의 학생들에게 독립 의식 고취를 위한 교과

서였던 동시에, 일반 민중이나 상해임시정부의 학생 교육서로 쓰였다. 나아가 중광단 · 정의단 · 북로군정서를 비롯한 독립군들에게도 정신교육의 중요한 도구가 됨으로써 독립 투쟁 정신을 북돋는 데 크게 이바지한다. 그러므로 김교헌이 있던 곳이 독립운동의 거점이 되었고 동시에 곧 민족사 연구의 현장이었다. 그곳은 또한 독립군 양성의 요람으로 진정한 민족사관의 근거지였다. 우리가 얻어낸 독립과 자유는 이러한 역사의식을 통한 희생으로 얻어진 결과였다. 일제에 부용하면서, 질곡의 시대에 안주하며 그러한 시대가 영원하길 바라던 노예적 식민사관하고는 근본적인 차이를 보여준다.

신채호 역사 정신의 핵이라 할 수 있는 낭가사상(郎家思想)의 형성 배경에도 대종교의 정신적 요소가 크게 작용했다. 그 단적인 예로, 신채호는 대종교를 경험하기 이전에는 유교라는 정신적 바탕을 벗어나지 못했다는 것이다.[81] 그러므로 그는 신교(神敎)와 같은 맥락인 한국 고대선교(古代仙敎)를 불로장수를 추구하는 중국 종교의 아류(亞流)로 공박했다. 그러나 대종교를 경험하면서 완전히 변한다. 중국 도교와는 전혀 성격이 다른 우리 민족 고유의 선교가 이미 도교 수입 이전부터 형성되어 우리 민족 신앙의 중요한 줄기가 되었다고 인식한 것이다. 그 변곡점이 된 신채호의 논문이 1910년 3월에 발표된 「동국고대선교고(東國古代仙敎考)」다. 그는 이 글에서 과거의 유교 정신의 잔재를 청산하고 우리 고유의 사상을 바탕으로 한 역사의식의 변화를 극명하게 보여준다. 그러므로 1910년대 이후의 신채호의 역사 연구는 거의 대부분을 선교(대종교)의 실체를 연구하는 데 두어졌다고 해도 과언이 아니며,[82] 이러한 사상적 바탕 위에서 대륙적 인식과 문화사의 지평을 넓혀 간 것이다.

박은식 또한 대종교를 경험하기 이전에는 유교적 중화사관(中華史觀)에서 헤어나지 못한 고루한 유학자에 지나지 않았다.[83] 1910년 이전의 박은식은 인생이나 사회 구제의 대명제(大命題)로 공부자(孔夫子)의 도, 즉 유교밖에 없다는 인식으로 일관한다. 그리고 유교구신(儒教救新)을 위하여 양명학 운동이나 대동교(大同教) 창건 등의 활발한 활동을 전개했던 것이다. 그런 까닭에 대종교 경험 이전의 박은식의 역사의식은 민족사관과는 거리가 먼 유교적 애국사상가 수준을 벗어나지 못했다.

1910년 만주로 망명한 후의 박은식의 변화는 환골탈태 그 자체였다. 바로 대종교를 경험하면서다. 그의 역사 정신의 고갱이라 할 수 있는 국혼(國魂)의 의미도 바로 대종교의 정신적 구현이라 할 수 있다. 그러므로 그는 신교(神教)의 현대적 구현을 대종교로 단정하고 대종교는 국교(國教)로서의 가치가 있음도 고증한다.[84]

박은식 역사 인식의 변화를 단적으로 보여주는 글이『몽배금태조』다. 이 글은 나라가 망한 데 대한 준엄한 자기비판이 통곡처럼 흐르고, 앞으로 나라를 찾으려는 결의가 천둥처럼 울려 퍼지는 통렬한 독립지침서이며, 변모된 박은식의 사상과 의식이 가장 집중적으로 표현된 책이다.[85] 이 글을 쓰게 된 동기가 대종교의 영향임을 서두에서 박은식 스스로 밝히고 있다. 박은식은 이 글을 통하여 유교적 가치에 대한 환멸과 함께, 유교를 민족의 자존과 독립을 위해 반드시 청산해야 할 반민족적 가치로 규정함은 물론, 망명 전 교육의 정신적 토대였던 유교가 교육을 통해 극복되어야 할 대상임을 적시한다. 즉 중화사관의 극복이 곧 일제 식민사관에 대한 투쟁임을 자각한 것이다.

또한 박은식은, 육체의 생활은 잠시일 뿐 영혼의 존재는 영구한 것이라고 언급하며, 나라에 충성하고 민족을 사랑하는 사람이면 육신의 고초는 잠시일 뿐이요 그 영혼의 쾌락은 무궁한 것이라고 말한다. 반면에 나라를 팔아먹고 민족에 화를 주는 자는 육체의 쾌락은 잠시일 뿐이요 영혼의 고초

는 무궁할 것이라고 경고함으로써,[86] 정신사관의 본질을 지적한다. 이러한
박은식의 역사 정신이『대동고대사론』·『한국통사』·『한국독립운동지혈
사』에 흐르는 국혼사관(國魂史觀)·대륙사관·대종교사관의 형성에 중요한
배경이 되는 것이다.

한편 정인보의 역사 정신의 중추인 '조선얼' 또한 대종교의 영향 속에서
배태된 것이다. 정인보는 나철의 유훈(遺訓)을 받들어 국내 비밀 활동을 전
개했을 뿐만 아니라,[87] 신규식의 동제사(同濟社) 활동에도 가담하여 직간접
적인 대종교 활동을 감행한다. 그 또한 대종교가 단군이 처음 교화를 베푼
것이라며 대종교를 국교로 인식했던 인물이다. 특히 정인보는 인간이 '얼'
을 잃어버린 것은 남이 빼앗아 간 것이 아니라, 자실(自失)하는 것임을 환기
시키면서, 학문이 얼이 아니면 헛것이고 예교(禮敎)도 얼이 아니면 빈 탈이
며, 문장(文章)이 얼이 아니면 달(達)할 것이 없고 역사 정신 또한 '얼'이 아니
면 박힐 것이 없음을 강조하면서, 얼은 진(眞)과 실(實)이니 얼이 아니면 가
(假)와 허(虛)에 불과하다고 단언했던 인물이다.[88]

이 밖에도 안재홍·이상룡·류근·장도빈·권덕규 등도 대종교적 정서
위에서 그 나름의 민족사를 개척하고 서술하였다. 분명한 것은 이들 모두
다음과 같은 박은식 역사 인식의 정서에 부합되는 인물들이었다.

> 혼의 됨됨은 백에 따라 죽고 사는 것이다. 그러므로 국교와 국사가 망하지
> 아니하면 그 나라도 망하지 않는다. 한국의 백은 이미 죽었으나 이른바 혼이
> 란 것은 존재하는 것인가 죽은 것인가.[89]

문·사·철(文史哲)은 떨어진 것이 아니다. 그 집단 정체성의 중심을 이
루는 국학(國學)의 가치와 통한다. 국학이란 우리 정체성의 중심이 되는 학

문으로, 우리가 우리 학문의 가치관적 근간을 부를 때 일컫는 명칭이다. 따라서 국학이란 우리 민족의 정체성을 줄기로 하여 우리 민족사에 연면히 이어 온 인문학적 사상(事象)이라고 정리할 수 있다.[90]

근대 동북아 문화 충돌의 중심에 국학이 있었다. 전통 시대를 주도하던 중국의 국학(유교 질서)이 일본의 국학(신도 질서)에 의해 구축되는 시기였다. 이러한 틈바구니 속에 한국의 국학(신교 질서)도 움텄다. 그것이 나철의 '국수망이도가존(國雖亡而道可存: 나라는 비록 망했으나 정신은 있다)'이다. 일제의 속박을 벗어나고자 했던 대종교의 독립운동 또한, 이 정신(道, 단군정신)을 토대로 운용되었다. 나철이 강조하는 정신을 몸통으로 하여 종교화한 것이 대종교요, 언어화한 것이 한글 투쟁이며, 역사화한 것이 민족사관이었다. 이러한 단군의 열기는, 1916년에 이미 대종교의 신자가 30여만 명에 달했다는 나철 스스로의 기록에서도 확인된다.[91]

따라서 앞에서 살펴본 대종교의 국교·국어·국사 투쟁은, 전통 시대 중국의 국학을 극복하기 위하여 몰락해 버린 우리의 문·사·철을 재구(再構)해 가는 작업이었다. 동시에 일본의 국학을 치료제로 우리의 국학적 요소를 치유하려 했던 일제에 대한 중요한 투쟁 수단이었다. 더욱이, 당시 대종교는 여타 종교들이 드러냈던 호교론적(護敎論的) 선택(일제와의 타협)도 사용할 수 없었다. 민족정체성 그 자체였기 때문이다.

마침내 일제는 그들의 새로운 통합(그들이 주장하는 완전한 내선일체)을 이루지 못하고 패망한다. 이제 해방된 공간에서 우리의 정신·우리의 말과 글·우리의 역사를 떳떳이 왈가왈부할 수 있는 자율도 얻었다. 다만 언급한 치유와 통합의 역설이, 과연 우리 사회에 얼마나 바로잡혔는지 또다시 묻고 싶을 뿐이다.

4. 치유는 아직 끝나지 않았다

가버린 시간은 돌아오지 않는다. 그러나 지나간 시간 속의 인간사는 가치판단의 중요한 잣대가 된다. 일제강점기는 누천년 우리 역사 속에 국권을 송두리째 빼앗긴 유일한 경험이었다. 우리의 모든 정체성이 흔들린 시간이었다. 그 경험의 후유증은 애국과 매국이라는 이름으로 아직도 충돌하고 있고, 그 정체성의 혼돈은 오늘도 현재진행형이다.

한편 인간사의 중심에는 늘 종교가 있었다. 일제강점기도 예외는 아니다. 종교의 사회적 기능과 맞물려, 그 치유와 통합의 역설이 극명하게 드러났던 시기가 바로 일제강점기다. 신도 국교화를 완성하려 했던 일제에 맞서 우리의 정체성을 자처하며 투쟁한 집단이 바로 대종교였기 때문이다. 대종교는 단군을 정점으로 하는 우리 고유의 가치다. 이미 단군정신은 불교를 국시로 한 고려조에서, 불교와 유교 그리고 몽고의 침략에 의해 철저하게 탄압 받으면서도 저항했던 경험이 있었다. 유교를 국시로 삼은 조선조에서도 철저하게 유린된 요소가 단군 역사와 그 가치였다.

일제는 그들의 신도(神道) 국교화(國敎化)를 통해 우리의 전래 신교를 압살하고, 일본어를 국어로 하여 우리의 국어를 조선어로 타자화시켰으며, 우리의 국사 역시 조선사로 몰락시켰다. 그러므로 일제강점기에는 일본의 신도, 일본어, 일본사가 우리의 국교 · 국어 · 국사로 자리잡았다.

일제강점기의 가장 큰 종교 쟁점은 우리의 전래 신교(神敎, 대종교)와 일본 신도(神道)의 충돌이었다. 일본 정체성의 핵심인 신도를 통하여 조선의 새로운 치유와 통합의 완성을 도모하려 했던 일제로서는, 일본 신도의 종주(宗主)를 자처하며 나타난 대종교를 부정하는 것이 새로운 치유와 통합의 첩경이었다. 일제의 신도 정책에 대항한 대종교의 조직적 저항 역시 만만치 않았다. 나철은 대종교의 국교의식(國敎意識) 환기를 통해 일제의 신도 국교화와 정면으로 충돌했다.

또한 일제는 우리 국어와 국사를 조선어와 조선사로 주변화함으로써, 우리 정체성의 요소를 망각시키려 하였다. 그들 정체성(일본어와 일본사)의 이식(移植)을 위한 치유의 대상이 우리의 국어와 국사였으며, 통합의 방법이 새로운 국어(일본어)와 국사(일본사)로의 대체였다. 이 방면에 대한 대종교의 저항 역시 만만치 않았다. '한글'이라는 이름을 정착시키면서 언어 투쟁의 최전선에 나섰으며, 중화사관과 일제 식민사관에 극복·대항하면서 민족사관을 정착시킨 것이다.

대종교의 국교·국어·국사 투쟁은, 전통 시대 중국의 국학을 극복하기 위하여 몰락해 버린 우리의 문·사·철을 재구(再構)해 가는 작업이었다. 동시에 일본의 국학을 치료제로 우리의 국학적 요소를 치유하려 했던 일제에 대한 중요한 투쟁의 수단이었다. 더욱이, 당시 대종교는 여타 종교들이 드러냈던 호교론적(護敎論的) 선택(일제와의 타협)도 사용할 수 없었다. 민족정체성 그 자체였기 때문이다.

가치는 형량하기 나름이다. 그러나 그 진위(眞僞)와 정사(正邪), 그리고 경중(輕重)의 원칙은 흔들려서는 안 된다. 그것이 종교의 정신이요, 역사의 지향이다. 일제강점기 대종교가 총체적 저항을 통해 드러낸 치유와 저항의 담론이, 혹여 시류(時流)의 또 다른 역설에 묻혀 가는 것은 아닌지 아쉬울 뿐이다.

현대 병든 사회의 치유와 통합을 위한 원불교적 접근

: 삼학(三學)의 정신수양과 사요(四要)의 활용

염 승 준 / 원광대학교 조교수

1. 머리말

현대사회를 치유의 대상으로 보고, 통합을 그 대안으로 논의하기 위해서는 병적 상태의 진단이 필요하다. 이러한 과정은 의료에서 질병에 걸린 환자를 치료하기 위해 그 환자의 상태와 질병의 원인 및 경과를 분석하는 것과 비슷하다.

원불교 교조인 소태산 박중빈 대종사(少太山 朴重彬 大宗師, 1891-1943)는 『원불교전서』(이하 『전서』로 약함) 「병든 사회와 그 치료법」에서 한 사회가 병들어 가는 증거를 "각자가 서로 자기 잘못은 알지 못하고 다른 사람의 잘못하는 것만 많이 드러내는 것, 부정당한 의뢰 생활을 하는 것, 지도 받을 자리에서 정당한 지도를 잘 받지 아니하는 것, 지도할 자리에서 정당한 지도로써 교화할 줄을 모르는 것과 이로운 것은 내가 가지며 해로운 것은 저 사람에게 주고, 편안한 것은 내가 가지고 괴로운 것은 저 사람에게 주는 '공익심이 없는' 상태"라고 언급하였다. 나와 너, 내 것과 네 것을 "자리(自利)주의"에 따라서 분별하고 구별하는 것은 "건전하고 평화한 사회"(『전서』, 88-89)를 방해하는 병적 상태로 반드시 치료가 필요하다는 것이다.[1]

소태산이 제시한 진단의 근거를 고려하면, 지금의 현대사회가 도덕적 해이가 만연하고, 분열과 차별이 당연시되며, 이를 해결할 자정 역량이 없는,

사적 이익에 따라 움직이는 사회라는 것에는 크게 이견이 없을 것으로 판단된다. 굳이 근현대 사회의 계급 간, 남녀 간, 노소 간 차별을 다시 언급하지 않더라도 우리는 현재 세대 갈등, 지역감정, 성 소수자 및 다문화가정에 대한 배타 등의 사회적 차별과 분열을 경험하고 있다. 국제경제협력기구(OECD, Organization for Economic Cooperation and Development) 평가에 따르면 우리나라는 우울증, 자살률, 국가 부패지수 등은 최상위권이며 삶의 질 및 만족도, 행복지수 등은 최하위권을 기록하고 있다.

한병철은 『피로사회』에서 현대의 이러한 병적 현상의 원인을 자본주의 '착취' 매커니즘으로 설명하고 있다. 자본주의는 공장주와 노동자를 '감시자'와 '피감시자'의 관계로 분열시켜 개인을 착취하면서 체제를 유지해 왔다는 것이다. 그런데 그는 현대사회에서 이러한 착취 매커니즘이 개인에게로 전이되어 개인 스스로가 스스로를 착취하게 하는 자아의 내적 분열이 일어나고 있다고 주장한다. 그가 말한 내적 분열은 사회의 병적 현상이 외부와 나의 갈등이 아닌 자아현상과 관련한다는 점에서 좀 더 심각한 문제로 부각될 여지가 있다.

한자경은 경쟁과 분별로 점철된 현대사회의 인간적 고뇌를 "표층에 떠도는 외로운 점"으로 표현한 바 있다. 그는 『선종영가집강해』에서 "현대사회는 분별사회다. 분별 이전의 공통의 기반은 부정되고 잊힌 지 오래다. 인간은 자연으로부터 멀리, 우리는 저들로부터 멀리, 나는 타인으로부터 멀리, 너무 멀리 떨어져 나왔다. … 분별은 승패를 가르기 위한 노력이며, 그래서 분별사회는 결국 경쟁사회다. 우리는 끊임없이 경쟁을 위해, 승리하기 위해 전력 질주하고 있을 뿐이다. 창조, 창발, 진화, 발전, 이런 개념만을 되뇔 뿐이다. 허공에서 추는 춤, 어지럽지 않은가? 분별로 얻어낸 나, 표층에 떠도는 하나의 점, 외롭지 않은가?"라고 말하며 인간 본연의 심적 갈등을 표현한 바 있다.

경쟁과 분별의 사회, 이 안에서의 발생하는 집단 간 대립과 갈등, 나와 타자의 차별, 개인의 내적 분열 상황까지, 지금의 상황에서 종교는 무엇을 할 수 있을까? 이러한 병적 현상이 종교적 수행으로 치유 가능하기는 한 것인가? 한자경은 분별시대에서 개인은 공적영지(空寂靈知)의 마음을 통하여 일체의 분별이 '허망분별에 지나지 않는다는 것'을 자각하는 것과 신·구·의(身·口·意) 3업을 닦고, '사마타'(止), '비파사나'(觀), '우필차'(中道)의 수행을 통해 현재의 문제를 극복할 수 있음을 밝힌 바 있다.

필자는 원불교적 치유와 통합의 접근 방법으로 '분별심'과 '주착심'을 없게 하는 '정신수양'과 '사요'(四要: 자력양성, 지자본위, 타자녀교육, 공도자 숭배)(『전서』 27-34 참조) 실천을 탐색해 보고자 한다. 원불교의 정신수양은 삼학(三學) 수행 즉, '정신수양, 사리연구, 작업취사'의 첫 번째 요소로 안으로 분별성과 주착심을 없애며, 밖으로 산란하게 경계에 끌리지 아니하여 두렷하고 고요한 정신을 양성하는 것을 말한다. 정신수양으로 체득한 '공적영지의 광명'(『전서』 23 참조)은 한자경이 언급한 '공적 영지(空寂 靈知)의 마음을 통하여 일체의 분별이 허망분별에 지나지 않는다는 것을 자각하는 것'과 일맥상통한다. 사요는 원불교 인생의 요도로서 '자력양성(自力養成)·지자본위(智者本位)·타자녀교육(他子女教育)·공도자숭배(公道者崇拜)'의 네 가지 사회적 실천을 말한다. 치유가 개인적 수행에 그치지 않고 사회적인 변화로 나아가기 위한 구체적인 대안을 말한다.

이를 위해 현대사회의 분열과 차별의 병리적 상태의 원인을 '2.물질개벽과 정신개벽의 간극'에서 찾아보았다. 근대 과학문명과 결탁한 자본주의 체제에서 이기심과 사적 욕망의 노예가 된 인간 자아가 타자로부터 고립되어 외로운 유아론적 자아로 전락했다면, 현대 자본주의 체제는 인간을 타자와의 관계뿐만 아니라 자기를 자기 자신으로부터 분열시킨다는 사실을 강조했다. '3. 정신개벽의 원천-정신수양과 사요'에서는 인간의 신경을 쇠약하게 하는 원인이 욕심, 주착심, 분별심에 있다는 것과 근현대 자본주의의 병폐가 인종주의와 계급주의 등을 이용하여 인간을 조직적으로 구별하고 차별하여 착취자와 피착취자, 지배자와 피지배자의 불평등한 대결 구도로 만듦으로써 필연적으로 착취와 폭력을 야기한다는 점을 밝혔다. 마지막으로 사회적 차별과 분열을 극복하기 위한 실천적 강령으로 원불교 '사요'의 네 가지 강령을 간략히 소개하고 '사요'의 실천을 통해서만 원불교 '종교성'은 분별과 차별로 고착화된 불평등한 사회의 근본적인 변화를 이끌어 낼 '혁명성'과 하나로 통합될 수 있다는 사실을 강조한다.[2]

2. 물질개벽과 정신개벽의 간극

원불교 교조인 소태산은 '문명한 시대'라고 칭한 현대사회의 문제점을 '물질문명의 도취'라고 지적하면서 물질이 풍족한 문명사회, 즉 과잉 사회에서 그에 따른 결함과 장래의 영향이 어떠할지를 잘 생각해 보아야 한다고 강조한 바 있다. 그가 말한 문명한 사회가 현재의 자본주의적 상황을 의미한다고 가정한다면, 소태산은 자본주의적 문명이 발달할수록 물질적인 풍요는 더 커지나 병적 상태의 근본적인 원인이 깊어져서 사회·정치적인 문제가 크게 발현될 것임을 예견한 것으로 보인다.

지금 세상은 전에 없던 문명한 시대가 되었다 하나 우리는 한갓 그 밖으로 찬란하고 편리한 물질문명에만 도취할 것이 아니라, 마땅히 그에 따르는 결함과 장래의 영향이 어떠할 것을 잘 생각해 보아야 할 것이니, 지금 세상은 밖으로 문명의 도수가 한층 나아갈수록 안으로 병맥(病脈)의 근원이 깊어져서 이것을 이대로 놓아두다가는 장차 구하지 못할 위경에 빠지게 될지라, 세도(世道)에 관심을 가진 사람들로 하여금 깊은 근심을 금하지 못하게 하는 바이니라.(『전서』, 133)

원불교 개교 표어[3]는 '물질(物質)이 개벽(開闢)되니 정신(精神)을 개벽하자.'이다(『전서』, 21). 물질의 개벽은 과학문명과 기술의 발달을 의미하지만 원불교가 개교한 시대 배경을 고려하면 극변하는 시대 상황을 의미하기도 한다. 소태산은 문명이 발달하고 시대는 변화하나 이를 사용할 사람의 정신이 쇠약해지면 물질의 노예 생활을 면하지 못할 것을 경고하면서 이를 극복하기 위한 방법으로서 '진리적 종교의 신앙'과 '사실적 도덕의 훈련'을 강조한 바 있다.

현하 과학의 문명이 발달됨에 따라 물질을 사용하여야 할 사람의 정신은 점점 쇠약하고, 사람이 사용하여야 할 물질의 세력은 날로 융성하여, 쇠약한 그 정신을 항복 받아 물질의 지배를 받게 하므로, 모든 사람이 도리어 저 물질의 노예 생활을 면하지 못하게 되었으니, 그 생활에 어찌 파란 고해(波瀾苦海)가 없으리요. 그러므로 진리적 종교의 신앙과 사실적 도덕의 훈련으로써 정신의 세력을 확장하고, 물질의 세력을 항복 받아, 파란 고해의 일체 생령을 광대무량한 낙원(樂園)으로 인도하려 함이 그 동기니라.(『전서』, 21)

소태산이 앞서 언급한 사회의 병적 상태의 근본적인 원인은 물질문명의 풍요를 따라가지 못하는 개인과 사회의 '정신개벽'의 미흡한 수준을 말한다. 비유하여 말하자면, 굶주림을 해결하기 바쁜 시대 상황에서는 먹는 것을 확보하는 데에만 관심을 갖는다면, 먹는 것이 넘치는 시대에는 내 건강 상태와 체질에 맞는 적절한 영양 상태를 고려한 음식물의 선택과 섭취가 중요한 과제가 된다. 이를 위해 개인은 적절한 역량, 즉 음식과 건강에 관한 지식과 기술 그리고 식욕을 조절하는 자제력 등을 필요로 한다. 그런데 과잉한 물질에 대응할 만한 물질을 사용하는 '주체의 역량'이 부족한 경우 각각의 개인은 제대로 된 판단과 실천을 하지 못함으로써 음식이 오히려 몸에 해를 가하여 병적 상태가 발현될 여지가 크다는 것이다.

개인이나 사회가 정신적인 발달의 정도가 낮을 경우 오히려 풍요롭게 느껴졌던 물질문명이 개인과 사회를 괴롭게 하는 요소로 작용할 수 있다. 편리와 풍요의 산물로 여겼던 디지털 문화가 소외를 조장하고, 과학의 산물이라 여겼던 원자력이 파괴의 도구로 쓰이면서 사회구조적인 문제가 깊어져 간다. 미약한 정신문명은 상대에 대한 차별과 배척을 통해 자신의 존재를 확인하는 수단으로 활용되기도 한다. 개인은 계속되는 욕심을 채우기에 급급해 스스로를 피폐하게 하고 내 공간에서 타자를 배제하면서 사회적 차별을 야기한다. 아파트 가격으로 차별화된 사회에서 더 비싼 아파트로 이사하여 입주민이 되는 것이 자신의 신분을 증명하는 것이라 여기며 계속적으로 물질적인 성과를 추구하는 병적 상태의 원인에는 개인적·사회적 정신쇠약이 자리 잡고 있다.

문명 사회, 즉 자본주의에 기초한 풍요사회가 현재의 병적 상황에 이르게 된 원인에 관하여 다른 학자들은 자본주의 사회가 가진 시스템적 한계와 이것이 표출된 폭력적 상황을 설명하는 경우도 있다. 대표적으로 "시대마다 그 시대에 고유한 주요 질병이 있다."라고 말하는 한병철은 『피로사회』에서 자본주의의 구조적인 제약이 개인을 병적 상황에 이르게 하고 있다고 주장하였다(한병철, 2012, 11). 그에 따르면 근대사회가 타율적인 감시와 규율을 통해 생산성을 향상시키는 사회라고 한다면, 현대는 감시와 착취의 주체가 더 이상 타자가 아니라 자기 자신이 되어 착취를 극대화하여 '소진'(burnout)의 결과를 초래한다는 것이다. 그래서 개인들은 '우울증', '주의력결핍과잉행동장애', '경계성성격장애', '소진증후군'을 경험하면서 사회적인 병리가 발현되고 있다고 진단하였다. 현대사회를 '성과사회'로 정의한 한병철은 자본주의에 바탕한 현대사회의 구조가 개인을 성과 중심으로 닦달하면서 자기가 자기를 착취하는 상황이 되고 있다고 비판하였다.

> 착취자는 동시에 피착취자이다. 가해자와 피해자는 더 이상 분리되지 않는다. 이러한 자기 관계적 상태는 어떤 역설적 자유, 자체 내에 존재하는 강제 구조로 인해 폭력으로 돌변하는 자유를 낳는다. 성과사회의 심리적 질병은 바로 이러한 역설적 자유의 병리적 표출인 것이다.(한병철, 2012, 29)

또 독일 학자인 한트케는 『피로에 대한 시론』(Peter Handke, 1992)에서 인간을 개별화하고 고립시키는 피로를 '분열적인 피로'라고 말한 바 있다. 그는 현대사회의 개인의 병적 상황은 본래 그럴 수밖에 없는 필연적인 폭력을 낳는다고 주장한다. 그는 자본주의 체제에서 개인이 보여주는 피로와 탈진의 상태는 개인 건강상의 병리학적 차원을 넘어서 모든 공동체, 모든 공동의 삶, 모든 친밀함을 파괴하는 사회적 폭력으로 전이된다고 주장한다.

타자와 나 사이에 경계선이 존재하여 타자가 나를 감시하고 통제하는 근대의 '규율사회(Disziplinargesellschaft)'의 방식이나 자기 자신이 착취자이면서 피착취자가 되는 현대의 '성과사회(Leistungsgesellschaft)'의 기저에는 모두 자본주의의 지속적인 성장과 발전을 위한 '구별과 차별의 이데올로기'가 존재한다. 백인과 흑인의 인종주의, 식민 체제에서 지배자가 피지배자에게 행한 폭력과 억압(이삼성, 1998, 97-101), 독일 파시즘의 인종주의적 이데올로기가 자행한 홀로코스트, 한국의 전통적인 지배계급을 온존시켜 식민지 지배에 최대한 활용한 일본의 식민 지배 그리고 현재 회자되는 '흙수저'와 '금수저'의 불평등한 한국의 사회구조는 차별과 배제를 기본 작동원리로 삼는 자본주의 체제와 긴밀히 연관되어 있다.

현재의 자본주의 사회를 평가한 사회과학자들의 진단은 비록 그 병적 사회의 메커니즘이나 설명 방식이 문명화된 사회를 염려했던 소태산의 평가와 다른 점은 있으나 물질문명의 세계에서 개인의 신경 병리학적인 문제를 사회구조와 연관시켰다는 점은 주목할 만하다. 차별과 배제를 기본 작동 원리로 삼는 현재의 불평등한 사회구조가 필연적으로 개인의 병적 상태를 야기할 수밖에 없으며, 개인의 신경 병리학적 병증 상태는 폭력과 억압의 사회적인 문제를 유발한다는 사실은 현대사회의 병적 상태를 진단하는 데 주요하게 고려될 수 있다.

3. 정신개벽의 원천: 정신수양(精神修養)과 사요(四要)

소태산은 이미 100여 년 전부터 '물질문명에 도취되어' '물질의 노예가 되는' 상태를 경계하면서 이를 극복하기 위한 기본으로서 '정신의 세력을 확장하고 물질의 세력을 항복받는' '정신개벽'을 주장한 바 있다(『전서』, 21).

'정신'은 마음이 두렷하고 고요하여 분별성과 주착심이 없는 경지를 말하는 것이고, '수양'은 분별성과 주착심을 없이하며 밖으로 산란하게 하는 경계에 끌리지 아니하여 두렷하고 고요한 정신을 양성하는 것을 말한다. 정신이 물질이나 경계에 끌리지 않는 수양은 곧 '정신 세력의 확장'을 의미한다. 여기서 '분별성'은 나누고 구별하는 마음으로, 사량계교(思量計較)하고 옳고 그름을 논쟁하며, 망상에 사로잡혀서 모든 현상을 나누고 구분하는 마음이다. '주착심'은 어느 한곳에 치우쳐 집착하는 마음으로 다른 것을 용납하거나 포용하지 못하는 마음의 상태로 극복되어야 할 대상을 말한다.

> 정신이라 함은 마음이 두렷하고 고요하여 분별성과 주착심이 없는 경지를 이름이요, 수양이라 함은 안으로 분별성과 주착심을 없이하며 밖으로 산란하게 하는 경계에 끌리지 아니하여 두렷하고 고요한 정신을 양성함을 이름이니라.(『전서』, 34)

인간 정신과 마음이 일체의 '분별성'과 '주착심'을 갖지 않는다는 것은 「일원상의 진리」에서도 동일하게 설명되고 있는 바이다. '일체중생의 본성'을 '대소 유무(大小 有無)에 분별이 없는 자리', '생멸 거래에 변함이 없는 자리', '선악 업보가 끊어진 자리', '언어 명상(言語名相)이 돈공(頓空)한 자리'로 표현한 것은, 인간 마음을 크고 작음, 있고 없음, 생과 사의 일체의 '경계'와 '상대' 그리고 주어-술어의 언어 구조가 필연적으로 갖는 일체의 '규정'[4]을 초월한 '절대'와 '무한'으로 이해한 것이다.

그러나 이러한 인간 정신과 마음이 그러한 절대성과 무한성의 경지에 머물지 못하고 분별을 제거하는 '수양'이 필요하다는 것은, 인간 마음이 현상적 차원에서 분별과 차별을 불가피하게 초래하기 때문이다. 물론 현상세계에서 나타나는 차별과 구별이 공정한 원리, 즉 '두렷하고 고요한 정신'의 경지를 설명하는 '공적 영지(空寂靈知)의 광명'에 따른 분별과 차별이라면 그것은 '진공 묘유의 조화'로 문제가 될 것이 없다.

일원(一圓)은 우주 만유의 본원이며, 제불 제성의 심인이며, 일체 중생의 본
성이며, 대소 유무(大小有無)에 분별이 없는 자리며, 생멸 거래에 변함이 없는
자리며, 선악 업보가 끊어진 자리며, 언어 명상(言語名相)이 돈공(頓空)한 자리
로서 공적 영지(空寂靈知)의 광명을 따라 대소 유무에 분별이 나타나서 선악
업보에 차별이 생겨나며, 언어 명상이 완연하여 시방 삼계(十方三界)가 장중
(掌中)에 한 구슬같이 드러나고, 진공 묘유의 조화는 우주 만유를 통하여 무
시광겁(無始曠劫)에 은현 자재(隱顯自在)하는 것이 곧 일원상의 진리니라.(『전
서』, 23)

치유나 치료가 문제가 되는 경우는 욕심으로 인한 '분별성'과 '주착심'으
로 인해서 '가패 신망', '번민 망상과 분신 초려로 [인한] 자포 자기의 염세증',
'신경 쇠약자', '실진자', '자살하는 사람'(『전서』, 46-7)의 경우로, 이때는 욕심
의 제거와 온전한 정신을 얻는 수양이 필요하다.[5]

소태산이 '정신수양의 목적'에서 언급한 질병들은 한병철이 『피로사회』
에서 예시한 21세기 초의 병리학적 상황을 지배하고 있는 '우울증', '주의력
결핍과잉행동장애', '경계성성격장애', '소진증후군'과 같은 신경성 질환들
이다(한병철, 2012). 신경성 질환은 인류의 역사만큼 오래된 질병으로 '정신
수양'이라는 '의술'(『전서』, 52)은 근대나 현대 등의 특정 시대에 국한되지 않
는다. '정신수양'은 100년 전의 물질의 노예 생활로 쇠약해진 정신의 질병뿐
만 아니라 역사적 체제로서의 자본주의와 신자유주의 체제에서 야기되는
사회적 차원의 질병들 그리고 앞으로 미래에 발생할 수 있는 다양한 종류의
신경증적 질환 치료를 목적으로 한다.

소태산은 「개교의 동기」에서 인간이 '과학의 문명'으로 인해 정신이 쇠약
해지고 물질의 노예 생활을 면하지 못하게 되었다고 진단하고 쇠약해진 신

경을 치료하기 위해서 '분별심'과 '주착심'을 제거하는 '정신수양'을 통한 '정신 세력의 확장', 즉 '정신개벽'을 요청하고 있다(『전서』, 9). 개인의 욕심과 분별성의 제거가 '정신수양'의 목적이듯이, 사회적 차원에서 구별과 차별의 메커니즘을 작동 원리로 삼는 근현대 자본주의가 과학문명과 결합하여 인간관계를 착취자와 피착취자의 관계로 전락시킨 공동체를 '낙원'으로 인도하기 위해서 우리는 고착화된 사회적 불평등을 부정하고 저항해야 한다. 정신수양은 바로 그러한 부정과 저항의 실천적 원천이 될 수 있다.

근현대 자본주의의 불평등 구조와 차별과 구별의 이데올로기와의 연관성을 이삼성은 월러스틴의 '역사적 체제로서의 자본주의 분석'(Immanuel Wallerstein [2013], 21-2)을 통해서 설명한다.

> 자본주의 기본 작동 원리는 일부 인간 집단은 포용하되 다른 인간 집단은 배제하는 양면을 동시에 갖는다. 이 세계경제에서 기본 경제 단위인 가정(household)은 두 가지 차원의 불평등을 내포한다. 하나는 계급적 차원이며, 다른 하나는 인종적 차원(ethnic dimension)이다. 모든 국가는 그 내부 주민들을 한편으로는 계급적으로 구분하며 다른 한편으로는 인종적 차원의 구분을 부과한다. 그리고 이 두 가지 차원은 상호 간에 긴밀히 연관되어 있다. 즉 계급적 차별 구조와 인종적 차별 구조는 깊은 상관성을 갖는다.(이삼성, 1998, 108)

개인적 차원에서 신경쇠약의 원인이 욕심, 분별심, 주착심이라는 것과 근대 자본주의와 과학문명이 결탁하여 초래한 사회정치적 불평등이 공통적으로 구별과 차별의 이데올로기를 작동 원리로 삼는다는 점에서 두 차원의 질병은 모두 고착화된 분별을 극복할 '의술'과 '약재'를 필요로 한다.[6] 소태산은 신경증적 질환의 치유 방법으로 '두렷하고 고요하여 분별성과 주착심이 없는 [인간 정신 및 마음의] 경지'를 회복하는 '정신수양'을 제시한 것이다.

그러나 일체의 구별과 상대를 초월한 인간 본성의 절대성, 무한성을 회복하는 것은 낙관적이지만은 않다. 제2차 세계대전 중 유럽에서 히틀러 '악의 평범성'[7]을 입증한 그 협력자들에 의해 1,200만 명의 민간인이 희생된 홀로코스트의 비극 등은 인간 본성에 대한 낙관적이거나 자연주의적 견해에 강력한 반증을 제시한다.

인간 정신이 본래 분별성과 주착심이 없는 경지이지만 그러한 경지를 회복하기 위해서 수양이 필연적으로 요청된다는 것은 인간이 살아가는 현상세계에서 분별과 주착이 불가피하기 때문이다. 「일원상의 진리」에서 인간 정신과 마음을 '분별없는 자리', 즉 안과 밖의 어떤 경계도 존재하지 않는 텅 빈 허공 같은 '공적(空寂)'으로 설명하고 그 '공적'의 경지에서 발현하는 신령스러운 앎이라는 빛 즉, '영지(靈知)'를 통해서 정당한 '분별'과 '선악 업보에 차별이 생겨나는' 분별과 차별의 현상세계를 인정하고 있는 만큼, 분별과 차별이 없는 유토피아적 '황금시대'나 '천년왕국'은 현실에 존재하지 않는다 (임마뉴엘 칸트, [1794]2015, 23). 현실세계의 '분별'과 '차별'의 현상은 인류의 역사만큼 오래된 것이다. 현실세계에서 정당한 분별과 차별이 불가피할 뿐만 아니라 인간 본성 안에 내재한 '영지'는 언제나 욕망으로 '전도'(顚倒)될 수 있다. 인간 성품이 본래 '영지'의 차원을 견지할 때 능히 선할 수 있지만 '영지'가 욕심으로 전도될 때 능히 악할 수 있다는 소태산의 인간관에 따르면 인간의 악이나 욕망 자체는 외부적인 어떤 조건이나 환경에 의한 것도 아니며 타자에 의해서 심어진 것이 아니라 인간 본성 자체 안에 내재한 것이 된다. 따라서 인간의 마음은 성품의 차원에서 선도 없고 악도 없는 지선의 경지이기도 하지만 일상의 삶에서 선할 수도 악할 수도 있는 것이다.

사람의 성품이 정한즉 선도 없고 악도 없으며, 동한즉 능히 선하고 능히 악하나니라.(『전서』, 246)

　인간 성품이 악으로 변하는 것은 인간 자신의 자율에 의한 것이며 그렇기 때문에 그 책임도 자기 자신에게 있다.

　소태산은 「정전」 '정신수양의 목적'에서 인간, 즉 "유정물(有情物)은 배우지 아니하되 근본적으로 알아지는 것과 하고자 하는 욕심"이 있다고 하였다. "최령한 사람은 보고 듣고 배우고 하여 아는 것과 하고자 하는 것이 다른 동물의 몇 배 이상"이 된다고 하였는데 개인이 자기에게 있는 권리와 기능과 무력을 다하여 욕심만 채우려 하다가는 자포자기의 '염세증'도 나며, 혹은 '신경쇠약자'도 되며, 혹은 '실진자'도 되며, 혹은 극도에 들어가 '자살하는 사람'까지도 있게 된다고 설명하였다. '텅 빈 허공'으로서의 인간 본성 자체가 어떤 물질이나 관념 등으로도 채워질 수 없기 때문에, 그 채워질 수 없는 근본적인 공허감이 바로 근본적인 욕심의 원천이 된다.

　　유정물(有情物)은 배우지 아니하되 근본적으로 알아지는 것과 하고자 하는 욕심이 있는데, 최령한 사람은 보고 듣고 배우고 하여 아는 것과 하고자 하는 것이 다른 동물의 몇 배 이상이 되므로 그 아는 것과 하고자 하는 것을 취하자면 예의 염치와 공정한 법칙은 생각할 여유도 없이 자기에게 있는 권리와 기능과 무력을 다하여 욕심만 채우려 하다가 결국은 가패 신망도 하며, 번민 망상과 분심 초려로 자포 자기의 염세증도 나며, 혹은 신경 쇠약자도 되며, 혹은 실진자도 되며, 혹은 극도에 들어가 자살하는 사람까지도 있게 되나니, 그런 고로 천지 만엽으로 벌여가는 이 욕심을 제거하고 온전한 정신을 얻어 자주력(自主力)을 양성하기 위하여 수양을 하자는 것이니라.(『전서』, 46-47)

인간 개인이 갖는 욕심의 근원은 그 어떤 무엇으로도 '채워질 수 없는 근본적인 공허감' 때문이다. 물리적인 공간은 물질 등으로 채워질 수 있지만 인간의 마음 자체는 그 '공성(空性)'으로 인해서 어떤 것으로도 채워질 수 없으며 어떤 구별과 차별로도 경계 지어질 수 없다. 이 점이 바로 염세증, 신경쇠약의 근본적 원인이 되기도 하지만 동시에 마음의 이러한 공성에 대한 주체적 각성은 이러한 병들을 치유할 수 있는 원천이 되기도 한다. 따라서 소태산은 인간 본성에 내재한 욕망을 제거하는 방식에서 욕심 제거의 주체가 자기 자신이어야 함을 강조한다. 욕심을 제거해야 할 주체가 본래 분별과 주착심이 없는 마음의 경지를 자신의 것으로 소유하고 있는 만큼 자신의 수양을 통해 분별심과 주착심을 제거할 수 있다는 점에서 '자주력'이 강조된다. 따라서 소태산은 인간의 본성 자체에 내재한 악을 제거하는 방식을 인간 밖의 '자연'이나 '신의 은총'을 통해서 찾지 않는다.

'자연으로 돌아가라!'[8]는 루소의 외침은 "센티멘털리즘"(한자경, 2009, 211)으로 전락할 수 있다. 인간이 인간 불평등의 근원인 계약 등이 없는 자연으로 돌아간다고 할지라도 인간 안에 내재하는 근본적인 욕망은 자연에 의해 제거되지 않는다. 인간이 머물러야 할 곳이 자연이든 그 어떤 유토피아이든지 간에 인간 본성의 근본적인 욕심이 제거되지 않는 이상, 인간 공동체 안에서의 질투·지배욕·소유욕은 언제나 피할 수 없이 함께하는 것들이다. 따라서 "우리는 치유 가능한 병을 앓고 있는 것이며, 우리의 자연은 올바르게 세워져 있기 때문에, 우리가 치료되기를 원하기만 한다면 자연은 우리를 돕는다(Sanabilibus aegrotamus malis, nosque in rectum genitos natura, si sanari velimius, adiuvat)"[9]는 '자연주의'를 대표하는 세네카의 말 역시 인간 본성에 대한 진지한 성찰이라고 보기 어렵다.

개인과 사회적 질병에 낙관적인 자연적 치유를 주장하는 도덕론자나 철학자들과 달리 신의 은총으로 악을 제거할 수 있다는 입장의 경우도 악한 행위의 책임을 행위자 자신에게 부과할 수 없다는 점에서 문제가 된다. 신의 은총을 통해 선한 인간이 되고자 할 경우, 인간은 자신의 악한 행동을 용서받음으로써 선한 인간이 될 수 있다고 자위함으로써 책임 윤리의 부재가 불가피하다.[10] 선한 인간이 되기 위해서 신의 은총을 바라는 경우, 도덕적인 인간이 되고자 하는 '바람(Wunsch)'과 소원을 갖지만 정작 도덕적인 인간이 되기 위해서 자신은 아무것도 하지 않고 그것을 획득할 수 있다는 것은 모순이다.

인간 욕심의 제거를 통해서 악한 인간이 선한 인간이 되기 위해 자연적 치유나 혹은 신의 은총을 바라는 경우와 달리 인간 주체의 '진리적 종교의 신앙'과 '사실적 도덕의 훈련'을 강조하는 원불교의 '정신수양'은 세계 윤리사와 종교사에서 '도덕 종교'(Moralische Religion)로서의 특징을 가지며 '책임의 윤리'를 중시한다고 할 수 있다. '사실적 도덕의 훈련'으로서의 '정신수양'의 목적은 이 욕심을 제거하고 온전한 정신을 얻어 '자주력'(自主力)을 양성하기 위한 것이다. 욕심의 제거나 온전한 정신을 획득하기 위한 노력하는 주체는 '자연'도 인간 밖의 초월적 신도 아닌 인간 자기 자신이면서 획득해야 할 온전한 정신도 노력하는 주체의 정신 이외의 다른 것이 아니다.

기존 종교사에서 신의 속성으로 간주된 무한성, 절대성을 인간 주체에 내재한 것으로 간주하는 것은 인간 자신을 무한하고 절대적인 존재로 이해하는 것이다. 이것은 인간 자신이 도덕적으로 완벽한 신이 되어야 한다는 것을 의미한다. 이런 맥락에서 소태산은 조물주가 다른 데 있는 것이 아니라 "귀하의 조물주는 곧 귀하요, 나의 조물주는 곧 나며 일체 생령이 다 각각 자기가 자기의 조물주인 것"(『전서』, 240)이라 강조한다. 조물주로서의 인간은 인간과 다른 차원의 어떤 존재가 아니라 원불교의 '일원(一圓)' 신앙과 더불어 정신수양 공부를 오래오래 계속하여 천만 경계를 응용할 때에 마음에 결국 수양력(修養力)을 얻은 자를 의미한다.

> 우리가 정신수양 공부를 오래오래 계속하면 정신이 철석같이 견고하여, 천만 경계를 응용할 때에 마음에 자주(自主)의 힘이 생겨 결국 수양력(修養力)을 얻을 것이니라.(『전서』, 47)

원불교의 정신수양은 신앙의 대상이자 수행의 표본인 '일원(一圓)'의 진리를 자각하는 것에서 시작한다. 일원의 진리는 너와 나, 네 것과 내 것, 부자와 빈자, 계급적·인종적 차별 등 현실세계의 일체의 상대와 분별을 초월한 일원의 '초월성', '절대성', '무한성'이 세상의 모든 선각자와 성인들의 본성이면서, 모든 중생들이 본래부터 가지고 있다는 것이다. 소태산은 인간 정신과 마음이 본래적으로 어떤 분별과 주착이 없는 것으로 보았다. 그러나 인간 본성에 내재한 '영지'는 언제나 욕망으로 '전도'(顚倒)될 수 있는 것으로 능히 선할 수 있고 능히 악할 수 있다. 따라서 본래의 성품의 본래 자리를 찾아가는 과정은 일원상의 신앙이자 정신수양을 포함한 수행의 방법이다.

개인의 정신적인 '자주력(自主力)'은 자본주의 체제의 '성과사회'에서 계속되는 자기 착취의 기제를 끊을 수 있는 가장 기본적인 요소로 정신의 수양을 통해 배양할 수 있다. 물질을 기반으로 하는 사회구조 그 자체가 자정 능력이 없다고 한다면 결국은 사회구조를 구성하고 운영하는 사람의 정신적인 역량이 물질문명을 주도하는 자주력을 키워야 한다는 것이다.

인간 본성에 어떤 상대, 분별, 차별도 없다는 것, 그 점에서 '만유가 한 체성이며 만법이 한 근원'이라는 '일원주의(一圓主義)'와 '일원'의 진리를 체득하기 위한 정신수양은 사회적 위계질서에 존재하는 일체의 인종적·계급적 구별과 차별을 부정한다. 원불교의 종교성이 불평등으로 고착화된 구조와 제도를 부정하는 능력과 위력을 종교적 깨달음과 연결시킨다는 점에서, 그 종교성은 추상적이고 관념적인 차원에 머무르지 않고 사회적 실천으로 발현된다.

소태산은 질병을 고치기 위해 먼저 도학, 즉 종교적 깨달음과 신앙, 수행을 통해서 각자의 병든 마음을 치료함과 동시에, '선병자의(先病者醫)'라는 말과 같이 세상을 관찰하여 병든 세상을 치료하는 데 함께 노력할 것을 요구한다. 세상 치료를 위한 방문(方文)[11]은 '인생의 요도'인 '사은', '사요(四要)'와 '공부의 요도'인 '삼학', '팔조'다.

> 대종사 이어서 말씀하시기를 그런즉 이 병들을 고치기로 할진대 무엇보다 먼저 도학을 장려하여 분수에 편안하는 도와, 근본적으로 은혜를 발견하는 도와, 자력 생활하는 도와, 배우는 도와, 가르치는 도와, 공익 생활하는 도를 가르쳐서 사람 사람으로 하여금 안으로 자기를 반성하여 각자의 병든 마음을 치료하게 하는 동시에, 선병자의(先病者醫)라는 말과 같이 밖으로 세상을 관찰하여 병든 세상을 치료하는 데에 함께 노력하여야 할지니, 지금 세상의 이 큰 병을 치료하는 큰 방문은 곧 우리 인생의 요도인 사은 사요와 공부의 요도인 삼학 팔조라, 이 법이 널리 세상에 보급된다면 세상은 자연 결함 없는 세계가 될 것이요, 사람들은 모두 불보살이 되어 다시없는 이상의 천국에서 남녀노소가 다 같이 낙원을 수용하게 되리라.(『전서』, 135)

이 중 '사요'는 일원의 진리를 현실에서 구현하는 사회 실천적 요소로 다음의 네 가지이다. 첫째는 '자력양성(自力養成)'이다. 자력양성은 사람으로서 의무와 책임을 다하는 동시에 자력 없는 사회적 약자를 보호하자는 내용이다. 자력의 양성은 남녀나 장차의 서열을 차별하지 않으며 모두가 교육을 통해 다른 사람의 도움에 의존하지 않고 경제적 사회적 생활을 영위할 수 있도록 하는 것이다. 둘째는 '지자본위(智者本位)'이다. 지자본위는 사회적 위계, 불합리한 차별을 넘어서 진정한 전문가를 스승으로 모시고 배워 가는 것이다. 다양한 영역으로 분화된 사회에서는 생활, 학문, 정사 등의 모든 분야에 전문가들이 있다. 남녀노소, 사회적 신분, 종족 등의 차이를 넘어서 배움을 구할 때는 그 사람을 스승으로 한다. 셋째는 '타자녀교육(他子女教育)'이다. 타자녀 교육은 자타의 국한을 벗어나 모두에게 교육의 기회를 평등하게 제공하자는 것이다. 개인이나 국가 사회 모두 모든 인류가 교육에서 소외됨이 없도록 해야 한다. 마지막은 '공도자숭배(公道者崇拜)'이다. 공도자는 인류 사회를 위해 공헌한 사람을 말한다. 공도자를 숭배할수록 사회에는 공도자가 더 많이 나오며 개인도 숭배의 예를 통해 그 정신을 체 받아서 공도를 위해 활동할 수 있도록 한 것이다.

소태산은 「교법의 총설」에서 시대 당면 과제와의 대결을 회피하고 마음의 부동심과 평정만을 우선시하며, 사회적 의무와 책임을 불고하고 개인 해탈에만 전념하는 출세간 생활하는 '과거의 불교'를 비판한다(『전서』, 21-2). 성품을 깨달아 마음의 자유를 얻는 원불교 수행인 '무시선(無時禪)'의 궁극 목적은 '불의의 제거와 정의의 양성'에 있다.

> 육근(六根)이 무사(無事)하면 잡념을 제거하고 일심을 양성하며, 육근이 유사하면 불의를 제거하고 정의를 양성하라.(『전서』, 75)

원불교의 종교적 깨달음, 신앙, 수행은 '사요'의 실천을 통해서 세계를 등진 자기도취적이며 내향적 구도자의 차원에 머물지 않고 당면한 시대적 과제에 적극적으로 대응하는 사회운동과 하나로 통합된다.

4. 맺음말

소태산은 「병든 사회와 그 치료법」에서 "한 사회가 병이 들었으나 그 지도자가 병든 줄을 알지 못한다든지 설사 안다 할지라도 치료의 성의가 없다든지 하여 그 시일이 오래되고 보면 그 사회는 불완전한 사회가 될 것이며, 혹은 부패한 사회가 될 수도 있으며, 혹은 파멸의 사회가 될 수도 있다"(『전서』, 88)고 지적한 바 있다. 그리고 그는 병든 개인과 세상을 치유하기 위해 필요한 것은 의술의 역할을 하는 공부의 요도인 '삼학·팔조'와 약재의 역할을 하는 '인생의 요도인 사은·사요'가 있다고 말한 바 있다.

소태산은 「병든 사회와 그 치료법」에서 개인주의와 이기주의가 팽배한 현대 자본주의 사회에서 이러한 내용은 자칫 공허한 메아리처럼 들릴 위험이 있다고 했다. 지금 이 시점에서 '수양'이나 '수행'이 해결책이 될 수 있다는 주장은 세상 물정 모르는 순진한 사람들의 이상주의로 오해되어도 크게 당황스럽지 않은 상태이다. 그만큼 우리 사회가 물질적 가치에 포위되어 정신적 자주력이 상실된 상태로 지금의 상황은 정신적 자주력이 중요하다는 인식부터 확인할 필요가 있다.

치유 가능성의 입증은 곧 종교적인 믿음과 그 믿음에 입각한 결단의 문제와 연관된다. 이는 "봄철 가뭄의 곡물 거래"(Immanuel Kant, 1804, 298)의 비유를 통해 설명할 수 있다. 곡물 거래와 무관한 사람들에게 가뭄의 지속으로 인한 수확량의 감소에 대한 전망은 '의견'에 불과하며 그런 의견은 일상의 삶에 아무런 영향도 미칠 수 없지만, 곡물 거래를 통해 수익을 올리는 상인에게 이 전망은 '믿음'이 되어 비축물을 아껴야 하겠다는 '결단'으로까지 이어져 일상의 삶에 영향을 미칠 수 있다. 이와 마찬가지로 원불교의 '정신수양'과 '사요'가 삶과 전혀 무관한 종교적 교리로만 이해될 때 '자살', '우울증', '과소비 문제'와 같은 사회적 문제에 어떤 구체적 해답도 제시할 수 없지만, 종교적 믿음과 윤리적이고 도덕적인 실천적 차원에서 누군가에게 삶의 지침일 될 때 상황은 다를 수 있다.

반자본주의 운동가들 중에 가장 중요한 인물로 평가받는 마르크스에 따르면 주체의 의지는 '나'와 '너'의 차이로 인한 적대 관계를 변증법적으로 '지양'(Aufheben)하여 '우리'라는 통합과 통일의 관계를 가능하게 한다는 점에서 정신수양과 두 가지 점에서 공통점이 있다. 첫째, 본 연구에서 밝힌 바처럼 정신수양은 자연이나 인간 밖의 초월적 존재인 신을 통한 은총을 통해서가 아닌 인간 '주체'의 자주적이고 실천적인 수행을 통해서만 달성될 수 있다. 둘째, 정신수양을 통해 인간의 욕망을 통제함과 동시에 분별을 제거하여 분별로 인한 일체의 경계와 상대를 초월한 "원만구족하고 지공무사한 마음"(『전서』, 24)이 곧 나와 너 사이의 차이, 분별, 경계를 초월한 하나로서의 '우리'를 가능하게 할 수 있다.

"과학적 사회주의"(장하준, 2014, 65)를 통한 접근법으로 새로운 사회를 건설하고자 한 카를 마르크스(Karl Marx, 1818-1883)가 해법으로 제시한 "주체의 의지"(강신준, 2016, 195-197)는 비록 직접적으로 도덕이라는 개념으로 표현되지는 않았다 하더라도 사실적 도덕의 훈련인 정신수양, 즉 원불교 삼학의 실제적인 실천이 개인과 사회를 치유할 주요한 요소임을 확인하게 한다.

백낙청은 『통일하는 마음』(백낙청, 2016, 18-19)에서 원불교 공부의 요도 '삼학' 중 분별성을 제거하는 '정신수양', 현실의 모순과 질환을 정확히 인식하는 '사리연구', 모순과 질환을 제거하는 '작업취사'가 일제 식민지 해방 이후 분단 체제가 야기한 남·북의 분열과 영·호남의 지역주의를 극복하기 위한 전제조건이라 밝힌 바 있다. 분단과 분열이라는 구체적인 실체의 문제도 결국 개인의 자각과 수행 없이는 해결 불가능하다는 통찰이 엿보이는 대목이다.

스피노자(Benedict de Spinoza, 1632-1677)는 『정치학 논고』에서 철학자들은 "윤리학 대신에 풍자소설을 쓰게 되었고, 현실에 적용 가능한 정치 이론이 아니라 사실상 망상이라고밖에 할 수 없는 유토피아나 유용성이 거의 없어서 시인이 지어낸 황금시대 같은 데에서나 실현될 만한 정치이론을 고안[했고] … 정치가들은 사람들의 관심사에 대해 조언을 해 주고 배려하기보다 기만하려 하고, 학식이 있다기보다는 교활하다"(베네딕트 데 스피노자, 2011, 388-389)고 말한다. 종교가 유용성이 없는 유토피아적 정치 이론과 이념과 이상도 없이 술책만을 고안하는 철학과 정치의 전철을 답습하지 않기 위해서라도 그의 지적을 곱씹어 볼 필요가 있다.

원불교는 근본적인 인간 정신의 가치를 고양하고 이를 실천할 조직체의 하나이다. 일체의 분별과 차별을 초월한 정신의 자주력을 얻기 위해 수양을 게을리 하지 않으며, '사요'의 강령을 현실 속에서 구체적으로 실현하여 분별과 차별로 고착화된 불평등한 사회를 개혁하기 위해 교화·교육·복지·자선의 다양한 기관을 통해 사회의 모난 곳을 다듬으며, 부족한 것을 채우는 치유와 통합의 역할을 시행하고 있는 것은 누구나 알만한 실제적인 사실이다. 병든 사회를 치유하고 분열된 사회를 통합하는 것은 부족한 곳을 채우는 자선적인 입장뿐 아니라 사회가 나아가야 할 방향을 제시하는 것이다. 따라서 원불교 종교성은 사회를 바꾸는 혁명성을 내포하는 것으로 사회의 근본적인 변화를 이끌어 낼 역량을 포함할 수 있어야 한다.

통일교 경전에 나타난
마음챙김의 요소와 치유

이 재 영 / 선문대학교 교수

1. 머리말

많은 현대인들이 심리적 요인으로 심인성 질병에 시달린다. 고도의 경쟁 사회에서 갈등과 긴장 상황이 만들어졌고 여기서 스트레스, 우울감, 상실감 등을 겪게 되는 것이다. 이러한 정신적인 질병들은 생리적인 영향을 미치게 되어 정신적 고통뿐만 아니라 육체적 고통을 유발한다. 육체적인 질병인 심장병, 암, 뇌혈관 장애 등도 심리적 요인으로 발병하거나 악화된다.

심인성 질병들은 약물이나 물리적인 처치로 일시적인 완화는 가능하지만 완치가 어렵다. 심인성 질병은 먼저 정신적, 신체적, 사회적 안정이 요구되며 필요에 따라 약물 사용으로 치료가 가능하다. 또한 심인성 질병의 치유는 회복하고자 하는 자신의 의지와 노력이 필요하다.

심인성 질병은 심리치료와 생리적 치료가 병행되어야 한다. 따라서 질병의 심리적인 요인을 찾는 일이 우선되어야 한다. 프로이드의 정신분석 이후 심리학에 기반을 둔 여러 가지 심리치료 기법들이 사용되었다. 그리고 1970년대 이후 기존의 심리치료에서 불교 명상을 기반으로 한 심리치료 기법들이 많이 사용된다. 현재 서양에서 정신분석, 인지 행동 치료, 게슈탈트 치료 등에서 마음챙김 명상을 기반으로 한 치료가 일반화 되고 있다.[1]

서양에서는 불교 명상 위파사나의 핵심 요소인 사티(sati)를 기재로 한 명상 심리치료가 대중화되고 있다. 팔리어 사티는 영어로 'mindfulness'로 번역되고 우리말로는 '마음챙김' '알아차림' '수동적 마음집중' 등으로 번역된다. 일반적으로 '마음챙김'이 주로 사용되고 있는데 "마음챙김이란 의도적으로 판단을 하지 않고 현재의 순간에 주의를 기울이는 것이다."[2] 즉 위파사나(vipassana)의 본래 의미인 대상을 분별없이 객관적으로 보는 것을 말한다.[3] 대상과 현상을 분별없이 객관적으로 주시하면 자각과 통찰력이 강화되어 현재의 순간을 비판단적으로 수용하게 된다.

인간의 감각기관이 감각 대상을 접하게 될 때 대상을 관념적으로 분별하고 판단함으로써 야기된 불안과 불만족으로 고통을 당하게 된다. 현존에 대한 자각과 통찰은 관념과 습관으로 감각 대상에 이끌려 가지 않고 자신에 깨어 있게 한다. 자신에 깨어 있음, 즉 현존에 깨어 있을 때 마음을 제어할 수 있고, 현존에 깨어 있지 못하게 될 때 대상에 대한 갈애와 집착이 일어난다. 현존에 대한 마음챙김은 갈애와 집착에서 벗어나게 하며 자아의 자유와 해방을 가져다준다.

본 논문은 통일교 경전에 나타나는 마음 작용의 메커니즘에 대한 이해와 그 메커니즘에서 일어나는 것들에 대한 마음챙김의 요소와 치유 기재를 고찰하고자 한다. 통일교도 타종교가 지향하는 것처럼 인간의 구원, 즉 자유와 해방을 목적으로 한다. 통일교의 교리와 이념에서 어떤 마음챙김의 요소가 있는지 살펴보고 마음챙김을 통한 치료적 접근과 적용을 고찰하고자 한다.

2. 마음챙김과 치유

1) 마음챙김과 치유

'mindfulness'는 위파사나 명상의 주제 사티(sati)의 영어 번역으로 awareness(알아차림), attention(주시) remembering(기억) 등의 의미를 갖는다.[4] 즉 의식이 깨어 있는 상태에서 주시와 알아차림을 말한다. 사티(sati)의 한국어 번역어로 현재 '마음챙김'이 가장 일반적으로 사용된다. 마음챙김은 불교 심리학과 심리치료에서 일반적으로 "현재의 경험을 수용적으로 알아차림"이라는 의미로 정의하고 있다.[5]

마음을 챙긴다는 의미는 'nonconceptual(비개념적)' 'present-centered(현재중심)' 'nonjudgmental(비판단적)' 'intentional(의도적)' 'participant observation(참여적 관찰)' 'nonverbal(비언어적)' 'exploratory(탐구적)' 'liberating(해방하는)' 등의 조건하에서 대상을 주시하고 알아차린다는 것이다.

붓다가 깨달음의 방편으로 사용한 명상법이 위파사나다. 붓다는 위파사나가 인간이 고통에서 벗어나 해탈로 가는 유일한 길이라고 설파하였다. 위파사나의 핵심적인 요소가 사티(sati) 즉 마음챙김이다. 위파사나는 사티, 즉 마음을 챙기는 명상법을 말한다.

붓다는 최초의 설법에서 사성제, 즉 고집멸도(苦集滅道)를 설파하였다. 즉 인간의 고통은 집착에서 비롯되고 이 집착에서 벗어나는 길이 팔정도라고 설파한 것이다. 팔정도에서 첫째가 정견(正見)이고 이 정견을 위해서 사티(sati) 즉 마음챙김이 확립되어야 한다.[6]

마음챙김으로 인간이 고통에서 벗어나게 되는 것은 관념적이고 습관적으로 일어나는 마음 작용을 제어할 수 있기 때문이다. 인간의 심리적 고통은 지금까지의 인지 방식의 틀을 벗어나지 못하고 관념과 습관에 따른 인지 방식이 작동하기 때문이다. 감각기관이 감각 대상을 접했을 때 습관적으로 연기법이 작동한다. 즉 대상을 보았을 때 느낌이 일어나고 그 느낌은 갈애를 일으키고, 갈애는 집착을 일으키고, 집착이 고통의 원인이 된다.[7]

마음챙김은 인간이 느끼고 생각하고 행동하는 과정에서 고통을 만드는 연기의 고리를 끊을 수 있게 한다. 마음챙김은 궁극적으로 삼법인(三法印) 즉 무상(無常), 무아(無我), 고(苦)를 깨달아 자유와 해탈로 이끄는 방법이다.[8] 즉 인간의 고통은 자아에 대한 집착, 좋은 대상에 대한 집착, 싫은 대상에 대한 혐오에서 일어난다. 이러한 집착에서 벗어나기 위해서 존재의 무상, 무아, 고를 깨달아야 한다. 존재의 무상함과 무아를 깨닫게 될 때 고통의 원인인 집착에서 벗어나 인간은 정신적 고통에서 해방될 수 있고, 신체적 고통의 완화와 치유의 힘을 갖는다.

위에서 언급한 바와 같이 *vipassana*는 팔리어로 접두어 '분별없이' 라는 'vi'와 '본다'라는 *passana*의 복합어로 '분별없이' '판단없이' '객관적으로' 본다는 의미를 갖고 있다. 즉 '마음을 챙겨서 본다.'라는 의미다. 마음이 챙겨야 할 염처(念處)는 신(身)·수(受)·심(心)·법(法) 사념처이다. 즉 몸, 느낌, 마음, 법에 대한 관찰이다. 붓다는 이 사념처 수행이 육체적 고통과 정신적 고통을 사라지게 하는 유일한 방법이라고 하였다.

> 비구들이여 이 도는 유일한 길이니 중생들의 청정을 위하고 근심과 탄식을 다 건너기 위한 것이며, 육체적 고통과 정신적 고통을 사라지게 하고 옳은 방법을 터득하고 열반을 실현하기 위한 것이다. 그것은 바로 네 가지 마음챙김(四念處)이다.[9]

최근에 마음챙김을 기초로 하거나 마음챙김을 응용해서 스트레스, 우울증, 불안장애, 만성통증 등 다양한 심리치료 프로그램들이 개발되고 이러한 프로그램들이 심리적 장애가 있는 사람들에게 치유의 효과가 있음이 입증되고 있다. 특히 서양에서 인지행동 치료에 마음챙김을 접목한 새로운 치료법이 관심을 모으고 있다. 지금까지 인지행동 치료에서 비합리적 인지의 오류 교정을 치료 방법으로 사용하였으나 마음챙김을 적용하여 인지과정에서 인지의 변화를 이끌도록 하고 있다.

마음챙김의 심리치료 요인을 알기 위해서는 심리학자들이 사용하는 마음챙김 개념을 조작한 하위개념을 분석해야 한다. 이들 하위개념은 마음챙김이 심리치료의 매개 변인으로 작용하기 때문이다. 마음챙김의 심리적 변인들로 사용하는 매개 변인들로서 '탈중심화' '노출' '탈자동화' '탈동일시' 등의 개념을 사용한다.[10] 이러한 요소들은 인지 방식의 변화, 부정적 습관에서 해방, 현존에 대한 자각, 자기 이해와 정체성 고양 등의 효과를 통해 심리적 문제에 대한 견딤, 완화, 치유 등을 가능하게 한다.

2) 통일교 『원리강론』에 나타난 마음챙김의 요소
- 마음과 몸의 메커니즘과 마음챙김

통일교 창시자 문선명 선생의 말씀 선집에 보면 '자아주관'에 관한 내용이 많다. 그리고 자아주관의 길로 마음과 몸의 통일을 강조하였다. 문선명 선생의 말씀의 진수(眞髓)를 뽑아 만든 통일교 경전 『천성경』 증보판에 보면 '자아주관'이란 단어가 199회 나온다. 아래의 말씀은 문선명 선생의 강연 「천일국 창건의 주인」에서 발췌한 내용이다.

여러분의 마음과 몸을 어떤 경우에도 하나로 통일하여 살아야 할 것입니다. 본인도 일찍이 하늘 길을 결심하면서 '우주주관 바라기 전에 자아주관 완성하라!'라는 표어를 걸어 놓고 비장한 각오로 출발했습니다.[11]

자아주관이란 마음과 몸의 통일을 말한다. 마음의 심층에 있는 본심과 양심이 욕망을 중심으로 일어나는 사심을 제어하는 것이 자아주관이라고 할 수 있다. 자아주관을 위해서는 마음챙김이 필요하다. 관념적이고 습관적으로 일어나는 마음을 알아차려야 그 마음을 제어할 수 있는 것이다. 즉 마음에서 일어난 느낌, 의도, 감정, 생각 등을 주시하여 알아차림으로 그 마음을 제어할 수 있게 된다.

통일교 경전『원리강론』에서 마음과 몸의 관계를 이성성상(二性性相)으로 설명한다. 마음은 성상(性相)이고 몸은 형상(形狀)으로 마음과 몸의 관계를 주체와 대상의 관계로 설명한다.[12] 마음이 원하는 방향으로 몸이 따라 움직이는 것이 인간의 본질이다. 그러나 인간은 타락성으로 마음과 몸이 하나 되지 못하고 갈등과 투쟁이 일어나 고통에 빠지게 된다. 인간의 본성과 양심에 따라 살지 못하고 사심에서 나오는 본능과 쾌락에 끌려가는 것이 인간의 고통의 원인이 된다.

마음과 몸의 이성성상 관계란 두 성품이 상대적 관계로 마음을 부정한 몸이 있을 수 없고 몸을 부정한 마음이 있을 수 없는 필연의 관계를 말한다. 즉 한쪽을 부정하면 다른 한쪽이 부정되고 한쪽이 긍정되면 다른 한쪽이 긍정되는 관계다. 모든 존재는 이성성상의 관계로 되어 있다. 음양, 남녀, 강약, 고저 등 존재의 세계는 이성성상으로 생존, 번식, 발달하며 소멸하는 것이다.

『원리강론』에서 설명하는 인간은 몸과 마음으로 구성되어 있는데 그 구

조를 보면 다음과 같다.[13]

〈도1〉 육신(肉身)과 영인체(靈人體)와의 상대적 관계

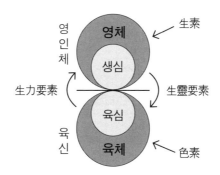

〈도1〉에 나타난 것처럼 육신은 육심(肉心)과 육체(肉體)의 이성성상으로 되어 있고 영인체는 영체(靈體)와 생심(生心)의 이성성상으로 되어 있다. 육신에서는 육심과 육체의 수수작용으로 인간의 생존과 번식과 발전의 생리적 기능을 이끌어 간다. 육신이 건강하고 원만하게 성장하려면 양성(陽性)의 요소인 무형의 공기와 햇빛을 적당히 받고 음성(陰性)의 요소인 물질적 요소(色素)를 적절하게 섭취하여 혈액을 중심으로 수수작용해야 한다.

육신의 행위는 영인체에 영향을 미친다. 즉 육신의 선행(善行)과 악행(惡行)에 따라 영인체도 선화(善化) 악화(惡化)가 이루어진다. 이것은 육체가 성장 발달하면서 영인체에 돌려주는 생력요소(生力要素)가 있기 때문이다. 따라서 좋은 생력요소를 영인체에 돌려주게 될 때 건전한 영인체로 성장된다.[14]

영인체는 육신에서 생력요소를 받아 성장하며, 육신에게 돌려주는 요소를 생령요소(生靈要素)라고 한다. 육신에서 오는 생력요소와 하나님에게서 오는 생소(生素)를 받아 영인체는 본성과 양심 등의 자아 초월적 신성(神性)

에 접할 수 있고 여기서 생기(生氣)와 기쁨의 요소를 받는다. 영인체에서 받는 생력요소는 육신의 건강 증진과 활력적인 삶을 영위할 수 있게 만든다.[15]

인간의 고통과 불행의 원인은 생력요소와 생령요소의 원만한 수수작용이 되지 않는 상황이다. 영인체가 육신에서 돌려주는 생력요소로 성장하게 되는데 육체는 영인체의 생심이 요구하는 선한 요소를 돌려주지 못하게 될 때 영인체가 정상적인 성장을 하지 못한다. 또한 정상적으로 영인체가 성장하지 못하게 되면 건전한 생령요소를 육체에 돌려주지 못해 육체가 건강하고 활기찬 삶을 영위하지 못하게 된다.

마음챙김의 관점에서 본다면 인간의 전인적 건강이란 생력요소와 생령요소가 수수작용의 통찰을 통해 각각에게 최적의 조건을 부여하는 것이다. 즉 생력요소의 생성을 위해 육체와 자연과의 수수작용을 위한 최적의 조건을 세우는 것이며, 생령요소의 형성을 위해 생소의 근원인 진리와 사랑을 실천하기 위한 최적의 조건을 부여하는 것이다. 따라서 인간의 신체적, 정신적, 영적 건강을 위해서는 생력요소와 생령요소의 수수작용에 대한 마음챙김이 필요하다. 마음챙김은 인간의 정신 작용과 물질 작용 사이에 일어나는 변화를 알아차리는 것이다. 즉 마음에서 일어나는 느낌과 감정이 육체에 어떤 영향을 미치고, 몸에서의 일어나는 변화가 마음에 어떤 영향을 미치는지를 알아차리는 것이다.[16]

3) 통일교 『원리강론』으로 본 치유의 메커니즘

(1) 만유원력과 수수작용

통일교에서 보는 존재의 궁극적 터전은 창조주 하나님이다. 천지만물은 하나님이 창조하셨고 하나님이 존재 세계의 생멸(生滅)을 이룬다. 존재 세계의 창조자이며 운행자이신 하나님도 영원, 자존, 절대자로 존재하기 위한 힘이 필요한데 이 힘을 만유원력(萬有原力)이라고 한다. 만유원력은 하나님이 스스로 존재하기 위한 힘으로 존재 세계의 창조, 유지, 소멸을 위한 힘이 된다.[17]

존재 세계는 음(陰)과 양(陽), 성상(性相)과 형상(形狀)의 이성성상(二性性相)으로 구성되었는데 여기서 이성성상이란 두 성품이 상대 기준을 조성하여 수수작용(授受作用)을 하는 것을 말한다. 즉 존재 세계의 근본 힘 만유원력에 의해 이 두 성품이 수수작용을 하게 된다. 따라서 삼라만상은 만유원력에 의한 수수작용의 힘에 의해 생존, 번식, 발달이 가능하게 된다.[18]

인간의 건강도 마음과 몸의 최적의 수수작용으로 가능한 것이다. 동양의학은 수수작용의 원리를 바탕으로 건강 여부를 진단하고 치유를 한다. 통일교에서 보는 치유의 관점도 물질의 근본 요소인 사대(四大: 地水火風)의 음양(陰陽), 강약(强弱), 경연(硬軟), 온냉(溫冷), 건습(乾濕) 등의 이성성상이 최적의 수수작용을 할 수 있도록 조건을 만들어 주는 것이다.

이들 요소는 과해도 문제가 되고 적어도 문제가 된다. 육체에서 이들 요소가 균형을 이루는 상태가 건강이고 균형이 깨지는 것이 질병이다. 육체에서 지수화풍 사대의 원만한 수수작용이 이루어지지 못할 때 건강을 잃게 된다. 몸을 이루는 피부의 건연(乾軟), 수분의 과다, 혈압의 고조, 기(氣)의 강약 등의 불균형 때문에 질병이 발생하는 것이다. 따라서 건강이란 몸을 이루고 있는 사대의 최적의 수주작용으로 가능하다.

인간의 질병은 사대의 수수작용의 불균형 때문만은 아니다. 세계보건기구(WHO)에서 정의한 인간의 건강은 육체적, 정신적, 사회적으로 건강한 상태를 말한다. 통일교『원리강론』에서는 여기에 인간의 영적(靈的) 건강을 부가하도록 한다. 영적 건강은 인간의 전인적 건강의 기반이 된다. 영적 건강은 영성적(靈性的) 건강으로 신과의 관계를 기반으로 한 인간의 관계, 자연과의 관계를 말한다.

통일교에서 보는 신과 인간의 관계는 모든 관계의 근원적 관계다.[19] 이 근원적 관계의 터전에서 인간과 인간의 관계, 인간과 자연과의 관계가 온전한 관계가 될 수 있다. 신과 인간의 온전한 수수작용으로 인간의 본심과 양심이 계발된다. 신과의 관계에서 계발된 본심과 양심의 작용으로 인간은 절대가치를 지향하게 된다.[20] 인간의 양심과 본심의 작용이 인간의 정신을 이끌어 갈 때 인간은 정신적 영적 건강을 유지하게 된다.

(2) 마음챙김의 요소로서의 몸과 마음의 수수작용

마음챙김은 '어떤 마음이 일어나는가?' '마음이 무엇을 하고 있는가?' '마음이 어디를 향하고 있는가?'를 분별없이 객관적으로 알아차리는 것이다. 마음은 감각기관과 감각 대상의 수수작용으로 일어나는 마음의 현상과 작용을 말한다. 여기서 대상이란 마음 안에서 일어나는 내적인 것과 6근에 부딪는 외적인 것이 있다. 육근(六根, 眼耳鼻舌身意)이 어떤 대상과 만났을 때 육경(六境, 色聲香味觸法)의 인식이 일어나서 느낌과, 감각과 생각을 일으키는 것이다.[21]

마음챙김은 감각기관과 감각 대상이 수수작용을 하여 일어나는 인식, 의도, 행위 등을 알아차리는 것이다. 마음이 감각 대상을 만났을 때 마음이 어떻게 수수작용을 하고, 그 수수작용에 의해 일어나는 마음이 어떻게 변하고 있는지를 알아차리는 것이다. 위파사나의 관찰 대상인 정신 작용과 물질 작용의 수수작용에서 일어나는 느낌, 감각, 생각을 알아차리는 것이다.

『원리강론』에서 말하는 물질적 요소인 생력요소와 정신적 요소인 생령요소의 수수작용이 인간의 심리적인 면과 육체적인 면에 영향을 미친다. 육체에서 어떤 생력요소를 돌려주는지에 따라 영인체의 건강에 영향을 미치고 영인체에서 육체에 돌려주는 생령요소에 따라 육체의 건강에 영향을 미친다.[22] 육체에서 영체에 돌려주는 요소는 단지 자연 요소뿐만 아니라 선한 의도에 의한 선한 행동을 포함한다. 좋은 환경에서 살고, 좋은 식품을 먹고, 선한 의도에 의한 행동을 하게 되면 좋은 생력요소를 영인체에 돌려주어 선한 영인체가 된다.

영인체에서 육체에 돌려주는 생령요소 또한 육체의 건강에 영향을 미친다. 생령요소는 육신에서 받은 생력요소와 창조주 하나님과 우주에서 받는 생소(生素)의 수수작용으로 일어나는 영적인 힘이다. 이는 성경에서 말하는 헬라어 '푸뉴마'에 해당한다. 성경 창세기에 보면 하나님이 인간을 흙으로 빚고 코에 '푸뉴마'를 불어넣어 사람이 되게 하였다고 했다.[23] 성서에서 푸뉴마를 생소, 생기, 생령 등으로 번역하는데 이들 요소는 영인체가 성장하고 유지하는 필수 조건들이다.

위와 같은 관점에서 통일교에서 말하는 치유는 자력(自力)과 타력(他力)의 수수작용에 의해 가능하다고 본다. 즉 자신의 노력에 의한 생력요소의 충만함과 하나님의 근본된 힘 만유원력, 생소 등이 수수작용하여 인간의 신체적·정신적·영적 건강이 성장·발달하게 된다. 통일교 관점에서 마음챙김은 마음과 몸의 수수작용, 즉 위파사나에서 참구하는 정신 작용과 물질 작용의 수수작용에 대한 관찰과 통찰이다. 정신 작용과 물질 작용의 이해와 통찰은 자기 이해와 자기 치유를 가능하게 한다.

(3) 마음챙김의 요소로서 인간의 죄성(罪性)

통일교에서는 인간의 죄를 원죄(原罪), 유전적(遺傳的) 죄, 연대적(連帶的) 죄, 자범죄(自犯罪)로 나눈다. 원죄는 인간 조상에 의해 형성된 죄로 죄의 뿌리가 되고, 유전적 죄는 부모가 지은 죄를 후손들이 물려받은 죄, 연대적 죄는 사회적으로 형성된 죄성을 말하며, 자범죄는 자신이 직접 저지른 죄를 말한다. 전술한 것처럼 원죄가 죄의 뿌리라고 한다면 유전적 죄는 죄의 줄기, 연대적 죄는 죄의 가지, 자범죄는 죄의 잎에 해당한다. 그리고 모든 죄는 죄의 뿌리가 되는 원죄로 말미암아서 형성된다고 본다.[24]

통일교 교리에서도 불교의 유식(唯識)에서와 마찬가지로 인간이 모든 행위는 업장(業藏, 아뢰야식)에 저장되어 남게 되고 이것이 선성품 또는 악성품이 되어 인간의 의식과 행위를 지배한다고 본다. 즉 인간 조상의 타락행위, 선조들의 행위, 자신의 행위 등이 업장에 저장되어 인간의 의식을 지배하는 것이다. 나에게 형성된 성품은 인식과 행동의 틀이 되어 인간의 사고와 행위를 지배하게 된다.[25]

인간이 어떤 대상과 현상을 접하게 될 때 그의 업식에 의해 느끼고 생각하고 판단하는 것이다. 인간이 관념과 습기(習氣)에 따라 사물을 보고 판단하는 것은 바로 이 업식이 있기 때문이다. 업(業)은 선(善)한 업도 있고 불선(不善)한 업도 있다. 선한 업은 선한 업식을 만들고 악한 업은 불선한 업식을 만든다. 종교에서 수행을 하는 것은 악한 업식을 소멸시키고 선한 업식을 계발하는 것이다.

마음챙김은 악한 업식을 소멸시키고 선한 업식을 계발하는 기재로 쓸 수 있다. 육근(六根)이 대상과 접촉하게 될 때 일어나는 육경(六境)이 인간의 업식에 따라 판단하고 분별하게 된다. 즉 업장에 잠재된 타락성이 육경의 인식을 탐진치(貪瞋痴)로 이끌어 가게 될 때 마음을 챙김으로써 불선한 업을 만들지 않게 된다. 육근이 대상을 취하게 될 때 업장에서 일어나는 업식에 대하여 마음을 챙김으로 말미암아 불선한 업을 만들지 않는 것이다.[26]

통일교에서는 인간이 타락행위를 하는 것은 마음에 타락성 본성이 내재되어 있기 때문이라고 본다. 인간의 어떤 대상을 취하게 될 때 인간 안에 잠재된 타락성 본성이 일어나 인간의 행위를 이끌게 된다. 타락성 본성은 인간 조상의 타락행위 과정에서 형성된 죄성으로 인간에게 유전된다.[27] 죄성의 본질은 탐욕적 욕망이다. 인간 조상 아담과 하와에게 하나님이 주신 '따먹지 말라'는 계명을 지키지 못해 인간의 원죄(原罪)가 형성되었다. 이 원죄로 말미암아 인간의 시기, 질투, 혈기, 교만 등의 타락성이 유발된다.

통일교에서는 이 죄성에서 벗어나기 위한 첫째 조건이 하나님의 심정을 회복하는 것이라고 본다. 하나님의 심정이 회복되면 인간 안에 내재된 타락성 본성이 소멸되고 창조 본성을 회복하게 된다고 본다. 창조 본성인 심정은 상대를 기쁘게 하고 사랑하고자 하는 마음의 충동이다. 심정을 회복할 때 인간은 죄와 고통에서 자유로워질 수 있다.[28]

마음챙김을 통해 알아차림의 힘이 강화되면 마음에서 타락성 본성이 일어나는 것을 포착할 수 있고, 타락성 본성이 일어남을 보고 알아차리게 되면 타락성 본성이 소멸된다. 따라서 마음챙김은 타락성을 소멸시키고 창조 본성을 회복시키는 기재가 될 수 있다. 즉 어떤 대상을 접촉하면서 마음을 챙김으로 그 대상을 분별없이, 객관적으로 통찰하게 될 때 그 대상과 접촉으로 형성되는 갈애와 혐오에서 자유로워질 수 있다. 감각기관이 감각대상과 접촉했을 때 잠재된 죄성에 의해 형성되는 불선한 마음을 소멸시키고 인간의 본성을 회복하는 과정이 치유의 과정이 된다.

⑷ 마음챙김의 요소로서의 인간의 한(恨)

통일교는 하나님을 한의 하나님으로 이해한다. 자녀로 창조된 인간 조상 아담과 하와가 타락해서 하나님은 슬픔과 고통의 심정을 갖게 되었다. 성경 창세기 6장 6절 하나님이 "인간 지으심을 후회하셨다."는 것은 하나님의 회한(悔恨)을 말하는 것이다. 그러나 하나님은 창조주로서 타락한 인간을 포기하지 않으시고 구원 섭리를 펼쳐 오셨다. 하지만 구원을 담당한 중심인물들이 책임을 다하지 못하여 섭리가 연장되므로 하나님은 복귀(復歸)의 한(恨)을 가지고 계신다.

> 아담 하와를 중심 삼고 당신의 혈통을 영원히 전수해 줄 참된 가정을 세우려 하셨던 하나님의 창조 이상은 이렇게 제1대에서 좌절되고 말았습니다. 따라서 하나님의 한을 풀어 드릴 수 있는 유일한 길이 바로 사탄의 혈통과 무관한 참된 가정을 찾아 세우는 것입니다. 여기에 우리 모두가 하나님의 창조 이상인 참된 가정을 세워야 하는 이유가 있습니다.[29]

> 지금까지의 하나님은 복귀의 하나님입니다. 본래의 하나님이 아닙니다. 원한에 사무친 하나님, 불쌍한 하나님입니다. 기쁨의 하나님이 아닙니다. 낙망의 하나님입니다. 그러기에 원상태로 가기 위해서는 복귀의 하나님을 해방시켜 줘야 됩니다. 돈으로가 아닙니다. 권력으로도 아닙니다. 어떤 사람으로도 아닌 참사랑으로 해야 합니다.[30]

통일교의 구원 섭리의 궁극적 목적은 하나님의 한을 해원(解冤)하는 것이다. 하나님의 한을 해원하지 않고는 인간의 한을 해원할 수 없다. 또한 인간의 한을 해원하지 않고는 하나님의 창조 목적을 완성할 수 없고 하나님의 나라는 실현될 수 없다. 인간의 한을 해원하기 위해서 한의 형성 원인과 발현의 특성을 알아야 한다.

하나님과 인간의 한의 근원은 인간 조상 아담과 하와의 타락이다. 인간 조상의 타락으로 타락성이 형성되었고 인간에게 죄성(罪性)으로 유전된다.

인간 조상의 타락은 곧 인간의 생로병사(生老病死)의 고통으로 이어진다. 물론 인간 조상이 타락하지 않았어도 생로병사의 고통은 있다. 그러나 깨달음 즉 무상(無常)과 무아(無我)의 지혜를 터득하면 그 고통을 무상(無常)과 무아로 이해할 수 있다. 한의 맺힘을 무상과 무아로 이해하게 될 때 그 고통을 수용적으로 받아들일 수 있게 된다.[31]

통일교에서는 질병이 발병하는 원인으로 신체적 조건과 영적(靈的) 조건이 있다고 본다. 따라서 치유에는 물리적 치유와 영적 치유가 있다. 영적 치유란 지상인에게 재림 부활한 영을 분립하는 것이다. 인간 영인체의 완성은 지상 생활을 통해서만 가능하기 때문에 지상에서 완성하지 못한 영인체는 지상인에게 재림 부활하여 완성이 된다. 즉 지상에서 완성하지 못하여 한이 남아 있는 영인은 지상인에게 재림 부활하여 그 한을 해원할 수 있다. 한이 있는 악영인의 재림 부활 역사로 지상인이 고통을 당하는 경우가 있다. 통일교는 이렇게 영적 이유로 발생한 질병의 치유는 지상인에게서 영을 분리하게 될 때 가능하다고 본다. 따라서 통일교의 구원 사역에는 영을 분립하는 것이 있다. 통일교는 이러한 사역을 조상해원이라고 하는데 일종의 퇴마사와 같은 역할을 하는 영매자가 환자에게서 영을 분립하는 사역이다. 한은 대상에 대한 원망과 분노로 형성된다. 한의 마음이 일어나 원망과 분노를 일으키고 이 분노로 고통에 빠지게 된다. 마음에 형성된 인간의 한을 치유하기 위해서는 잠재되었던 한이 일어남을 통찰할 수 있어야 한다. 한 때문에 일어나는 원망과 분노 등에 대한 마음챙김을 통해 한에서 자유로워질 수 있다. 일어나는 한의 발현과 맺힘에 대한 마음을 챙기게 될 때 한으로 형성된 고통과 슬픔이 무상(無常)임을 자각하면 한이 쌓이지 않게 된다. 고통과 슬픔에 대한 마음챙김은 순간순간 대상과의 관계 안에서 이루어진다. 마음에서 일어나는 분노와 원망과 증오 등을 자각하지 못하면 한으로 남게 된다. 이 한에서 벗어나기 위해 일어나는 원망, 미움, 증오 등의 부정적 마음부수에 대한 마음을 챙겨야 한다. 대상과의 관계에서 일어나는 시기, 질투, 혈기, 교만 등의 타락성에 대한 마음을 챙기게 될 때 억압으로 만들어지는 한이 맺히지 않는다.

3. 마음챙김을 통한 심정의 회복과 치유

통일교 경전에 '심정'이라는 단어가 많이 사용되는데 여기서 사용되는 심정의 의미는 국어사전적 의미나 세간에서 쓰는 의미와는 다르다. 통일교 경전에 쓰인 심정의 의미는 사전적 의미와 같은 '감정과 생각' 개념을 포함하면서도 인간 내면의 가장 깊은 곳에서 나오는 '기쁨과 사랑의 충동'을 말한다.[32]

통일교 경전에서 말하는 심정은 인간이 창조될 당시 하나님에게서 주어진 것이며 하나님의 성상(性相)을 닮은 인간의 성품이다. 따라서 인간 구원의 목표는 하나님과 심정 일체가 되는 것이며, 타락은 하나님의 심정과 단절된 상태를 말한다. 즉 인간은 조상의 타락으로 무지의 상태에 떨어졌으며 하나님의 심정과 단절된 것이다.

심정에는 하나님이 인간을 창조하면서 가졌던 기쁨과 소망이 담긴 창조의 심정이 있고 인간의 타락으로 말미암아 형성된 한(恨)의 심정, 즉 복귀의 심정이 있다. 창조의 심정은 하나님이 인간을 창조하면서 가졌던 기쁨과 사랑의 충동을 돌려받기 위한 소망과 이상이 담긴 심정이다. 그러나 인간의 타락으로 하나님은 인간 지으심을 후회할 정도로 비탄의 심정 즉 복귀의 심정을 갖게 되었다. 복귀의 심정은 집을 나간 탕자가 돌아오기를 바라는 부모의 심정과 같은 것이다. 통일교에서 말하는 인간의 구원은 타락으로 말미암아 상실된 인간의 심정을 회복하는 것이다. 인간의 심정 회복은 하나님의 개입과 인간의 책임으로 이루어진다. 따라서 통일교의 종교교육이나 종교의식(儀式)은 심정을 유발해서 창조 본연의 심정을 회복하는 활동이다.

『통일사상』에 따르면 우주 만물은 하나님의 창조에 의하여 하나님의 일정한 힘을 받고 있는데 종적인 힘으로 심정을, 횡적인 힘으로 만유원력을 부여받게 되었다.[33] 따라서 인간의 심리적 고통의 치유는 심정의 회복으로 가능하다. 즉 인간의 본성인 심정이 회복되면 인간에게서 기쁨과 사랑의 충동이 일어나게 되며 기쁨과 사랑의 충동으로 심리적 고통이 소멸된다. 하나님에게 받은 이 두 힘이 개체 간에도 수수작용을 함으로써 정상적인 생존, 발전이 유지된다.

통일교 『원리강론』, 『통일사상 요강』 등에 따르면 심정은 인간의 마음의 핵심이며, 통일교 구원과 목회 사역의 핵심 개념이다. 통일교 경전에서 말하는 심정은 마음챙김 핵심적인 요소다. 인간의 타락으로 인해 발현되지 않는 심정을 유발하기 위해 타락성의 유발에 대한 마음챙김 명상을 하게 될 때 타락성이 소멸되고 심정이 유발된다. 죄성의 일어남에 대한 마음챙김은 오염된 마음을 정화한다. 마음챙김을 통해 심정이 유발되면 인간 의식의 세계가 기쁨과 사랑을 추구하게 된다. 기쁨과 사랑의 충동이 활성화되면 부정적 감정과 생각이 소멸되고 사랑, 평화, 온유 등의 의식이 고양된다. 이러한 의식이 치유를 이끌어 간다.

4. 맺음말

현대인의 많은 질병들이 정신적인 불안정에서 비롯된다. 스트레스, 우울증, 분노 등 정신적인 불안정은 물론 고혈압, 당뇨, 심혈관계 신체적인 질병들도 심인성에서 비롯된다. 이러한 정신적인 불안정에서 온 질병들은 정신적인 안정으로 치유되거나 완화될 수 있다. 물론 이 질병에 약물치료도 가능하지만 근원적인 치료는 될 수 없다.

정신적인 안정의 길은 무엇보다도 마음과 몸의 통일과 조화를 이루는 것이다. 마음이 요구하는 것과 신체가 요구하는 것이 조화를 이루어야 정신적인 안정과 건강함을 유지할 수 있다. 몸과 마음의 통일을 위해 마음과 몸의 메커니즘을 알아야 한다. 통일교에서 마음과 몸의 메커니즘을 이성성상의 수수작용으로 본다.

마음과 몸의 통일을 위해서 마음챙김이 필요하다. 즉 사념처(身受心法)에 대한 마음챙김이다. 지금 현재 내 마음과 몸에서 일어나고 있는 감각, 느낌, 감정, 생각 등에 깨어 있어야 함을 말한다. 사념처에 깨어 있지 못할 때 인간은 자아를 주관하지 못하고 갈애, 집착, 분노 등에 빠지게 되며 무지에 떨어진다. 인간은 무지로 정신적인 고통을 당한다.

통일교에서 보는 치유는 타력과 자력 두 방면으로 가능하다고 본다. 타력은 자연과 인간의 궁극적 실재인 하나님에게서 오는 우주의 근본 힘 만유원력과 그에 의해 일어나는 수수작용으로 가능한 것이다. 인간과 자연의 온전함은 바로 만유원력에 의한 정상적인 수수작용으로 가능하다. 따라서 치유란 존재의 이성성상이 온전한 수수작용이 가능하도록 최적의 조건을 투입하는 것이다. 통일교에서 보는 질병의 원인은 생리적인 조건과 인간의 타락성 본성인 죄성에서 비롯된다고 본다. 영적 불안정은 죄성 때문이다. 죄성 때문에 존재의 근원이신 하나님과 인간에게는 한(恨)이 있다. 한의 유발이 심리적 질병의 원인이 된다. 따라서 인간의 죄와 한을 자각하기 위한 마음챙김이 필요하다. 마음챙김으로 한과 죄성을 소멸시킬 수 있게 된다. 한과 죄성에 대한 마음챙김은 한과 죄에 대한 무상함과 무아를 인식하게 한다. 무상과 무아의 인식은 한과 죄에 대한 탈중심화, 탈민감화 작용을 통한 치유를 가능하게 한다.

인간의 한과 죄성에 대한 마음을 챙김으로 계발되는 것이 심정이다. 심정이란 마음에서 일어나는 기쁨과 사랑의 충동으로 인간의 가장 심층에 있는 본성이다. 이 심정은 인간이 태어나면서부터 하나님에게서 부여된 창조의 본성으로 하나님의 형상(形相)에 해당한다. 그러나 인간의 죄성이 심정의 유발을 가로막았다. 따라서 심정을 계발하면 죄성이 소멸되고 마음이 정화되고 기쁨과 사랑의 충동이 유발되어 마음과 몸의 치유가 일어나게 된다. 마음챙김은 잠재되었던 심정을 계발하는 기재가 된다. 심정의 개발로 유발된 기쁨과 사랑의 충동이 인간의 마음과 몸의 통일과 건강을 증진시킨다.

주석

오늘날의 병듦과 종교적 치유의 몸짓 / 박상언

1) Jean Comaroff, *Body of Power, Spirit of Resistance: The Culture and History of a South African People*, Chicago: The University of Press, 1985, pp.6-7.

2) 김기봉, 「'치유의 인문학'이란 무엇인가」, 『철학과현실』 37, 2012, p.38.

3) 위의 글, pp.39-47.

4) Richard A. Shweder, "Menstrual Pollution, Soul loss, and the Comparative Study of Emotions", Arthur Kleinman and Byron Good, eds., *Culture and Depress: Studies in the Anthropology and Cross-Cultural Psychiatry of Affect and Disorder*, Los Angeles: University of California Press, 1985, p.196.

5) 오늘날에 병듦과 아픔과 나음에 대한 용어가 뒤섞여 사용되고 있는 것은 생의학적 모델이 의학 모델로 작동하고 있기 때문이다. 생의학적 의학모델은 몸과 마음을 구별하는 근대의 이분법적 사유에 근거해서 병듦과 고통에 각각 병(illness)과 질환(disease), 고통(suffering)과 통증(pain)으로 구별한다. 전자는 병든 자의 주관적인 판단이나 느낌에 바탕을 두고, 후자는 의사의 객관적인 분석과 판단에 근거한다. 강신익, 「질병·건강·치유의 역사와 철학」, 『의철학연구』 1, 2006 참조.

6) Elaine Scarry, *The Body in Pain: The Making and Unmaking of the World*, Oxford: Oxford University, 1985, pp.15, 161-173.

7) *Ibid.*, pp.4-5.

8) Vincent Crapanzano, *Imaginative Horizons: An Essay in Literary-Philosophical Anthropology*, Chicago: The University of Chicago Press, 2004, pp.81-83.

9) 이 글을 쓰면서 맹자가 측은지심의 예로 들었던 우물에 빠진 아이를 구해준 사람의 마음이 연상되었다. 예전에 그 대목은 단지 인의 단초를 언급하는 글귀에 불과했는데, 상상력을 발휘해서 위급한 상황에서 내질렀을 아이의 비명 혹은 울부짖음을 삽입하면, 측은한 마음을 불러일으키는 계기가 헤아려진다.

10) Talal Asad, *Formation of the Secular: Christianity, Islam, Modernity*, Stanford: Stanford University Press, 2003, pp.80-85.

11) 이 인용문은 휴메딕-헬스조선이 주최한 암 체험 수기 공모전에서 수상한 작품의 일부이다.

12) 에릭 카셀, 『고통받는 환자와 인간에게서 멀어진 의사를 위하여: 고통의 본질과 의학의 목적』, 강신익 옮김, 도서출판 들녘, 2002, pp.103-104.

13) Mary Douglas, *Natural Symbols: Explorations in Cosmology* (Penguin Books, 1978), p. 93.

14) F. R. Westley, "Purification and Healing Rituals in New Religious Movements", ed., Ray B. Browne, *Rituals and Ceremonies in Popular Culture* (Ohio: Bowling Green University Press, 1980), p. 37.

15) 조르조 아감벤은 미셸 푸코의 '장치'(dispositif) 개념을 일반화해서 "생명체들의 몸짓, 행동, 의견, 담론을 포획, 지도, 규정, 차단, 주조, 제어, 보장하는 능력을 지닌 모든 것"을 장치로 규정한다. 이 장치들은 행복에 대한 인간적인 욕망에 뿌리를 내리고 인간을 포획하고 통제하는 기계로서 인간의 주체화와 관련이 있다. 만약 종교적 치유의 몸짓이 병듦의 아픔에서 낫고자 하는 욕망에서 주조된다면, 그 몸짓은 하나의 장치로서 이해될 수 있다. 조르조 아감벤 · 양창렬, 『장치란 무엇인가?/장치학을 위한 서론』, 난장, 2010, p.33.

16) Magaret Lock & Nancy Scheper-Hughes, "Rituals and Routines of Discipline and Dissent", Carolyn F. Sargent and Thomas M. Johnson, eds., *Handbook of Medical Anthropology*, London: Greenwood Press, 1996, pp.45ff.

17) 마틴 에반스는 일상적인 몸과 구별되는 '의학적 몸'의 7가지 특징을 다음과 같이 제시한다. 첫째, 의학적인 몸은 탐구의 주체가 아니라 대상이다. 둘째, 의학적 몸은 의료도구가 가해지는 수동적이고 우둔하고 순종적인 몸이다. 셋째, 의학적 몸은 비인격적인 기술 혹은 실험도구를 통해 획득한 데이터의 원천이다. 넷째, 의학적 몸은 생물학적 유기체이다. 다섯째 의학적 몸은 몸의 개별성이 일반화된 것이다. 의학적 몸은 개별 환자를 질병의 분류체계 속으로 일반화된 것이다. 여섯째, 의학적 몸은 환자의 신체적 상태에 대한 일련의 사실(facts)들로 구성된다. 일곱째, 의학적 몸은 기능적인 측면에서 이해되는 몸이다. Martyn Evans, "The 'Medical body' as Philosophy's Arena", *Theoretical Medicine* 21, 2001, pp.18-20.

18) Stanley Jeyaraja Tambiah, *Culture, Thought, and Social Action: An Anthropological Perspective*, Cambridge: Harvard University Press, 1985, p.88.

19) *Ibid.*, pp. 88-89.

20) 의례의 '수행적 효과'의 개념은, 탐비아가 존 오스틴(John L. Austine)의 화용론에서 제시되는 '수행적 발화행위'이론을 의례에 적용한 것이다. 탐비아는 수행적 효과는 어떤 행위를 통해 어떤 상태를 변화시키거나 어떤 것을 효과적으로 행하는 것이라고 말한다. 그러므로 의례의 수행적 효과라는 개념은 의례 행위와 실천과정에서 수반되는 어떤 효과의 측면을 강조하는 것이다. *Ibid.*, p. 79 참조.

21) *Ibid.*, p. 129.

22) 《매일경제》(인터넷판) http://news.mk.co.kr/newsRead.php?no=45558&year=2016, 2016.2.12 검색.

23) 신자유주의의 시대에서 종교상품의 형성과 유행에 관한 종교학적 의미에 대해서는 다음의 글이 도움이 된다. 우혜란, 「신자유주의와 종교문화의 상품화」, 한국종교문화연구소, 『신자유주의 사회의 종교를 묻는다』, 청년사, 2011.

24) http://kouksundo.com/(세계국선도연맹 홈페이지) 2016.2.12. 검색.

25) "단전이 냉하여지면(보통 40대 이후) 위의 나쁜 요소를 걸러내는 능력이 떨어져 결국 질병(설사, 요통, 낭습증, 생리불순, 수족냉증, 추위 탐, 각종 관절염 등)이 발생합니다. … 단절을 자연의 기(氣)로 데위주면 혈(血)과 기(氣)가 왕성해져서 체내에 존재하는 노폐물과 콜레스테롤, 지방 등을 분해하므로 인체가 정화되고 온몸이 상쾌해지는 것입니다." http://www.dahn.org/main/05.htm(한국단학회연정원 홈페이지) 2016.2.12. 검색.

26) 장병길, 「한국 신종교 운동의 구조와 변동」, 한국종교문화연구소 엮음, 『장병길 교수 논집: 한국 종교와 종교학』, 청년사, 2003, p.485.

27) 위의 글, p.488.

28) 졸고, 「현대 한국종교문화의 변동 양상과 성격」, 『종교연구』 44, 2006, pp.282-283.

29) 찰스 테일러, 『불안한 현대사회』, 송영배 옮김, 이학사, 2001, pp.21-27.

30) 앤소니 기든스, 『현대성과 자아정체성』, 권기돈 옮김, 새물결, 1997, p.41.

31) 김재효, 손인철, 강연석, 「마음치유 모델로서 일원의학(一圓醫學)에 대한 검토」, 『원불교사상과 종교문화』 49, p.80.

32) 예컨대, 신앙생활, 종교경험, 종교적 실천 등과 의학적 치료 효능에 관한 논의들의 사례는 다음의 문헌들에서 찾을 수 있다. Jerrey S. Levin, ed., *Religion in Aging and Health: Theoretical Foundations and Methodological Frontiers,* London: SAGE Publications, Inc., 1994; Michael H. Cohen, *Healing at the Borderland of Medicine and Religion*, Chapel Hill: The University of North Carolina Press, 2006 등.

33) 정승화, 「치유적인 것은 정치적인 것인가」, 『페미니즘연구』 14(1), 2014, p.196.

34) 이반 일리히, 『병원이 병을 만든다』, 형성사, 1993, pp.156-158.

35) 김수미, 「한국 치유 문화 작동의 정치학: 신자유주의 통치시기 주체 구성에 대한 일고찰」, 『언론과 사회』 22(1), 2014, pp.141-142.

36) 장 보드리야르, 『소비의 사회: 그 신화와 구조』, 이상률 옮김, 문예출판사, 1991, p.190.

37) 폴 파머, 「고통과 구조적인 폭력: 아래로부터의 조망」, 아서 클라인만 · 비나 다스 외, 『사회적 고통』, 그린비, 2002, p.43에서 재인용.

38) 발터 벤야민, "역사의 개념에 대하여", 발터 벤야민, 『역사의 개념에 대하여/폭력비판을 위하여/초현실주의 외』, 최성만 옮김, 도서출판 길, 2012, pp.336-337.

병든 지구를 영성으로 '치유'할 수 있을까? / 유기쁨

1) 생태 영성이라는 용어는 여러 가지로 정의되어 왔지만, 대체로 인간은 생태계 일부이

며, 생태계 자체는 어떤 의미에서 성스럽고 인간을 초월한 것이라는 깨달음 및 이를 바탕으로 한 영적 각성을 포괄하는 말이다(Kinsley 1995, 162).

2) "Deep Ecology"는 한국어로 '근본생태론'이나 '심층생태론'으로 주로 번역된다. 나는 이전까지 "Deep Ecology"가 생태문제의 근본적 해결을 위해 표피적인 접근법을 지양하며 세계관 수준에서의 근본적인 변화를 지향한다는 점을 강조하기 위해 그 용어를 '근본생태론'으로 번역해왔다. 그렇지만 오늘날 '근본'이라는 번역어는 종교적 '근본주의'를 떠올리게 하는 부정적 효과를 갖고 있기에 이 논문에서는 '심층생태론'이라는 번역어를 사용할 것이다.

3) 이때 흔히 '생태론'으로 번역된다.

4) 당시 저명한 과학저술가이기도 했던 헤켈은 1899년에 독일에서 자신의 일원론을 담은 Die Weltraetsel이란 책을 펴냈고, 1900년에는 그 영어 번역본인 The Riddle of the Universe을 출판했는데, 출판된 지 5년 만에 두 판본은 각각 10만 부 이상 팔렸다고 한다. 그 책이 이처럼 성공을 거둔 까닭은 종교와 과학을 연결하는 일원론을 확신에 찬 어조로 전개한 헤켈의 생명 철학이 동시대 사람들의 호응을 불러일으켰기 때문이었다.

5) 그는 자신의 보편적 신의 이름을 "모두-신(Allgott)", "범신(Pantheos)," 혹은 "세계-내-신(Deus intramundanus)"으로 제안하기도 했다. 헤켈은 과학에 근거한 자신의 새로운 신앙에는 성전이나 예배당이 불필요하며, 과학의 새로운 미학적 비전을 통해 자연 자체가 숭배될 뿐이라고 제안했다. 당시 독일 청년들 사이에서는 태양숭배, 누디즘(nudism), 채식주의, 아리안 신비주의 등이 널리 실천되고 있었기에 이들 사이에서, 그리고 자유주의자, 과학자, 범신론자들 사이에서 헤켈의 일원론은 압도적인 지지를 얻었다.

6) 그렇지만 역사학자 안나 브람웰(Anna Bramwell)은 헤켈과 나치즘과의 직접적인 연결점을 찾기는 어렵다고 지적한다. 브람웰에 따르면, 오히려 헤켈의 생태학과 나치즘은 동일한 비전을 공유한다기보다는 근대성에 대한 혐오라는 공통의 적을 가지고 있었고, 자연에 대한 애착과 낭만주의에 대한 공통의 관심 속에서 유사하게 보이는 지점이 나타났던 것이다(Bramwel 2012).

7) 가령 1970년대 초에 세계를 강타한 석유 위기가 갑작스러운 가격 폭등과 경제 불황을 몰고 오면서, 한정된 자원에 대한 대중의 각성과 불안감이 고조되었다. 또한, 1970년대에 로마클럽의 〈성장의 한계〉(1972)가 발표되었는데, 그것을 계기로 전 세계 환경문제에 관한 국제회의가 개최되었다. 그리고 공해, 종의 절멸, 자원 고갈, 인구 증대, 제3세계 기아 등 공업화에 따르는 지구의 위기가 다각도에서 지적되었다.

8) 8개 강령은 다음과 같다.

1. 인간과 지구상의 비인간 생명의 복지와 번영은 그 자체로서 가치를 가진다(동의어: 본질적 가치, 본래적 가치). 이러한 가치들은 인간의 목적을 위한 비인간 세계의 유용

성과 무관하다. 2. 생명 형태의 풍부함과 다양성은 이러한 가치들의 실현에 기여하며 또한 그것들 자체로서 가치이다. 3. 인간은 생명 유지를 위해 필요한 경우를 제외하고는 이러한 풍부함과 다양성을 축소할 권리를 가지고 있지 않다. 4. 인간의 생명과 문화의 번영은 인구의 실질적인 감소와 양립할 수 있다. 비인간 생명의 번영은 그러한 감소를 요구한다. 5. 현재 인간은 비인간 세계에 지나치게 개입하고 있으며, 그러한 상황은 급속도로 악화되고 있다. 6. 그러므로 정책들이 바뀌어야 한다. 이러한 정책들은 기본적인 경제적, 기술적, 그리고 이데올로기적 구조들에 영향을 미친다. 상황의 결과적 국면은 현재와는 매우 달라질 것이다. 7. 이데올로기적 변화는 점점 높아지는 (물질주의적) 생활 기준을 고수하는 것이 아니라, 주로 (본래적 가치의 상황에서 살아가는) 삶의 질을 올바로 인식하는 변화이다. 큰 것과 위대한 것 사이의 차이에 대한 깊은 깨달음이 있게 될 것이다. 8. 앞서 말한 점들에 동의하는 사람들은 필요한 변화들을 이행하기 위해 직접적으로 혹은 간접적으로 노력할 의무를 가진다(Devall and Sessions 1985, 70). 8개 강령의 각 조목에 대해 네스가 덧붙인 논평은 Naess(2003, 29-32)를 보라.

9) 예컨대 오늘날에는 더욱 높은 수준의 환경운동으로서 '영성의 환경운동'이 요청된다는 주장이 여기에 해당한다(환경운동연합, 2001).

'종교를 넘어선 종교'와 새로운 영성 / 성해영

1) '종교를 넘어선 종교' 개념은 다음 책을 참고하라. 최준식, 『종교를 넘어선 종교』, 사계절, 2005.

2) 성해영, 「신비주의란 무엇인가?: 개념에 대한 오해와 유용성을 중심으로」, 『인문논총』 71-1, 서울대 인문학연구원, 2014. 한편 종교학 사전은 신비주의를 다음과 같이 정의하고 있다. "궁극적 실재의 근원이나 근거에 대한 앎이나 결합이 비전(vision), 엑스터시(ecstasy), 관조(觀照), 합일과 같은 의식 상태에서 다양하게 체험되거나, 우주와 인간 존재에 대한 일원론적이고 온정적인 관점이 교리나 수행 등으로 다채롭게 표현된다고 주장하는 전통들" "Mysticism (Further Consideration),"in *Encyclopedia of Religion*.

3) 재너(R. C. Zaehner)는 신비주의를 '성스러운' 신비주의와 '세속적' 신비주의로 나누었다. 그는 약물로 유도되는 체험을 포함한 자연 신비주의 보다 종교전통의 신비주의가 윤리적으로 우수하다는 점을 변론하고 싶어했다. 다음을 참고하라. *Mysticism, Sacred and Profane*, Oxford: Oxford University Press, 1961. 한편 약물이 종교적 수행과 동일한 효과를 가져 온다는 주장에 대해서는 논란이 있다. 헉슬리(Aldous Huxley), 스미스(Houston Smith) 등은 약물에 의해 유도되는 신비주의(drug-induced mysticism)가 신비적 수행과 동일한 체험을 유발한다고 주장한다. Aldous Huxley, *The Doors of Perception and Heaven and Hell*, New York : Harper & Row, 1990.; Huston Smith, *Cleansing the Doors of Perception: The Religious Significance of Entheogenic Plants*

and Chemicals, Boulder: Sentient Publishing, 2003.

4) 쾨슬러(Arthur Koestler)의 다음 책을 참고하라. *The Invisible Writing*, New York: The Macmillan Company, 1954, pp.353-354. (인용문은 『신비사상』 p.364을 기본으로 삼았음). 쾨슬러가 사용한 '대양적 느낌'은 프로이트의 저서 『문명 속의 불만』에 등장한다. 대양적 느낌과 신비주의의 관련성에 대해서는 다음을 참고하라. 「프로이트 종교심리학과 비교(comparison)의 정신: 승화(sublimation) 및 대양적(大洋的) 느낌(oceanic feeling) 개념을 중심으로」, 『종교학연구』 제27집, 2008.

5) Richard M. Bucke, *Cosmic Consciousness : A Study in the Evolution of the Human Mind*, New York: A Citadel Press Book, 1993, pp.7-8. 삼인칭(He) 주어를 사용해 기술된 이 책의 체험담은 제임스에 의해 1인칭(I) 주어로 바뀌어 한 페이지에 걸쳐 자세하게 인용되고 있다. *The Varieties of Religious Experience, p. 435.*

6) 생물학자였던 알리스터 하디(Alister Hardy, 1896-1985)는 그의 평생 관심사였던 인간의 종교 체험을 수집하고 연구하기 위해, 은퇴 이후에 종교체험 연구 센터(RERC: Religious Experience Research Center)를 설립한다. 본문의 두 번째 사례는 다음 책에 인용되어 있다. Jordan Paper(2004), *The Mystic Experience: A Descriptive and Comparative Analysis*, pp.19-20.

7) 파슨즈(William B. Parsons)는 "심리학과 비교적 대화(psychology-comparative dialogue)"에 주목한다. 많은 경우 심리학 그 자체가 단순히 "종교적 현상을 탐구하고, 이해하는"데에만 사용되는 게 아니라, "근원적인 어떤 것이든, 그것이 신학적인 것이든, 혹은 성스러운 무의식이든 간에 종교의 목적 그 자체를 밝히는 대화"에 깊이 관련될 수 있다는 것이다. William B. Parsons and Diane Jonte-Pace, "Introduction: Mapping Religion and Psychology," in *Religion and Psychology: Mapping the Terrain, contemporary dialogues, future prospects*, New York: Routledge, 2001.

8) *Spiritual but Not Religious: A Call to Religious Revolution in America*, Iuniverse Inc, 2000.

9) *Spiritual, but not Religious: Understanding unchurched America*, Oxford University Press, 2001.

10) 알바네세(Catherine L. Albanese)는 초절주의를 포함해 18세기 이후에 본격적으로 등장하기 시작한 새로운 종교적 경향을 '형이상학적 종교(metaphysical religion)'라는 개념으로 파악한다. A Republic of Mind & Spirit : *A Cultural History of American Metaphysical Religion*, New Haven: Yale University Press, 2006, pp.6-16.

11) 자세한 내용은 다음을 참고하라. 'http://www.pewforum.org/'의 'global-religious-landscape'

12) 종교 조직에 속해 있지 않은 11억 6천만 명 중에서 62.2%인 7억 명이 중국 본토인이다. 그런데 이 중 7%는 신이나 초자연적 존재를 믿고 있으며, 44%는 천지나 조상의 무

덤에 예를 표한 적이 있다고 밝혔다. http://www.pewforum.org/2012/12/18/global-religious-landscape-unaffiliated/

13) 가톨릭 전통의 신비주의자들이 의혹이나 탄압의 대상이 되었던 이유 역시 넓게 보아 체험과 해석틀의 불일치 가능성에서 찾아질 수 있다.

14) *The Varieties of Religious Experience*, p.36.

15) 마음의 심층적 차원을 인정했다는 점에서 프로이트, 제임스, 융은 동일한 입장에 선다. 또 그들 모두에게는 신비주의가 어떤 식으로든 인간의 심층 의식 차원과 밀접하게 연관되어 있다고 보았다. 나아가 기독교를 포함해 제도화된 종교 그 자체에 부정적인 태도를 취했다는 점에서도 유사성이 있다. 다음 글을 참고하라. 「프로이트 종교심리학과 비교(comparison)의 정신: 승화(sublimation) 및 대양적(大洋的) 느낌(oceanic feeling) 개념을 중심으로」, 『종교학연구』 제27집, 2008.

16) 제임스는 의식이 다양한 상태들로 구성되며, 그 상태들 중 일부가 종교적 차원, 즉 형이상학적이며 초심리학적 실재의 근거가 될 수 있음을 언급한다. *The Varieties of Religious Experience*, pp. 422-423. 변형의식상태에 관한 논의는 다음 책을 참고하라. Charles T. Tart(ed), *Altered states of consciousness*, New York: HarperSanFrancisco, 1990.

17) 네 가지 특징은 noetic quality, ineffability, passivity, transiency이다. *The Varieties of Religious Experience*. pp.413-416.

18) 『종교 경험의 다양성』 출간 100주년을 맞아 출판된 Irreducible Mind와 종교 경험을 비정상(abnormal)이 아닌 비정형적(anomalous) 체험이라는 가치중립적 개념을 통해 연구하려는 *The Varieties of Anomalous Experience*는 이러한 흐름의 현대적인 응용이다. Cardena Etzel (ed), *Varieties of Anomalous Experience: Examining the Scientific Evidence*, Washington: American Psychological Association, 2000.

19) Nona Coxhead, *The Relevance of Bliss: A Contemporary Exploration of Mystic Experience*, 28. Jordan Paper, *The Mystic Experience: A Descriptive and Comparative Analysis*, 154.

20) "특정한 신비주의적 수행이 마음의 각기 다른 영역들 간의 정상적인 관계를 뒤집어, 다른 방식으로는 접근이 불가능했던 에고와 이드의 심층에서 일어나는 일들에 대한 인식을 줄 수 있다는 점을 쉽게 상상할 수 있습니다. 물론 이러한 방법이 구원을 가능케 하는 궁극적인 진리로 우리를 인도할는지는 의심하는 편이 보다 안전하겠지요. 그럼에도 불구하고, 정신분석학의 치료적 노력이 이와 유사한 방법을 취하고 있다는 점은 인정될 수 있습니다." 〈새로운 정신분석학 강의〉 p. 109. (필자의 번역)

21) '종교로서의 심리학'이라는 개념은 다음 두 글을 참고하라. William B. Parsons, "Introduction: Mapping Religion and Psychology," in *Religion and Psychology: Mapping the Terrain, contemporary dialogues, future prospects*. "Psychology of

Religion"in *Encyclopaedia of Religion*을 참조하라.
22) 보다 자세한 내용은 다음 책을 참고하라. 전명수, 『뉴에이지 운동과 한국의 대중문화』, 서울: 집문당, 2014.
23) 다음을 참고하라. http://www.gallup.co.kr/gallupdb/reportContent.asp?seqNo=628.

동학의 사상과 운동으로 본 치유와 통합 / 김용휘

1) 『해월신사법설』, 「개벽운수」.
2) 『동경대전』, 「논학문」.
3) 『동경대전』, 「논학문」.
4) 『동경대전』, 「포덕문」.
5) 졸고, 「동학의 수도와 주문 수련의 의미」, 『선도문화』 제14권, 2013.02. 241쪽.
6) 『동경대전』, 「포덕문」, 19쪽. "吾有靈符, 其名仙藥, 其形太極, 又形弓弓, 受我此符, 濟人疾病."
7) 『동경대전』, 「포덕문」.
8) 『동경대전』, 「수덕문」.
9) 『해월신사법설』, 「영부·주문」.
10) 졸저, 『우리학문으로서의 동학』, 책세상, 2006. 124쪽.
11) 같은 책, 126쪽.
12) 이돈화, 『동학지인생관』, 천도교중앙총부, 1974, 19쪽.
13) 졸고, 「동학·천도교의 '모심'의 영성과 사회복지」, 『영성과 사회복지』 제4권 1호. 2017. 01. 6쪽.
14) 박재순, 『삼일운동의 정신과 철학』, 홍성사, 2015, 6-7쪽.
15) 졸고, 「천도교의 운동노선과 동도주의」, 『종교문화연구』 제27호, 2016. 12, 104쪽.
16) 백낙청, 「큰 적공, 큰 전환을 위하여」, 『백낙청이 대전환의 길을 묻다』, 창비, 2015.

대순진리회의 치유와 화합 / 김영주

1) 류성민, 「종교적 질병 치유의 사회문화적 의미」, 『종교연구』 제35집, 2004, 2쪽.
2) 문선애 외 2인, 「치유에 대한 통일교적 접근」, 『종교교육학연구』 46권, 2014, 29쪽.
3) '치유'를 주제로 최근 종교분야에서 학술대회가 세 차례 있었다. 2014년 5월 춘계한국종교학대회에서 '종교, 치유 그리고 사회통합'이라는 주제로 학술대회가 진행되었으며, 2014년 11월 한국종교교육학회 추계학술대회에서 '치유에 대한 종교교육적 접근'이이라는 주제로 학술대회가 진행되었다. 그리고 2016년 2월 제36회 원불교사상연구 학술대회에서 '근현대 한국 신종교 운동에 나타난 치유와 통합'이라는 주제로 진행된

학술대회가 그것이다.

4) 윤재근 · 김영주는 대순진리회의 종교적 치유를 개인적 치유로서의 종교수행과 사회적 치유로서의 3대 중요사업을 중심으로 설명하였으며, 대순진리회에서 진행하고 있는 청소년 치유프로그램인 청소년 캠프 현황과 청소년 캠프의 과제를 중심으로 논의를 전개하고 있다.(윤재근 · 김영주, 「치유에 대한 종교교육적 접근: 대순진리회의 입장에서」, 『한국종교교육학회』제46권, 2014). 차선근은 의학사상 속 치유를 다루면서 인간개체의 생물학적 질병의 원인이 마음과 상극이라는 우주적 원리에 있음을 착안해 질병에 대한 치유책으로 증산에 대한 신앙과 수행을 강조하고 있다.(차선근, 「대순진리회의 의학사상: 인간개체의 생물학적 질병을 중심으로」, 『신종교연구』제34집, 2016, 133-139쪽).

5) 대순진리회에서는 종교사상의 사회적 실천이라는 취지하에 사회적 치유와 화합을 위해 구호자선사업과 사회복지사업 그리고 제반교육사업을 3대 중요사업으로 설정하여 적극적으로 실천해오고 있다. 사회적 약자나 소외계층에 대한 배려의 일환으로 이루어지는 구호자선사업은 이재민 구호 및 불우이웃돕기 등의 구제 사업이라는 취지하에 사회화합에 이바지하는 것을 목적으로 하고 있으며, 1975년부터 2012년까지 51억 1백 17만 340원이 지원되었다. 사회복지사업은 부인회와 청년회를 중심으로 한 사회봉사 활동에서부터 양로원과 병원의 설립 등 다양한 분야에서 전개되고 있다. 특히 의료법인 대진의료재단은 1998년 분당제생병원을 준공하여 해원상생과 광제창생의 이념을 의료사업에 실현, 보건의료와 관련된 연구 · 의료기술개발 · 진료 · 인재양성에 힘쓰고 있으며, 국민의 건강증진과 복지사회 건설을 위한 의료기관으로 국민 복리에 이바지하고 있다. 또한 종단에서 '대순진리회복지재단'을 설립 · 운영함으로써 복지향상을 꾀하고 있으며, 그 일환으로 노인전문병원과 노인복지센터 및 노인 요양시설을 설립하여 운영하고 있다. 급속한 노령화가 사회문제로 대두되는 현대사회에서 노약자를 대상으로 한 이러한 일련의 사회사업은 사회적으로 격려된 이들에 대한 정신적 · 신체적 치유에만 머무는 것이 아니라 종단 산하 교육기관의 학생들에게 자원봉사와 재능기부 등의 기회를 부여함으로써 계층 간의 양극화가 발생하고 있는 현대사회에서 상생의 이념을 실천하는 교육의 장이 되고 있다. 사회복지 사업의 지원금 현황은 1975년부터 2012년까지 의료사업, 사회복지 행사 후원, 사회복지법인 건립 등에 총 1885억 8천 8백 61만 3천 843원이 지원되었다. 교육사업은 전인교육을 통해 국민의 윤리도덕과 준법정신을 함양하며, 국리민복에 기여하는 참된 인간을 육성하기 위해 "학교법인을 설립하여 고등 보통교육과 전문교육을 실시하여 시대가 요청하는 인재양성에 힘써 나가야 한다"는 훈시에 기반하여 학교법인 대진학원을 설립(1984.2.6.)하였으며, 이후 대진대학교 설립인가(1991.11.15.), 학교법인 대진대학교로 명칭을 변경(1992.2.13.)하여 오늘에 이르고 있다. 현재 대진대학교(1992)를 비롯하여 대진고등학교(1985), 대진여자고등학교(1989), 분당대진고등학교(1994), 일산대진고등학교(1994), 수서대진디자인고등학

교(1996), 부산대진전자정보고등학교(1996) 등을 개교하여 지성과 감성을 겸비한 인재 양성에 이바지 하고 있다. 본 논문에서는 "가정화목·사회화합·인류화평으로 세계평화를 이룩하는 것이 대순진리이다."(대순진리회교무부,『대순지침』, 서울: 대순진리회출판부, 1989, 20쪽)라는 우당(牛堂, 朴漢慶: 1917-1996)의 훈시에 착안하여, 종교수행을 통한 치유와 개인 삶의 터전이자 실천수행의 기본적 장이 되는 가정에서의 가정화목의 필요성과 가정화목의 실천에 집중하여 논의를 전개하고자 한다.

6) 박맹수·정선원,『공주와 동학농민혁명』, 서울: 모시는사람들, 2015, 11쪽.

7) 하원호,「조선후기 변란과 민중의식의 성장」,『사학연구』, 서울: 한국사학회, 2004, 187쪽.

8) "이제 천하 창생이 진멸할 지경에 닥쳤음에도 조금도 깨닫지 못하고 오직 재리에만 눈이 어두우니 어찌 애석하지 않으리오."『전경』, 교법1장1절; 본 논문의 논의는 대순진리회의『전경』(대순진리회교무부, 서울: 대순진리회출판부, 1974)을 기반으로 한다. 또한 이하『전경』의 인용은 '편·장·절'의 일부만을 간략하게 표기한다. 예를 들면, 「교법」1장1절'의 경우 '교법1-1'의 형식으로 그 전거를 밝힌다.

9) "선천에서는 인간 사물이 모두 상극에 지배되어 세상이 원한이 쌓이고 맺혀 삼계를 채웠으니 천지가 상도(常道)를 잃어 갖가지의 재화가 일어나고 세상은 참혹하게 되었도다. 그러므로 내가 천지의 도수를 정리하고 신명을 조화하여 만고의 원한을 풀고 상생(相生)의 도로 후천의 선경을 세워서 세계의 민생을 건지려 하노라. 무릇 크고 작은 일을 가리지 않고 신도로부터 원을 풀어야 하느니라. 먼저 도수를 굳건히 하여 조화하면 그것이 기틀이 되어 인사가 저절로 이룩될 것이니라. 이것이 곧 삼계공사(三界公事)이니라."(공사1-3)

10) "病有大勢 病有小勢 大病無藥 小病或有藥 然而大病之藥 安心安身 小病之藥 四物湯八十貼

祈禱

侍天主造化定永世不忘萬事知至氣今至願爲大降

大病出於無道 小病出於無道 得其有道 則大病勿藥自效 小病勿藥自效 至氣今至四月來

禮章

醫統

忘其父者無道 忘其君者無道 忘其師者無道 世無忠 世無孝 世無烈 是故天下皆病

病勢

有天下之病者 用天下之藥 厥病乃愈 聖父 聖子 元亨利貞奉天地道術藥局 在全州銅谷生死辦斷

大仁大義無病

三界伏魔大帝神位遠鎭天尊關聖帝君 知天下之勢者 有天下之生氣 暗天下之勢者 有天下之死氣

孔子魯之大司冠 孟子善說齊梁之君 西有大聖人曰西學 東有大聖人曰東學 都是敎民化民

近日日本文神武神 幷務道通

朝鮮國 上計神 中計神 下計神 無依無托 不可不文字戒於人 宮商角徵羽 聖人乃作 先天下之職 先天下之業 職者醫也 業者統也 聖之職聖之業"(행록5-38)

11) "天地之中央心也故東西南北身依於心."(교운1-66)

12) 대순진리회 교무부, 『대순진리회요람』, 서울: 대순진리회출판부, 1975, 15쪽.

13) 김영주, 「대순진리회 마음공부 프로그램의 현황과 과제」, 『종교교육학연구』제43권, 2013, 147쪽.

14) "心也者鬼神之樞機也門戶也道路也 開閉樞機出入門戶往來道路神 或有善或有惡 善者師之惡者改之 吾心之樞機門戶道路大於天地(행록3-44)

15) 김영주, 「증산 수양론에 있어서 욕망 해석의 문제」, 『종교문화연구』제18호, 2012, 156쪽.

16) "天用地用人用統在於心"(행록3-44)

17) 김영주, 「대순진리회 마음공부 프로그램의 현황과 과제」, 앞의 논문, 146쪽.

18) 『書經』, 「大禹謨」, "與其殺不辜, 寧失不經, 好生之德, 洽於民心, 玆用不犯于有司."

19) 홍범초, 『증산교개설』, 서울: 창문각, 1982, 76쪽.

20) 이경원, 『대순종학원론』, 서울: 문사철, 2013, 85쪽.

21) 김영주, 「생명윤리와 대순진리회의 종교교육」, 『종교교육학연구』제45권, 2014, 112쪽 참조.

22) 윤기봉, 「증산 강일순의 인권사상」, 『종교교육학연구』제32권, 2010, 157쪽 참조.

23) 이재영, 「경전수행의 맥락에서 본 통일교 훈독회」, 『종교교육학연구』제43권, 2013, 113-114쪽.

24) 김영주, 「대순진리회 마음공부 프로그램의 현황과 과제」, 『종교교육학연구』제43권, 2013, 162쪽.

25) 오강남, 『종교란 무엇인가』, 파주: 김영사, 2013, 99쪽.

26) 대순진리회 교무부, 『대순지침』, 앞의 책, 17쪽.

27) 오강남, 앞의 책, 188쪽 참조.

28) 대순진리회 교무부, 〈대순회보〉제4호, 서울: 대순진리회출판부, 1986, 2쪽.

29) 대순진리회 교무부, 『대순지침』, 앞의 책, 17쪽.

30) "상제께서 하루는 종도들에게 말씀하시기를 「내가 부안지방 신명을 불러도 응하지 않으므로 사정을 알고자 부득이 그 지방에 가서 보니 원일이 공부할 때에 그 지방신(地方神)들이 호위하여 떠나지 못하였던 까닭이니라. 이런 일을 볼진대 공부함을 어찌 등한히 하겠느냐」 하셨도다."(교운1-63)

31) 이경원, 『대순종학원론』, 앞의 책, 230쪽 참조.

32) 대순진리회 교무부,『대순진리회요람』, 앞의 책, 18쪽.

33) "전쟁사를 읽지마라 전승자의 신은 춤을 추되 패전자의 신은 이를 가나니 이것은 도를 닦는 사람의 주문 읽는 소리에 신응(神應)되는 까닭이니라."(전경, 교법2-23).

34) "충남(忠南) 비인(庇仁) 사람 김경흔(金京欣)은 오십년 공부로 태을주(太乙呪)를 얻었으되 그 주문을 신명으로부터 얻을 때에 그 주문으로써 많은 사람을 살리라는 명을 받았느니라」고 말씀을 하시고"(전경, 교운1-20).

35) 이경원, 위의 책, 233쪽.

36) 박상언은 태을주 수행의 효과를 '수승화강(水昇火降)'을 통한 기의 순환'과 태을주 송독시 발생하는 파장에 의한 몸 안의 '생명에너지 증가'를 들고 있다.(박상언,「치유의 신을 찾는 몸짓: 증산도 치유의례의 사례연구」,『종교문화연구』제3호, 2001, 266-268쪽 참조).

37) 대순진리회교무부,『대순지침』, 앞의 책, 49쪽.

38) 윤재근·김영주, 앞의 논문, 10쪽.

39) 대순진리회교무부,『대순지침』, 위의 책, 20쪽.

40) 문선애 외 2인, 앞의 논문, 30쪽.

41) 정진홍,「생명과 종교」,『원불교사상과 종교문화』제33집, 2006, 10쪽.

42) 조응태,「한국 신종교의 생명문화」,『신종교연구』25집, 2011, 112쪽.

43)『典經』, 교법 2장 36절.

44) "상제께서 비천한 사람에게도 반드시 존대말을 쓰셨도다. 김형렬은 자기 머슴 지 남식을 대하실 때마다 존대말을 쓰시는 상제를 대하기에 매우 민망스러워「이 사람은 저의 머슴이오니 말씀을 낮추시옵소서」하고 청하니라. 이에 상제께서「그 사람은 그대의 머슴이지 나와 무슨 관계가 있나뇨. 이 시골에서는 어려서부터 습관이 되어 말을 고치기 어려울 것이로되 다른 고을에 가서는 어떤 사람을 대하더라도 다 존경하라. 이후로는 적서의 명분과 반상의 구별이 없느니라」일러주셨도다."(교법1-10)

45)『典經』, 행록 4장 44절.

46) 이희승,『국어대사전』, 파주: 민중서림, 2006, 4337쪽.

47) 최길성,『한국의 조상숭배』, 서울: 예전사, 1986, 79쪽.

48) 안호상 외,『한국인의 윤리사상』, 서울: 율곡사상연구원, 1992, 447쪽.

49)『典經』, 공사 3장 40절.

50) 김영주,「생명윤리와 대순진리회의 종교교육」, 앞의 논문, 113쪽.

51) 上田紀行,『宗教クライシス』, 양억관 역,『종교의 위기』, 서울: 푸른숲, 1999, 192쪽.

일제강점기 대종교의 사회적 치유를 말하다 / 김동환

1) 고병철 외,『한국의 종교 현황』, 문화체육관광부, 2011, 3쪽.

2) 같은 글, 9쪽.

3) 에밀 뒤르켐, 『종교생활의 원초적 형태』, 노치준 · 민혜숙 옮김, 민영사, 1992, 305-321 쪽 참조.

4) 金正明 編, 『日韓外交資料集成』6-下, 巖南堂書店, 1965, 1254쪽.

5) 서민교, 『1910년대 일제의 무단통치』(한국독립운동의 역사4), 한국독립운동사편찬위 원회, 2009, 13-27쪽 참조.

6) 「한국병합에 관한 건」의 전체 내용은 다음과 같다. "제국의 한국에 대한 정책은 우리 실력을 해반도(該半島)에 확립하고 그 파악을 엄밀히 함에 있음은 말할 나위가 없다. 일로전쟁(日露戰爭) 개시 이래 한국에 대한 우리 권력은 점차 커져 더욱이 작년 일한 협약(日韓協約) 체결과 함께 한국에서의 시설은 크게 그 면목을 개량하였다. 비록 한 국에서 우리 세력은 아직 십분 충실하게 이르지 못하고 한국 관민의 우리에 대한 관계 도 역시 아직 완전이 만족할 만하지 못하였으므로 제국은 금후 더욱 한국에서의 실력 을 증진시켜 그 근저를 깊이 하고 내외에 대하여 도전받지 않을 만큼의 세력을 수립하 기에 노력할 것을 요한다. 이리하여 이 목적을 달성하기 위해서는 차제(此際)에 제국 정부에 있어 좌(左)의 대방침을 확립하여 이에 기초한 제반의 계획을 실행할 것을 필 요로 한다. 제1. 적당한 시기에 한국 병합을 단행할 사(事). 한국을 병합하여 이를 제국 판도의 일부로 함은 반도에서 우리 실력을 확립할 가장 확실한 방법이다. 제국이 내외 의 형세에 비추어 적당한 시기에 단연단연 병합을 실행하여 반도를 명실공히 우리 통 치하에 두고, 또 한국과 제외국과의 조약관계를 소멸시킴은 제국 백년의 장계(長計)이 다. 제2. 병합 시기가 도래할 때까지 병합 방침에 따라 충분히 보호의 실권을 거두도록 노력하고 실력 부식을 도모할 것. 전항(前項)과 같은 병합의 대방침(大方針)은 이미 확 정하였으나, 그 적당한 시기가 도래할 때까지는 병합 방침에 따라 우리 제반의 경영을 진보함으로써 반도에서 우리 실력의 확립을 기하기를 필요로 한다.", 金正明 編, 위의 책, 1254-1255쪽 참조.

7) 「대한시설대강」의 전체 내용은 다음과 같다.
"한국에 대한 일본정부의 대방침이 결정된 이상 한국에 대한 시설은 병합 시기가 도래 하기까지 다음 항목에 의해 이를 실행할 필요가 있다고 인정된다. 제1. 일본정부는 기 존 방침에 따라 한국의 방어와 질서 유지를 담임하고 이를 위하여 필요한 군대를 한국 에 주둔시키고 또 가능한 한 많은 헌병과 경찰관을 한국에 증파하여 십분 질서 유지의 목적을 달할 사(事). 제2. 한국에 관한 외국교섭사무는 기존방침에 의해 이를 우리 손에 둘 것. 제3. 한국철도를 일본철도원 관할로 옮기고 철도원의 감독 하에 남만주철도와 연결하여 우리 대륙철도의 통일과 발전을 도모할 사. 제4. 가급적 많은 일본인을 한국 내로 이주시켜 우리 실력의 근저를 깊게 하는 동시에 한일 간의 경제 관계를 밀접하게 할 사. 제5. 한국중앙정부와 지방청에 재임하는 일본인 관리의 권한을 확장하여 한층 민활하고도 통일적인 시정을 행함을 기할 사.", 金正明編, 앞의 책, 1255-1256쪽 참조.

8) 信夫淳平, 『大正外交15年史』, 国際連盟協会, 1927, 372-373쪽.

9) 『순종실록』 1909년 12월 4일자.

10) 金正明 編, 앞의 책, 1396-1397쪽.

11) 김운태, 『일본제국주의의 한국통치』, 박영사, 1998, 144쪽.

12) 조선총독부편, 『韓國ノ保護及併合』, 조선총독부, 1917 참조.

13) 서민교, 『1910년대 일제의 무단통치』, 앞의 책, 18쪽.

14) 서민교, 앞의 책, 19-27쪽 참조.

15) 김동환, 「대종교의 민족운동」, 『종교계의 민족운동』(한국독립운동의 역사38), 한국독립운동사편찬위원회, 2008, 139-146쪽 참조.

16) 토지·인민·정치.

17) 『宣言』, 4-5쪽.

18) 신운용, 「대종교 세력의 형성과 그 의미」, 『한국민족운동사연구』84, 한국민족운동사학회, 2015, 21쪽.

19) 김동환, 「대종교 항일운동의 정신적 배경」, 『국학연구』제6집, 국학연구소, 2001, 140쪽.

20) 김동환, 「대종교와 국가정체성」, 『대종교보』(통권 295호), 대종교총본사, 2014, 30-77쪽 참조.

21) 이현익, 『대종교인과 독립운동연원』[『대종교보』(통권 288호), 대종교총본사, 2000, 51쪽.

22) 이현익, 위의 책, 79쪽.

23) 신사신도는 교파신도나 민속신도와는 구별되는 일본 신도의 한 흐름으로. 신사를 정신 결합의 중심으로 삼고. 천황제 지배를 뒷받침하던 이념적 신사였다.(國史大辭典編纂委員會 編, 『國史大辭典』7, 吉川弘文館, 1985, 41쪽.)

24) 村上重良, 『國家神道』, 岩波書店, 1974, 79-80쪽 참조.

25) 김동환, 「국학의 개념규정을 위한 시론」, 『국학연구』제15집, 국학연구소, 2011, 89-91쪽 참조.

26) 1911년의 「조선교육령」을 흔히 「제1차 교육령」이라고 한다. 이후 1922년 2월 4일, 1938년 3월 3일, 1943년 4월 1일에 각각 교육령이 개정되었다.

27) 이만규, 『조선교육사』下, 을유문화사, 1949, 186-187쪽.

28) 《매일신보》 1911년 7월 9일 「조선학제안입안」.

29) 송건호, 「민족통일을 위하여(2)」, 『송건호 전집』2, 한길사, 2002, 373쪽에서 재인용.

30) 朝鮮史編修會編, 「朝鮮半島史編纂要旨」, 『朝鮮史編修會事業概要』, 시인사편집부 엮음, 시인사, 1986, 참조.

31) 이원순, 「해방 공간의 한 사학도」, 『역사가의 탄생』, 지식산업사, 2008, 125-138쪽 참조.

32) 五十韓神이란 이소다게루(五十猛)나 이데도(五十迹手) 그리고 일본 황실의 시조로써 백제계의 신(神)인 가라가미(韓神)를 지칭하는 것이다.

33) 『대종교중광육십년사』, 앞의 책, 247쪽.

34) 朝鮮總督府, 『朝鮮總督府施政年報』, 大正 6年(1915), 372쪽.

35) 김동환, 「국학과 홍암 나철에 대한 연구」, 『국학연구』제9집, 국학연구소, 2004, 228쪽.

36) 대종교총본사편, 「중광가」, 『홍암신형조천기』, 대종교출판사, 2012, 63쪽.

37) 같은 글, 68쪽.

38) 『대종교중광육십년사』, 앞의 책, 172쪽.

39) 대종교총본사편, 「보본 엄주천에게 준 글」, 『홍암신형조천기』, 앞의 책, 91쪽.

40) 도광순, 「풍류도와 신선사상」, 『신선사상과 도교』, 범우사, 1994, 83쪽.

41) 팔관재계란, 고려 때의 팔관재에서 임금과 백성이 한 가지로 하느님께 제사하되 '생물을 죽이는 것·도적질하는 것·음란한 것·망령되이 말하는 것·술을 마시는 것·높은 평상에 앉는 것·비단옷을 입는 것·함부로 듣고 봄을 즐기는 것' 등의 여덟 가지 허물을 금하자는 의식이다.

42) 대종교총본사편, 「密論」, 『홍암신형조천기』, 앞의 책, 53쪽.

43) 『高麗史』卷第九十四, 列傳 第七, 徐熙.

44) 『高麗史』卷第十八, 世家 卷第十八, 毅宗 二十四年.

45) 『高麗史』卷第六十九, 志卷第二十三, 禮十一, 嘉禮雜儀, 仲冬八關會儀.

46)《大韓每日新報》1910년 5월 18일「論說-韓國宗敎界의 將來(續)」.

47)《황성신문》1910년 8월 9일「論說-我檀君子孫의 民族과 疆土아 敎化의 歷史」.

48) 박은식, 「대동고대사론」, 『백암박은식전집』제4권, 동방미디어, 2002, 387쪽.

49) 신채호, 「조선상고사」, 『단재신채호전집』(개정판), 단재신채호선생기념사업회, 1995, 372쪽.

50) 정인보, 「순국선열추념문」, 『담원정인보전집』2, 연세대출판부, 1983, 264-265쪽.

51) 김동환, 「일제하 항일운동 배경으로서의 단군의 위상」, 『선도문화』제10권, 국학연구원, 2011, 168쪽.

52) 서굉일, 「단애 윤세복과 독립운동」, 『단애윤세복선생추모학술강연회논문집』, 대종교종학연구원, 2001, 18쪽. 이러한 예는 당대 대표적인 천도교의 이론가였던 이돈화에게서도 발견된다. 즉 이돈화는 대종교의 교사인 『단군교오대종지서』를 『단군역사』라는 제목으로 불교잡지에 연재도 했다.(白頭山人, 「檀君歷史」, 『潮音』, 朝鮮佛敎靑年會通度寺支會(1921년 11월). 27-29쪽 참조)

53) 이현익, 『대종교인과 독립운동연원』, 앞의 책, 48-49쪽.

54) 김구(도진순 주해), 「나의 소원」, 『백범일지』, 돌베개, 1997, 431쪽.

55) 이승만, 「어천절찬송사」,《독립신문》, 1922년 4월 30일(陰)자.

56) 남파박찬익전기간행위원회편, 『南坡 朴贊翼 傳記』, 남파박찬익전기간행위원회, 1989,

161쪽.

57) 독립운동사편찬위원회편,「호석선생문집」,『독립운동사자료집』제12집(문화투쟁사자료집), 1977, 517쪽.

58) 안창호,「개천절송축사」,《독립신문》, 1922년 10월 12일(陰)자.

59) 이동휘,「개턴절축사」,『震檀』第七號, 震檀報社(中國・上海), 中華民國九年(1920), 2쪽.

60) 김동환,「일제하 항일운동 배경으로서의 단군의 위상」, 앞의 책, 174-177쪽 참조.

61) 홍선희,『조소앙사상: 삼균주의의 정립과 이론체계』, 태극문화사, 1975, 54쪽.

62) 문화방송시사교양국편,『독립투쟁의 대부: 홍암 나철(자료집)』(3・1절 특집: 이제는 말할 수 있다, 74회), 문화방송시사교양국, 2004, 35-37쪽 참조.

63) 이윤재,「대종교와 조선인」,『삼천리』제8권 제4호, 삼천리사, 1936, 140-143쪽 참조.

64) 권덕규,「조선 생각을 차즐대」,『개벽』제45호, 개벽사, 1924, 34-40쪽 참조; 권덕규,「大倧敎觀, 대종교는 역사상으로 어떠한가」,『삼천리』제8권 제4호, 삼천리사, 1936, 134-139쪽 참조.

65) 이병기,『가람일기(Ⅰ)』, 신구문화사, 1975, 130쪽.

66)『대종교중광육십년사』, 앞의 책, 100쪽.

67) 김동환,『나철: 이 달의 문화인물』, 문화관광부, 2005, 17-19쪽 참조.

68) 김윤경,「주시경전기」,『한결金允經全集』7, 연세대학교출판부, 1985, 23쪽.

69) 김차균,「김두봉의 우리말 소리 연구에 대한 국어사학적 고찰」,『한힌샘연구』, 한글학회, 1989, 89쪽.

70)『대종교중광육십년사』, 앞의 책, 186쪽.

71) 대종교편,「敎秩」,『大倧敎洪範』제5장, 대종교총본사, 단기4325년, 30-31쪽 참조.

72) 이극로,「滿洲와 西伯利亞에서 放浪生活하던 때와 그 뒤」,『苦鬪四十年』, 을유문화사, 1947, 8-9쪽.

73)『대종교중광육십년사』, 앞의 책, 577-579쪽 참조.

74) 당시 경성에서 조선어학회를 이끌고 있던 이극로가 윤세복에게 보낸 서찰 중에「널리 펴는 말」이라는 원고가 동봉되었는데, 일경은 이를 먼저 검열하고 그 내용을 일문(日文)으로 번역함에 있어 그 제목을「조선독립선언서」라고 바꾸어 붙이고 그 내용의 마지막 부분에 나오는 "일어나라 움직이라! 한배검이 도우신다."라는 내용을 "봉기하자 폭동하자! 한배검이 도우신다."로 날조하였다. 바로 이 내용이 임오교변 발생의 직접적인 단서가 되었던 것이다.(『대종교중광육십년사』, 위의 책, 458쪽 참조.)

75) 이인,『반세기의 증언』, 명지대학출판부, 1974, 124-127쪽 참조.

76) 안확은 대종교의 정신 속에서 그의 문학관을 형성하는데, 대종교의 기본 경전인『삼일신고』의 영향을 크게 받았다. 그는 대종교 교리의 핵심이라 할 수 있는 종(倧)을 토대로, 그의『조선문학사』의 정신적 근원인 종사상(倧思想)을 구체화시킨 인물이다.(김동

환,「국학과 홍암 나철에 대한 연구」, 앞의 책, 252-255쪽 참조.)

77) 현진건, 『단군성적순례』, 예문각, 1948, 107-108쪽. 이 시는 나철이 대종교를 일으키고, 강화도 마니산 제천을 행할 당시에 지은 시로써, 『강도지(江都誌)』에 실려 전한다.(『江都誌』「名所古蹟」〈古蹟〉)

78) 일본인 하타다 다카시(旗田巍)는 그의 저서(旗田巍, 『日本人の朝鮮觀』, 勁草書房, 1969 참조)에서, 일본 학자들의 조선 연구 경향이 잘 소개하고 있다. 이 책에는 「日本人の朝鮮觀」・「滿鮮史の虛像」・「日本における朝鮮史硏究の傳統」 등의 논문이 실려 있다.

79) 한영우, 「17세기 반존화적 도가사학의 성장」, 『한국의 역사인식』 상, 지식산업사, 1976, 264쪽 참조.

80) 김교헌이 우리 역사계에 차지하는 비중에 대해서는, 김두봉이 "중국의 사마천(司馬遷)이 세운 공보다 더 크다"(《동아일보》, 1924년 1월 23일, 「金敎獻(茂園)追悼式: 일월 십삼일에 상해에서 열어」)고 평한 것이나, 안재홍이 "우리 민족 전체의 선생"(《조선일보》, 1926년 1월 2일, 「茂園 金敎獻 씨를 悼함」)이라고 추앙함에서도 알 수 있다. 또한 "우리나라 역사학의 우두머리"(대한민국임시정부자료집편찬위원회편, 『대한민국임시정부자료집』42, 「서한집」Ⅰ, 〈白純이 李承晚에게 보낸 서한〉(1921년 12월 29일))로 평한 백순의 기록, 그리고 상해《독립신문》의 사장을 지낸 김승학이 "대한민국 역사계의 독보적 존재"(《독립신문》, 1923년 7월 21일, 「神檀民史刊行廣告」)로 광고한 내용에서도 그 무게가 확인된다.

81) 김동환, 「일제하 항일운동 배경으로서의 단군의 위상」, 앞의 책, 164-165쪽 참조.

82) 한영우, 「한말에 있어서의 신채호의 역사인식」, 『단재신채호선생탄신100주년기념논집』, 단재신채호선생기념사업회, 1980, 175-176쪽.

83) 김동환, 「백암 박은식과 대종교」, 앞의 책, 199-247쪽 참조.

84) 박은식, 「한국통사」, 『박은식전서』 하권, 단국대동양학연구소, 1975, 359쪽.

85) 김영호, 「해제」, 『박은식전서』 상권, 앞의 책, 5쪽.

86) 박은식, 「몽배금태조」, 『박은식전서』 중권, 같은 책, 207쪽.

87) 이현익, 『대종교인과 독립운동 연원』, 앞의 책, 87-88쪽.

88) 정인보, 「조선사연구(상)」, 『담원정인보전집』3, 연세대출판부, 1983, 29-30쪽.

89) 박은식, 「한국통사」, 『박은식전서』 상권, 앞의 책, 367쪽.

90) 김동환, 『국학이란 무엇인가』, 한뿌리, 2011, 40-69쪽 참조.

91) 나철, 「일본 총리 오쿠마(大隈)에게 준 글」, 『홍암신형조천기』, 대종교출판사, 2012, 78쪽. 한편 일본 학자 요시카와 문타로(吉川文太郞)도 그의 저술에 당시 대종교도가 30만에 달했다고 적고 있다.(吉川文太郞, 『朝鮮の宗教』, 朝鮮印刷株式會社(朝鮮・京城), 大正十年(1921), 353쪽)

현대 병든 사회의 치유와 통합을 위한 원불교적 접근 / 염승준

1) 본 논문에서는 언급한 현대의 병적현상의 주요 요소는 '분별'이다. 논문에서 언급되는 치유해야 할 병적 상태도 '분별'로 인해 야기되는 문제들이다.

2) 종교성과 혁명성이 "하나로 통합된 것"이라는 관점에 대해서는 한자경, 2009, 『한국철학의 맥』, 서울, 이화여자대학교출판부, 353-358쪽 참조.

3) 백낙청은 원불교 개교표어를 끊임없이 연마함으로써 당면한 시대적 과제를 해결할 수 있는 일종의 화두와 같은 것으로 보고 있다. (백낙청, 「큰 적공, 대전환을 위하여」, '제3장 후천개벽 · 물질개벽 · 정신개벽', 원광대학교 원불교사상연구원100주년기념 학술대회, 원광대학교 숭산기념관 2층, 2015. 12. 11. 참고)

4) '규정'하는 모든 인간 의식활동과 언어구조 속에는 필연적으로 '부정'과 '배제'가 내포되어 있다. 'x는 F이다' 라는 규정판단에는 'x는 F가 아니다'라는 부정이 내재적으로 포함되어 있다. 따라서 F인 것과 F 아닌 것의 차이는 x와 x 아닌 것 간의 외적 차이가 아니라 x 자체 안에 담겨 있는 '내적 차이'가 된다. (한자경, 『헤겔 정신현상학의 이해』, 서울, 서광사, 2009, 16-17쪽 참고.) 『원불교전서』의 「일원상 진리」에서 '언어명상이 돈공한 자리', 「일원상 서원문」의 '언어도단(言語道斷)'의 입정처(入定處)'의 의미는 '일원' 및 '심인'과 같이 일체의 구별과 상대를 초월한 절대적인 것은 일체 의식활동이나 언어구조를 통해서 인식하거나 이해할 수 없다는 것이다.

5) 우리 시대가 겪고 있는 '우울증'뿐만 아니라 '가정 폭력', '과소비 문제', '자살'과 같은 사회적 문제에 대해 과연 원불교의 '정신수양'이 구체적인 해답을 제시하고 그 대안의 적절성을 입증할 수 있는지에 대한 물음이 제기 될 수 있다. 본 논문에서는 원론적인 차원에서, 현대사회 우울증이 착취자와 피착취자 그리고 감시자와 피감시자의 관계를 내면화함으로써 자아가 분열되어 발생하는 질병이라면, 병의 원인인 '분리'를 개인적인 차원에서 '분별심'과 '주착심'을 없애는 '정신수양'을 통해 그리고 위계적인 사회적 차별을 제거하는 '사요'의 실천을 통해 치유될 수 있을 것으로 본다.

6) 원불교 교리의 두 축이라 할 수 있는 '인생의 요도(要道)' 사은 · 사요와 '공부의 요도'인 삼학 · 팔조는 개인뿐만 아니라 사회를 치료하는 '약재'와 '의술'로 비유되고 있는 만큼 원불교 신앙과 수행은 내면과 외면, 개인과 사회, 도덕과 법의 통합을 지향한다.

7) 아렌트는 악의 평범성을 나치의 공범자들이 가족애를 갖춘 평범한 시민이며 그러한 평범한 시민이 잔혹한 악행을 수행할 수 있다는 점에서 찾고 있다. "공포정치는 지도층의 범죄에 독일 국민이 동참하게 되는 놀라운 현상을 초래하였다. 국민은 복종하는 자에서 공범자로 변모하였다. 물론 제한된 범위에서만 그랬지만, 우리가 도저히 그러한 짓을 하리라고 상상할 수 없는 사람들, 가령 가정적인 아버지들이나 의무에 따라 자신의 과업을 수행하는 성실한 시민들이 마찬가지로 의무에 따라 타인을 살해하고 강제수용소에서 명령에 따라 잔혹 행위를 완수하였다."(Hannah Arendt, "Organisierte Schuld",

Wandlung, Erster Jahrgang, Heft 4, April 1946), 카를 야스퍼스, 2014, 『죄의 문제』, 이 재승 (역), 서울: 앨피, 34쪽 참조.

8) '자연으로 돌아가라!'는 카피로 루소를 단순히 자연주의 사상가로 단순화할 수는 없을 것이다. 본론의 논의는 루소를 자연주의 사상가로 단순화하려는 것에 목적이 있는 것이 아니라 자연 자체가 개인 및 사회의 질병을 치유할 수 있는 것으로 주장하는 자연주의를 비판하기 위한 것이다. 루소의 인간관에 따르면 인간은 이성적이고 합리적인 존재라기보다는 자기 자신의 정념만을 좇고 그 정념 탓에 저지른 어리석음을 완화하는데 이성이 복무할 따름인 그런 존재다. 그는 피억압자, 피착취자, 빈자들만이 아니라 스스로 자유롭다고 생각하는 모든 인간은 도처에서 쇠사슬에 묶여 있는 노예에 가깝다고 보고 있다. 루소는 이러한 노예적 상태에서 해방되기 위해서 자연으로의 복귀가 아니라 정치 및 사회적 차원의 '기예'(perfected art)를 모색한다. 루소의 '기예'에 대해서는 사이먼 크리츨리, 2015, 『믿음 없는 믿음의 정치』, 문순표(역), 서울: 도서출판 이후, 45-53쪽 참고.

9) 이마누엘 칸트, 〔1793〕 2015, 『이성의 한계 안에서의 종교』, 신옥희(역), 서울: 이화여자대학교출판부, 24쪽, 칸트는 『이성의 한계 안에서의 종교』에서 서양철학사에 등장한 인간본성에 대한 낙관적 견해를 보인 철학자들이나 자연주의적 관점에서 이해한 철학자들과 도덕자들을 비판한다. '법률적 자연상태'는 '만인에 대한 만인의 투쟁'의 상태이며, '윤리적 자연 상태'는 '모든 인간에 내재하는 악에 의해 끊임없이 공격받는 상태'로 설명한다. (같은 책, 111쪽 참고). 그는 인간 본성에 내재한 악을 '구부러진 나무'에 비유하기도 한다. "그와 같이 구부러진 나무에서 어떻게 완전히 꼿꼿한 것이 다듬어져 나올 것을 기대할 수 있겠는가?" (같은 책, 116쪽).

10) 칸트는 책임감 있는 도덕적인 행위를 중시하는 종교를 '도덕 종교'(Moralische Religion)으로 정의하고, 신의 은총을 통해서 선한 인간이 되고자 하는 모든 종교를 '은총을 구하는 종교'로 비판한다. 후자의 종교에서 신에게 간청하고 소원하는 것 이외에 아무것도 하지 않는 인간의 이성을 '게으른 이성'의 인간으로 규정한다. 그는 지금까지 존재한 모든 종교들 중에서 오직 기독교만을 '도덕 종교'로 보고 있다. 이마누엘 칸트, 〔1793〕 2015, 『이성의 한계 안에서의 종교』, 신옥희(역), 서울: 이화여자대학교출판부, 63쪽 참고.

11) 소태산은 '공부의 요도' 삼학·팔조를 '의술'에 '인생의 요도' 사은·사요를 '약재'에 비유한다. 원불교 교리의 핵심이 의술과 약재로 표현된다는 점에서 소태산은 종교적 깨달음이나 교리 전체가 개인과 사회의 치료와 연결된다는 점을 확인할 수 있다. 『원불교전서』「정전」제2 교의편, 제6장 인생의 요도와 공부의 요도 참고.

통일교 경전에 나타난 마음챙김의 요소와 치유 / 이재영

1) 마음챙김 명상을 기초하거나 응용한 명상심리 치료법에는 MBSR(Mindfulness Based Stress Reduction), MBCT(Mindfulness Based Cognitive Therapy), ACT(Acceptance and Commitments Therapy), DBT(Dialectical Behavior Therapy), MSC(Mindfulness Self Compassion) 등이 있다.

2) John Kabat-Zinn, Wherever You Go, There You Are. 김언조 · 고명선 옮김, 『존 카밧진의 마음챙김 명상』(서울: 도서출판 물푸레, 2013) , p.27.

3) 빨리어 "vipassana"의 어의는 접두어 'v'와 'passana'의 결합어로 'vi'는 분별하다, 뛰어나다, 다양하다 등의 뜻을 가지고 있고 'passana'는 본다라는 의미를 가지고 있다. 따라서 vipassana고 봄, 뛰어난 봄, 분별없이 봄, 객관적으로 봄이라는 의미를 갖는다. 정준영, 『위파사나』(서울: 민족사, 2010) 참조

4) Christopher K. Germer/ Ronald D. Siegel ed., Mindfulness and Psychotherapy (New York: The Guilford Press, 2005) p.5.

5) ibid. p.7.

6) 대림스님 · 각묵스님 역 및 주해, 『아비담마길라잡이』(서울: 초기불전연구원, 2003), pp.665-667.

7) 불교에서는 인간의 고통이 일어나는 메카니즘을 연기법으로 설명한다. 인간의 감각기관이 감각대상에 접하게 될 때 인지의 연기와 확대가 일어나서 고통에 빠지게 됨을 설명하고 있다. 대림스님 · 각묵스님 역 및 주해, 『아비담마길라잡이 하권』(서울: 초기불전연구원, 2003), 657-718쪽 참조

8) 위파사나는 사념처에 대한 마음챙김이라고 할 수 있다. 삼법인에 대한 마음챙김은 사념처에서 법념처에 속한다. 각묵스님 옮김(2003), 앞의 책 참조

9) 각묵 스님 옮김, 『네가지 마음챙기는 공부』(서울: 초기불전연구원, 2008), 79쪽.

10) 정준영 · 박성현, 「초기불교의 싸티(sati)와 현대심리학의 마음챙김-마음챙김 구성개념 정립을 위한 제언」, 『한국심리학회지: 상담 및 심리치료』 제22권 제1호(서울: 한국상담심리학회, 2010), 22-23쪽.

11) 세계평화통일가정연합 편, 『천성경』(서울: (주) 성화출판사, 2013), 1405쪽.

12) 세계기독교통일신령협회 편, 『원리강론』(서울: (주) 성화출판사, 1994), 24쪽.

13) 세계기독교통일신령협회 편, 위의 책, 65-69쪽의 육신과 영인체의 상대적 관계를 그림으로 표현했음.

14) 위의 책, 65쪽.

15) 위의 책, 66쪽.

16) 붓다고사, 대림스님 역, 『청정도론 제 3권』(서울: 초기불전연구원, 2009), 191쪽.

17) 세계기독교통일신령협회 편(1994), 위의 책, 29-30쪽.

18) 세계기독교통일신령협회 편(1994), 위의 책, 30쪽.

19) 마틴 부버는 신과 인간의 관계를 근원적 나와 너의 관계라고 본다. 이 근원적 관계에서 나오는 그것과의 관계가 나와 너의 관계로 발전된다고 본다. 마틴 부버,『너와 나』(서울: 대한기독교서회, 2000) 참조

20) 세계기독교통일신령협회 편(1994),『원리강론』, 앞의 책, 32쪽.

21) 붓다고사, 대림스님 역,『청정도론 제 1권』(서울: 초기불전연구원, 2009), 481-482쪽.

22) 세계기독교통일신령협회 편(1994),『원리강론』, 앞의 책, 65-66쪽.

23) 대한성서공회 편,『성경전서』, (서울: 보진제, 1987), 창세기 2장 7절.

24) 세계기독교통일신령협회 편(1994),『원리강론』, 앞의책, 98-99쪽.

25) 위의 책제, 1장「창조원리」, "육신과 영인체의 상대적 관계", 제5장「부활론」"재림부활로 본 윤회설" 참조. 이만『유식학 개론』(서울: 민족사, 2005), 17쪽 참조.

26) 불교에서는 수행에서 "해로운 법을 소멸시키고 유익한 법을 일으키기 위해 네 가지 바른 노력(四正勤)을 해야 한다."고 말한다. 대림스님 · 각묵스님 역,『아비담마길라잡이 하권』, 앞의 책, 620-621쪽.

27) 세계기독교통일신령협회 편(1994),『원리강론』, 앞의 책, 100-101쪽.

28) 통일사상연구원편,『통일사상요강』(서울: 통일사상연구원, 1993), 63쪽.

29) 세계평화통일가정연합 편,『천성경』(서울: 세계평화통일가정연합, 2013), 1386쪽.

30) 세계평화통일가정연합 편,『천성경』(서울: 세계평화통일가정연합, 2013), 140쪽.

31) 세계기독교통일신령협회 편(1994),『원리강론』, 앞의 책, 205-207쪽.

32) 통일사상연구원 편,『통일사상』(서울: 성화출판사, 1882)

33) 위의 책, 63-64쪽.

참고문헌

병든 지구를 영성으로 '치유'할 수 있을까? / 유기쁨

김진호, 2015,「왜 사회적 영성인가?」,『대한성공회 전국성직자 신학연수 자료집』, 성공회 대학교 신학연구원.

생태공동체운동센터, "소개문" http://www.commune.or.kr/comm/we/index.php (검색일: 2005년 6월 3일).

우혜란, 2008,「신자유주의와 종교문화의 상품화」,『종교문화비평』13권.

유기쁨, 2014,「생태적 불안사회의 종교: 생태 공공성과 종교의 자리」,『종교문화비평』 26권.

윤형근, 2002,「생명 문화 운동-'생명'을 위한 삶과 사회의 총체적 변혁」, 환경과생명 편, 『녹색 운동의 길찾기-새로운 세상과 삶을 위한 생태적 실천』, 환경과생명.

이근행, 2005,「생태공동체의 지속가능 전략과 실천」, 국중광, 박설호 편,『새로운 눈으로 보는 독일 생태공동체』, 서울: 월인.

전명수, 2011,「'마음 · 몸 · 영혼'과 사회에 대한 뉴에이지적 접근」,『원불교사상과 종교문 화』50집.

정수복, 1998,「한국 환경운동의 과제와 진로」, 환경과생명 편,『녹색 한국의 구상』, 서울: 숲과 나무.

채장수, 2014,「'적극적 공공성'의 두 가지 경향」,『사회과학연구』25권 1호.

한국환경사회단체회의, 2001,「생명운동의 미래, 환경운동가의 삶」, 전국환경활동가 워크샵 결과자료집.

홍성태, 2008,「시민적 공공성과 한국사회의 발전」,『민주사회와 정책연구』13호.

홍성태, 2012,「공공성의 사회적 구성과 정치과정의 동학: 공론장, 의사소통, 토의정치」, 한국사회학회 사회학대회 논문집.

홍윤기, 2005,「시민적 정체성과 종교성: '새로운' 시민운동인가 그 '심화'인가?」, 미래사회 와 종교성연구원 편,『모색과 쟁점: 한국사회운동, 새로움인가 심화인가?』, 서울: 이채.

환경운동연합, 2001,「환경운동연합 현장운동사(함께사는 길 100호 특집) - 생명을 위한 헌신 2000」, 환경운동연합 편,『함께사는 길』, 서울: 환경운동연합 10월호.

황대권, 2005,「한국 생태공동체의 농업현황과 전망」, 국중광, 박설호 편,『새로운 눈으로 보는 독일 생태공동체』, 서울: 월인.

Berkes, Fikret, 2008, Sacred Ecology. New York: Routledge.

Bramwel, Anna 저, 김지영 역, 2012,『생태학의 역사: 에콜로지의 기원과 전개』, 파주: 살림.

Butler, Judith, 2011, "Is Judaism Zionism?,"Eduardo Mendieta and Jonathan VanAntwerpen, eds. The Power of Religion in the Public Sphere, New York: Columbia University Press.

Devall, Bill and Sessions, George, 1985, Deep Ecology. Salt Lake: Peregrine Smith Books.

Haeckel, Ernst, 1866, Generelle Morphologie der Organismen, Allgemeine Grundzüge der organischen Formen-Wissenschaft, mechanisch begründet durch die von Charles Darwin reformirte Descendenz-Theorie. Bd. 2, Berlin: Verlag von Georg Reimer.

Kinsley, David, 1995, Ecology and Religion: Ecological Spirituality in Cross-Cultural Perspective, New Jersey: Prentice Hall.

Luke, Tim 저, 문순홍 역, 1999, 「근본 생태론의 꿈」 문순홍 편, 『생태학의 담론: 담론의 생태학』, 서울: 솔.

Marangudakis, Manussos, 1998, "Ecology as a Pseudo-Religion?", Telos Vol.1998.

Merchant, Carolyn 저, 허남혁 역, 2001, 『래디컬 에콜로지』, 서울: 이후.

Naess, Arne, 1973, "The Shallow and the Deep, Long-range Ecology Movement: A Summary", Inquiry Vol.16, No.1-4.

Naess, Arne, 1979, "Modesty and the Conquest of Mountains."Michael Tobias, and Harold Drasdo, eds. The Mountain Spirit. New York: Overlook Press.

Naess, Arne, 2003, Ecology, Community and Lifestyle: Outline of an Ecosophy. Cambridge University Press.

Rappaport, Roy A, 1979, Ecology, Meaning, & Religion. Berkeley: North Atlantic Books.

Seed, John and Macy, Joanna 저, 이한중 역, 2012, 『산처럼 생각하라: 지구와 공존하는 방법』. 서울: 소동.

Sessions, George 저, 유기쁨 역, 2003, 「세계관으로서 근본 생태론」 Mary Evelyn Tucker, and John A. Grim, eds. 『세계관과 생태학: 종교, 철학, 그리고 환경』, 성남: 민들레책방.

Taylor, Bron, 2000, "Deep Ecology and Its Social Philosophy: A Critique."Eric Katz, Andrew Light, and David Rothenberg, eds. Beneath the Surface: Critical Essays in the Philosophy of Deep Ecology. Cambridge: MIT Press.

Taylor, Bron, 2001, "Earth and Nature-Based Spirituality(Part II): From Earth First! and Bioregionalism to Scientific Paganism and the New Age."Religion Vol.31, No.3.

Taylor, Bron, 2005, Encyclopedia of Religion and Nature, vol: A-J. London & New York: Continuum.

Taylor, Bron, 2010, Dark Green Religion: Nature Spirituality and the Planetary Future. Berkeley: University of California Press.

White, Lynn, 1996, "The Historical Roots of our Ecological Crisis."Roger S. Gottlieb, ed. This Sacred Earth: Religion, Nature, Environment. New York: Routledge.

尾関周二, 武田一博, 亀山純生 저. 김원식 역, 2007, 『환경사상 키워드』, 파주: 알마.

대순진리회의 치유와 화합 / 김영주

『전경』

김영주, 2012,「증산 수양론에 있어서 욕망 해석의 문제」,『종교문화연구』제18호.

___, 2013,「대순진리회 마음공부 프로그램의 현황과 과제」,『종교교육학연구』제43권.

___, 2014,「생명윤리와 대순진리회의 종교교육」,『종교교육학연구』제45권.

대순진리회 교무부, 〈대순회보〉제4호, 서울: 대순진리회출판부, 1986.

___,『대순진리회요람』, 서울: 대순진리회출판부, 1975.

___,『대순지침』, 서울: 대순진리회출판부, 1984.

류성민, 2004,「종교적 질병 치유의 사회문화적 의미」,『종교연구』제35집.

문선애 외 2인, 2014,「치유에 대한 통일교적 접근」,『종교교육학연구』제46권.

박맹수・정선원, 2015,『공주와 동학농민혁명』, 서울: 모시는사람들.

박상언, 2001,「치유의 신을 찾는 몸짓-증산도 치유의례의 사례연구」,『종교문화연구』
제3호.

上田紀行, 1999,『宗敎クライシス』, 양억관 역,『종교의 위기』, 서울: 푸른숲.

안호상 외, 1992,『한국인의 윤리사상』, 서울: 율곡사상연구원.

오강남, 2013,『종교란 무엇인가』, 파주: 김영사.

윤기봉, 2010,「증산 강일순의 인권사상」,『종교교육학연구』제32권.

윤재근, 2007,「대순사상의 종교교육이론-인존의 교육적 인간상을 중심으로」,『종교교
육학연구』제24권.

윤재근・김영주, 2014,「치유에 대한 종교교육적 접근-대순진리회의 입장에서」,『종교교
육학연구』제46권.

이경원, 2013,『대순종학원론』, 서울: 문사철.

이재영, 2013,「경전수행의 맥락에서 본 통일교 훈독회」,『종교교육학연구』제43권.

이희승, 2006,『국어대사전』, 파주: 민중서림.

정진홍, 2006,「생명과 종교」,『원불교사상과 종교문화』제33집.

조응태, 2011,「한국 신종교의 생명문화」,『신종교연구』25집.

최길성, 1986,『한국의 조상숭배』, 서울: 예전사.

하원호, 2004,「조선후기 변란과 민중의식의 성장」,『사학연구』, 서울: 한국사학회.

현대 병든 사회의 치유와 통합을 위한 원불교적 접근 / 염승준

『원불교전서』.

원광대학교 원불교사상연구원, 2016,「노동해방」,『정치 경제의 대전환과 큰 적공』, 서울:
모시는사람들.

데이비드 하비, 2011,『맑스 자본 강의』, 강신준 옮김, 서울: 창비.

베네딕트 데 스피노자, 2011,『신학정치론/정치학논고』최형익(역), 서울: 비르투.

백낙청, 2016, 『문명의 대전환과 후천개벽: 백낙청의 원불교 공부』, 서울: 모시는사람들.
사이먼 크리츨리, 2015, 『믿음 없는 믿음의 정치』 문순표(역), 서울: 도서출판 이후.
이마뉴엘 월러스틴 외, 2014, 『자본주의는 미래가 있는가』, 성백용(역), 서울: 창비.
이삼성, 1998, 『20세기의 문명과 야만』, 서울: 한길사.
임마누엘 칸트, 〔1793〕2015, 『이성의 한계 안에서의 종교』, 신옥희(역), 서울: 이화여자대
          학교출판부.
임마누엘 칸트, 2014, 『윤리형이상학의 기초』, 백종현(역), 서울: 아카넷.
장하준, 2014, 『장하준의 경제학 강의: 지금 우리를 위한 새로운 경제학 교과서』. 서울: 부키
카를 야스퍼스. 2014. 『죄의 문제』. 이재승(역) 서울: 앨피.
한병철, 2012, 『피로사회』, 서울: 문학과 지성사.
한자경, 2008, 『한국철학의 맥』, 서울: 이화여자대학교출판부.
_____, 2009, 『헤겔 정신현상학의 이해』, 서울: 서광사.
_____, 2016, 『선종영가집강해』, 서울: 불광출판사.
Handke, Peter. 1992. *Versuch über die Müdigkeit*. Frankfurt a. M: Suhrkamp Verlag
Kant, Immanuel. 1804. *Welches sind die wirklichen Fortschritte, die die Metaphysik
          seit Leibnizens und Wolf's Zeiten in Deutschland gemacht hat*. Berlin: Königlich
          Preu β ischen Akadeimie der Wissenschaften.

통일교 경전에 나타난 마음챙김의 요소와 치유 / 이재영

각묵스님 옮김, 2008, 『네가지 마음챙기는 공부』, 서울: 초기불전연구원.
대림스님 · 각묵스님 역, 2004, 『아비담마길라잡이 상 · 하』, 서울: 초기불전연구원.
대한성서공회 편, 1962, 『관주 성경전서』, 서울: 보진재.
붓다고사 · 대림스님 역, 2009, 『청정도론 I · II · III』, 서울: 초기불전연구원.
세계기독교통일신령협회 편, 1994, 『원리강론』, 서울: 성화사.
세계평화통일가정연합 편, 2013, 『천성경』, 서울: (주)성화출판사.
이만, 2005, 『유식학개론』, 서울: 민족사.
정준영 · 박성현, 2010, 「초기불교 사티(sati)와 현대심리학의 마음챙김-마음챙김 구성개
          념을 정립을 위한 제언」, 『한국심리학회지: 상담 및 심리치료』, 제22권 제 1호.
통일사상연구원 편, 1993, 『통일사상요강』, 서울: 성화출판사.
Jon Kabat-Zinn, 장현갑 외 역, 『마음챙김명상과 자기 치유 상 · 하』, 서울: 학지사, 2005.
Christopher K. Germer & Ronald D. Siegel, *Mindfulness and Psychotherapy*, New York:
          Yhe Gulford Press. 2005.
Fabrizio Didonna ed. *Clinical Handbook of Mindfulness*, New York. Springer, 2009.
Tse-fu Kuan, *Mindfulness in Early Buddhism*, London & New York, Routledge, 2008.

찾아보기

원불교와종교문화총서 14

한국 신종교, 치유를 말하다

등록 1994.7.1 제1-1071
1쇄 발행 2017년 9월 10일

기   획 원광대학교 원불교사상연구원
지은이 박승길 칸노 치카게 박상언 유기쁨 성해영
         김용휘 김영주 김동환 염승준 이재영
펴낸이 박길수
편집인 소경희
편   집 조영준
관   리 위현정
디자인 이주향
펴낸곳 도서출판 모시는사람들
         03147 서울시 종로구 삼일대로 457(경운동 수운회관) 1207호
전   화 02-735-7173, 02-737-7173 / 팩스 02-730-7173
홈페이지 http:// www.mosinsaram.com/

인   쇄 상지사P&B(031-955-3636)
배   본 문화유통북스(031-937-6100)

값은 뒤표지에 있습니다.
ISBN 979-11-86502-92-1   94200
세트   979-11-86502-90-7   94200

이 도서의 국립중앙도서관 출판예정도서목록(CIP)은 서지정보유통지원시스템 홈페이지
(http://seoji.nl.go.kr)와 국가자료공동목록시스템(http://www.nl.go.kr/kolisnet)에서 이용하
실 수 있습니다.(CIP제어번호: 2017016547)